A ESCOLA QUE (NÃO) ENSINA A ESCREVER

Dados Internacionais de Catalogação na Publicação (CIP)
(Câmara Brasileira do Livro, SP, Brasil)

Colello, Silvia M. Gasparian
   A escola que (não) ensina a escrever / Silvia M. Gasparian Colello. – 2. ed. revisada – São Paulo: Summus, 2012.

Bibliografia.
ISBN 978-85-323-0246-5

1. Alfabetização 2. Escrita – Estudo e ensino 3. Linguagem 4. Prática de ensino 5. Professores – Formação I. Título.

12-06637   CDD-371.3

Índice para catálogo sistemático:
1. Ensino da escrita : Alfabetização : Educação 371.3

www.summus.com.br

Compre em lugar de fotocopiar.
Cada real que você dá por um livro recompensa seus autores
e os convida a produzir mais sobre o tema;
incentiva seus editores a encomendar, traduzir e publicar
outras obras sobre o assunto;
e paga aos livreiros por estocar e levar até você livros
para a sua informação e o seu entretenimento.
Cada real que você dá pela fotocópia não autorizada de um livro
financia um crime
e ajuda a matar a produção intelectual em todo o mundo.

SILVIA M. GASPARIAN COLELLO

A ESCOLA QUE (NÃO) ENSINA A ESCREVER

summus editorial

A ESCOLA QUE (NÃO) ENSINA A ESCREVER
Copyright © 2007, 2012 by Silvia M. Gasparian Colello
Direitos desta edição reservados por Summus Editorial

Editora executiva: **Soraia Bini Cury**
Editora assistente: **Salete Del Guerra**
Capa: **Gabrielly Silva**
Imagem de capa: **Erick (e-magic)/Flickr**
Projeto gráfico: **Alberto Mateus**
Diagramação: **Printmark Marketing Editorial**
Impressão: **Sumago Gráfica Editorial**

Summus Editorial
Departamento editorial
Rua Itapicuru, 613 – 7º andar
05006-000 – São Paulo – SP
Fone: (11) 3872-3322
Fax: (11) 3872-7476
http://www.summus.com.br
e-mail: summus@summus.com.br

Atendimento ao consumidor
Summus Editorial
Fone: (11) 3865-9890

Vendas por atacado
Fone: (11) 3873-8638
Fax: (11) 3873-7085
e-mail: vendas@summus.com.br

Impresso no Brasil

Ao Rubens,
que, em vida, foi
e, para além dela, continua sendo
meu maior amigo,
meu melhor mestre,
meu mais querido ídolo,
... e também meu pai!

Uma evidência de que a intensidade da vida
merece superar a melancolia da morte.

SUMÁRIO

Prefácio 9
Apresentação 13
Introduzindo... A armadilha da e pela linguagem 15

PARTE 1 CONSIDERANDO... A ESCRITA E O ENSINO DA ESCRITA

1 Alfabetização: do conceito à prática pedagógica 25

PARTE 2 PROBLEMATIZANDO... OS (DES)CAMINHOS DA ESCRITA NA ESCOLA

2 Língua escrita, uma questão de mentalidade 37
3 Para onde vai o ensino da escrita 48
4 Os princípios de exclusão no ensino da língua escrita 89
5 As práticas pedagógicas ineficientes no ensino da língua escrita 100
6 As dinâmicas equivocadas no ensino da língua escrita 118

PARTE 3 ANALISANDO... TENDÊNCIAS NA PRODUÇÃO DA ESCRITA

7 Histórias do não "não escrever" 141
8 Redação infantil: do egocentrismo ao posicionamento crítico 160
9 Imaginação e escrita: o voo da ficção 178
10 O papel do desenho na escrita infantil 192
11 Escrita infantil: os mecanismos do não dizer 220

PARTE 4 CONCLUINDO... A ESCOLA QUE ENSINA A ESCREVER

Notas. 243
Referências bibliográficas. 257
Anexo 269

PREFÁCIO

Aprendemos a falar bem antes de chegarmos à escola. A oralidade nos provê de um primeiro mapa de significações – um protomapa – para representar o mundo. Em geral, à escola cabe a tarefa de nos alfabetizar, de nos iniciar no ensino da escrita. Estudamos várias disciplinas, mas, como já diziam nossos avós, a escola deve nos ensinar a ler, escrever e contar.

Há muito, tal visão sintética das funções da escola deixou de ser suficiente para descrever as competências que devemos desenvolver. Antigamente, ser analfabeto era não saber se expressar por escrito; hoje, podem ser caracterizados diversos tipos de analfabetismo: na língua, nas ciências, nas tecnologias informáticas etc. O elenco de competências pessoais a ser desenvolvido ampliou-se de forma significativa. Além de ler, escrever e compreender um texto na língua materna, precisamos ser capazes de nos expressar em diversas linguagens, de compreender fenômenos em diferentes contextos, de argumentar de modo consistente, de enfrentar situações-problema em variados contextos, entre outras competências primárias. Uma ideia, no entanto, permanece invariante: à escola compete ensinar a escrever. Como lidar, então, com a ambiguidade sugerida no título da presente obra? Afinal, a escola ensina ou não ensina a escrever? Eis aí a questão norteadora do denso trabalho com que a autora nos brinda no texto a seguir.

O ponto de partida da reflexão é o significado profundo do ensino e da aprendizagem da escrita. Somos levados a ler e escrever, mas o texto é apenas o primeiro outro diante de nós a demandar uma compreensão; dele, partimos para a leitura de fenômenos em sentido mais amplo, ou à compreensão de outros "outros". Na feliz expressão da lavra de Paulo Freire, da leitura *stricto senso*, partimos para a leitura do mundo; tarefa complexa e desafiadora, sem dúvida, mas valiosa e ingente.

Na problematização das questões enfrentadas no ensino da escrita, tendo por base a fecunda atividade docente da autora, em diversos níveis de ensino, múltiplos descaminhos são identificados e caracterizados. Práticas escolares excludentes ou ineficientes, bem como dinâmicas equivocadas, são apontadas e analisadas. Estratégias dos aprendizes reveladoras de egocentrismo, de preenchimento "burocrático" de espaços, de um dizer-não-dizendo, de um não-dizer-dizendo são examinadas por meio de exemplos extremamente ricos, expressivos de uma realidade educacional viva, tanto no ensino público quanto no privado.

Em sintonia com o que acima se registrou, merece especial destaque o fato de que a autora produziu um texto crítico, analítico, mas assertivo, propositivo. As questões discutidas vão das mazelas da ação ingênua ou incipiente à consciência dos meios de produção da escrita; dos artifícios a que os alunos recorrem para se desincumbir das tarefas escolares ao vislumbre das sementes da criação efetiva. Ela jamais assume o papel de francoatiradora, não instilando a desconfiança nas ações docentes, nem destilando críticas inconsequentes. Considera que, mais importante do que apenas apontar o joio e o trigo, é fundamental semear expectativas de superação dos problemas assinalados. Assim, após dar nomes aos bois/desvios, a análise das tendências contemporâneas na produção da escrita, com suas seduções e suas armadilhas, conduz a uma visão positiva dos caminhos a ser trilhados, em busca de uma escola que efetivamente ensine a escrever.

Um dos pontos altos da reflexão realizada é a análise do papel do desenho como forma básica de representação infantil, concomitante, e, às vezes, anterior à escrita. Analisa o papel das imagens na produção textual e o modo como tal relação evolui ao longo dos anos de escolaridade. Descartando ideias superficiais que limitam o papel do desenho ao de um complemento estético do texto, a autora esboça uma articulação digna de nota entre textos verbais e pictóricos, indo muito além do tratamento do desenho como algo fechado em si mesmo. Apenas por essa elaboração teórica o trabalho já mereceria os maiores elogios.

Outro ponto digno de nota é o equilíbrio entre os aspectos lúdicos e os que pressupõem um trabalho duro, uma dedicação intensa; entre a valorização do contexto, do fato, do que já está feito, e a exploração da fantasia, do ficto, do idealizado ou imaginado. Não é possível semear a competência na escrita com base apenas em relatórios técnicos, ou em fatos objetivos: trata-se, literalmente, do desvio do fatalismo. Também nesse terreno a autora logra um equilíbrio admirável entre o elogio da imaginação, da transcendência das circunstâncias imediatas, e a valorização da clareza, da objetividade, do dizer-dizendo.

De modo geral, ao longo de todo o texto, a autora se esmera na busca do equilíbrio nas análises e na valorização dos aspectos metodológicos e filosóficos das ações que projeta ou examina. O material apresentado não constitui um livro de metodologia da alfabetização ou da escrita em sentido estrito, ainda que esteja recheado de observações preciosas nesse terreno. Assim como um sistema do tipo GPS é um auxílio importante para quem sabe aonde quer ir, mas em nada ajuda quando não sabemos em qual lugar queremos chegar, os recursos metodológicos apenas assumem funções importantes quando as questões cruciais de fins e de valores estão devidamente esclarecidas.

A despeito da riqueza dos *insights* filosóficos ou psicológicos, que estão presentes ao longo de todo texto, também não estamos diante de um livro de filosofia ou de psicologia, uma vez que os olhares estão permanentemente voltados para o chão da fábrica, ou seja, para a sala de aula. Os inúmeros exemplos comentados que ilustram a exposição, da primeira à última página, favorecem a notável alimentação mútua conseguida pela autora entre as perspectivas metodológica e de fundamentação teórica das ações docentes no processo de alfabetização.

As características do trabalho o direcionam, portanto, aos educadores efetivamente comprometidos com as tarefas docentes, que refletem sobre suas práticas, mas que buscam extrair de suas reflexões elementos para a instrumentação efetiva da ação docente, estabelecendo pontes consistentes entre as concepções teóricas e o ato de ensinar.

Na parte final do texto, a autora procura amealhar elementos para fundamentar novas práticas e esboçar caminhos alternativos para a constituição de uma escola que ensine a escrever. Resistindo ao fascínio e à facilidade da denúncia, não joga os problemas apontados no colo do leitor apenas, articulando ideias e propostas de ação. A leitura não deixa na boca, em nenhum momento, o gosto amargo da desilusão. Demonstra com clareza o profundo compromisso profissional com a Educação da autora que, continuamente, ao longo do texto, sugere, inspira, anima, instrumenta, instiga, aponta, semeia, acredita...

Nunca será demasiado o destaque ao fato, já registrado antes, de que a autora impulsiona o leitor para além do diagnóstico dos problemas apresentados. Sua maturidade profissional e sua consciência crítica a imunizaram do desvio que consiste na mera denúncia dos desvios. Afinal, como enfatizou Hannah Arendt em sua análise sobre a crise na Educação, não deveria ser pai ou educador aquele que não se dispusesse a assumir a responsabilidade pelo mundo. É óbvio que isso não significa conformar-se com aquilo que a realidade nos apresenta, mas qualquer possibilidade de transformação passa necessariamente pelo desafio de assumir as responsabilidades inerentes às funções que ocupamos, pela diligência em cuidar da parte que nos toca.

Nílson José Machado
Professor titular da Faculdade de
Educação da Universidade de São Paulo

APRESENTAÇÃO

Pensando na linguagem que, com aparente facilidade, circula entre nós – seres supostamente humanos – há de se considerar a natureza traiçoeira da palavra. Como uma armadilha do dizer, cada um dos termos não se estabelece sem o reforço da sua antítese: é no "jogo do não dito" que cada termo garante a grandeza da ideia. O que seria da palavra "amor" se ela não se prestasse também ao ocultamento do ódio? Quem compreenderia o justo se não houvesse a transgressão de valores? Quando se consagrariam os heróis na ausência dos vilões? Como se conceberia o tudo sem conhecer o nada?

Como um ardil do verdadeiro sentido, a palavra transita em um universo inconcluso, volátil e necessariamente ambíguo. Por isso, ela ilumina, mas também fere; cria, mas também destrói; vive... correndo sempre o risco de matar.

Tudo isso é apenas o início de uma história mais complexa, mais passional e venenosa. Como se não bastassem os paradoxos inerentes à singularidade da palavra, as ciladas da nossa língua vão, estrategicamente, muito além: quando as palavras se juntam em uma asserção, elas se prestam à mentira; quando se associam em negação, estabelecem limites e, não raro, aprisionam alternativas; quando constroem uma pergunta, instituem a dúvida e tornam possível a irracionalidade; quando deixam de ser ditas, forjam a hesitação, um verdadeiro aborto do dizer, tão bem configurado pela possibilidade de omitir.

Pensando nessa tão traiçoeira natureza do dizer, há de se considerar também (e ainda!) a força do potencial linguístico que, inversamente, pode enganar até mesmo a ambiguidade ou o não dito, quiçá a maledicência da antítese. Como um milagre oportuno da linguagem, torna-se possível também restituir o amor, a justiça, a luz e a vida. Por tantos e tão imprevisíveis caminhos, nem sempre passionais ou venenosos, as palavras muitas vezes respondem aos apelos da verdade, da consciência e da libertação. Como ratoeiras a serviço de um mundo melhor e viável, elas ainda se associam para edificar o saber, proclamar a esperança, construir os princípios de convivência e de solidariedade. Juntas, elas esmagam a mentira para constituir seres verdadeiramente humanos. Por isso, a natureza paradoxal da linguagem remete necessariamente ao desafio da educação, o desafio de um ensino voltado para a conquista da cidadania em um mundo mais justo.

As palavras... que estranhas armadilhas!

A educação... uma certeza e também uma forma de luta.

SILVIA M. GASPARIAN COLELLO

INTRODUZINDO...
A ARMADILHA DA E PELA LINGUAGEM

Quase tão antiga quanto a própria história dos homens, a "armadilha das palavras", que coloca a língua ora a serviço da explicitação e transparência da ideia, ora da omissão e do mascaramento da verdade, abre a perspectiva para outra dimensão desse ardiloso jogo linguístico: a possibilidade do entendimento entre os homens. Como uma das mais cruéis ameaças à humanidade, a dificuldade de comunicação se consubstancia pelo desenraizamento social, pela sobrevivência passiva, pelos mecanismos de submissão e pelo aprisionamento das pessoas na solidão e no silêncio.

Disputando espaço com cerca de sete bilhões de habitantes do planeta, não estamos imunes à solitária experiência do conhecido náufrago Robinson Crusoé, cujo silenciamento pôs em marcha a perda da identidade.

A solidão não é uma situação imutável em que eu me encontraria mergulhado desde o naufrágio de Virgine. É um meio corrosivo que age em mim devagar, mas sem pausa, e num sentido puramente destrutivo. No primeiro dia, eu transitava entre duas sociedades humanas igualmente imaginárias: o pessoal de bordo desaparecido e os habitantes da ilha, pois julgava-a povoada. Encontrava-me ainda quente de todos os contatos com os meus companheiros de bordo. Prosseguia de maneira imaginária o diálogo interrompido pela catástrofe. A ilha, depois, revelou-se deserta. Caminhei numa paisagem sem alma viva.

Atrás de mim, mergulhava na noite o grupo dos meus infelizes companheiros. Já as suas vozes tinham há muito silenciado quando a minha começava apenas a cansar-se do solilóquio. Desde aí, sigo com horrível fascínio o processo de desumanização cujo trabalho inexorável sinto em mim.

Sei agora que todos os homens trazem em si – e dir-se-ia, acima de si – uma frágil e complexa montagem de hábitos, respostas, reflexos, mecanismos, preocupações, sonhos e implicações, que se formou, e vai-se transformando, no permanente contato com os seus semelhantes. Privada da seiva, esta delicada florescência definha e desfaz-se. O próximo, coluna vertebral do meu universo.

[...]

Todos os dias meço quanto lhe devia, ao verificar novas fendas no meu edifício pessoal. Sei o quanto me arriscaria perdendo o uso da palavra, e combato com todo ardor da minha angústia essa decadência suprema. As minhas relações com as coisas, porém, encontram-se também elas desnaturadas pela minha solidão. Quando um pintor ou um gravador introduz personagens numa paisagem ou na proximidade de um monumento, não é por gosto do acessório. As personagens dão a medida, e o que é ainda mais importante, constituem pontos de vista possíveis que, ao ponto de vista real do observador, acrescentam indispensáveis virtualidades.

(*Robinson Crusoé*, Tournier, 1972, p. 46-7)

Entre todas as conquistas do homem, a linguagem é a que mais contribuiu para fazer dele um ser humano de fato. Na sua relação com o mundo, a palavra se constitui na melhor representação do potencial simbólico, capaz de fazer a sutura entre o ser, o indivíduo em particular, a sociedade e o quadro de referências que se concretiza em cada objeto, cada indagação e cada posicionamento pessoal. A linguagem garante ao homem o lugar de locutor, a constituição da consciência e a posição de sujeito que rege a própria vida e reage diante dela. Ela lhe permite considerar o "outro" como alvo de interlocução, assegurando todas as práticas discursivas e sociais. Pela linguagem, cada um de nós consagra a essência do ser humano, em um constante vir a ser, integrado à condição de "habitantes de um mundo", por excelência dinâmico e complexo.

Mas, no contexto de nosso mundo, qual é, efetivamente, o espaço reservado ao homem?

A ESCOLA QUE (NÃO) ENSINA A ESCREVER

Cercados pela alta tecnologia, pelos artefatos da multimídia, pelo impactante advento da informática e por tantas exigências que se antepõem como prioridades de sobrevivência, vivemos em um mundo que aprendeu a encurtar distâncias, a romper fronteiras, a desafiar os limites da comunicação, criando novas linguagens e possibilidades de intercâmbio. Entretanto, na mesma proporção em que se ampliam os horizontes, corre-se o risco de, paradoxalmente, perder o referencial da pessoa que nem sempre consegue assegurar o seu espaço, os seus valores e a sua consciência.

No conturbado contexto de nossa civilização, a "armadilha pela linguagem" concretiza-se em práticas políticas e ideológicas de manipulação em massa (Quintás, 2011). Uma realidade que não pode ser enfrentada senão com base em desafios que hoje impomos à educação. Investir nas futuras gerações, fincar raízes de identidade e construir pontes para a libertação humana pressupõe explicitar criticamente os paradigmas que sustentam a compreensão da realidade e das metas educacionais.

Entre tantos parâmetros de interpretação, prevalece o modelo racionalista, advindo da revolução científica do século XVI, que privilegia as formas de saber quantificadas, ordenadas e classificadas. A pretensão de desvendar a natureza para poder controlá-la e de reduzir a complexidade dos fenômenos a fórmulas simples e leis gerais, por si sós explicativas, é efeito de um "paradigma clássico" que, regido pelos princípios positivistas e funcionalistas, é necessariamente parcial, reducionista e autoritário.

Seu emprego no estudo das ciências humanas releva a existência da diversidade, da polifonia do corpo social e das múltiplas formas de manifestação, em benefício das construções teóricas que apreendem o real pela uniformidade dos processos, pela fixidez das tendências e pelo enquadramento social na homogeneidade. A própria concepção de formação humana passa a ser tributária de princípios que reduzem o valor ao significado, o processo ao produto, o homem à produtividade. Nessa perspectiva,

> a educação escolar, no percurso que vai desde o 1.º livro, sempre se caracteriza por situar o educando em um universo fechado, via de regra, uni-

verso que se sobrepõe ao próprio real, neutralizando as contradições mais palpáveis desse mesmo real. Assim, persistem até hoje nos manuais a incidência sintomática dos discursos edificantes, cujos componentes são, invariavelmente, em última instância: a Pátria, a Família e a Religião, fundados em valores difusos como Bem, Mal, Certo, Errado. A apologia de virtudes, tais como o Patriotismo, a Caridade, a Abnegação, imprime o papel neutralizador de tais discursos sobre as contradições que emanam dos conflitos sociais e psicológicos, vividos pelo sujeito. O que significa, em outros termos, que este se põe em contato com um universo fechado, orgânico e coeso, que se impõe não só como sendo real, o que como tal o desenraíza de seu lugar histórico e o homogeneíza. Mais do que isso, "tranquiliza-o". (Ozakabe, 1984, p. 151)

O autor lembra que as possibilidades de ilustração franqueadas pelas experiências extraescolares são igualmente reducionistas, prova nítida de uma tendência mais ampla que conduz o ser humano aos redutos de isolamento ou à formação de grupos fechados em "tribos" e "gangues".

Vivemos, portanto, uma situação paradoxal, na qual o incremento das possibilidades de comunicação, a ampliação dos horizontes e o encurtamento das distâncias representam, na proporção inversa, o progresso da incultura e do isolamento. Para Barros (1993, p. 7), mesmo onde a educação é um privilégio, a democratização do ensino e o desenvolvimento dos meios de comunicação não garantem necessariamente a difusão ampla (ou qualitativa) do saber:

O homem moderno criou uma civilização complicada e tecnologicamente refinada, acumulou saberes em quantidade incalculável, sem ter, entretanto, parâmetros para hierarquizar, de uma perspectiva segura, esses saberes de desigual valor, e, principalmente, em face da velocidade com que tudo isso aconteceu, não se adaptou, realmente, ao mundo por ele mesmo criado. Nesse mundo, a "incultura geral", começando pela perda do domínio da própria linguagem, assume formas assustadoras que a superficialidade dos meios de comunicação de massa, prescindindo cada vez mais da palavra e da reflexão, sem separar o relevante do irrelevante, só faz agravar.

Compreendido não em função da classe social ou do padrão de rendimentos, o advento do "homem-massa" é fruto da perda de autonomia, de consciência, de espírito crítico e, principalmente, da palavra, cada vez mais ameaçada.

A mesma civilização que cria oportunidades e amplia possibilidades limita – pela interpretação e jogo de estratégias sociais – os usos da linguagem e os significados dos discursos. No contexto da superpopulação, somos conduzidos aos dramas do desenraizamento e da solidão. Tal como Robinson Crusoé, perdemos o contato com os outros e, com isso, a chance de investir no processo de humanização. Vivemos, de fato, no vasto "deserto dos homens", já percebido por Chateaubriand, ao raiar do século XIX.

Se a linguagem é a maior das invenções humanas, a escrita é a maior conquista da civilização, motivo pelo qual ela marca o início da história da humanidade. Graças às suas características, a escrita promove uma ruptura com o espaço (interlocução a distância), com o tempo (permanência do texto como portador autônomo) e com as exigências dialógicas primárias da interlocução (intercâmbio na ausência do outro), ampliando indiscutivelmente os limites da existência humana. A alfabetização não garante, contudo, o ingresso diferenciado em nosso mundo. As competências para ler e escrever, em nossa sociedade, são fatores tão necessários quanto mal compreendidos, sobretudo pela influência dos parâmetros reducionistas que explicam o mundo e contaminam a educação.

Pela vertente racionalista, a escrita coloca-se a serviço dos mesmos princípios que limitam a interpretação da complexidade social. Como decorrência palpável dos mecanismos que negam a diversidade, a personalização e a autonomia do indivíduo em um mundo complexo, ela passa a ser regida pelo convite à reprodução e produtividade, pela conformidade aos modelos instituídos, que não necessariamente exprimem a voz do sujeito (a pluralidade de suas intenções, valores, impressões e sentimentos). A palavra escrita instala-se como um conhecimento técnico-instrumental que contraria a natureza da linguagem e a dialogia das relações sociais.

Os textos aqui reunidos têm o objetivo de rever a escrita na sua multifuncionalidade e multidimensionalidade. Ao considerar as diversas razões do escrever e as diferentes formas de fazê-lo, pretendo chamar a atenção para a complexidade de fatores inerentes à construção da escrita e para a importância de práticas pedagógicas que, mais do que ensinar ou instruir, possam resgatar, no âmbito do desenvolvimento, os princípios de humanização do sujeito aprendiz.

Combatendo a epistemologia do "saber doado" e do "conhecimento útil e necessariamente produtivo", entendo a educação como um meio de promover práticas simbólicas de sutura entre o homem e o mundo. Uma vez construídas as "pontes" por meio da interlocução e do acesso à cultura, tornam-se possíveis novas formas de se situar perante a vida, assim como de estimular que se crie outros mecanismos em organização social, capazes de respeitar a diversidade e a identidade em cada um.

No âmbito da problemática enfocada e em estreita sintonia com os pressupostos aqui assumidos, os textos que compõem o presente trabalho foram escritos em diferentes momentos. Alguns, publicados em anais de congressos, permaneceram relativamente limitados a um público restrito; outros, dispersos em revistas científicas, nem sempre estiveram acessíveis em língua portuguesa; e alguns, ainda inéditos, aguardavam a oportunidade para ser formalmente apresentados. Esta obra vem a público com o objetivo de organizar essa produção, viabilizando uma abordagem que possa contribuir para a sempre oportuna temática do ensino da língua escrita.

A fim de garantir a unidade e a coerência interna de cada capítulo, optou-se pela apresentação deles o mais próximo possível das publicações originais, mesmo correndo o risco (e agora assumindo a responsabilidade) de repetir alguns argumentos, assim como a explicitação de determinados referenciais teóricos. Contudo, talvez o demérito da repetição possa ser compensado por uma abordagem que, tomada sob diferentes perspectivas, permita uma abordagem mais ampla e profunda sobre o tema proposto. Embora os textos sejam independentes entre si, o que possibilita diferentes opções na ordem de leitura, eles se integram e se completam na defesa da ideia de que é possível rever os princípios e práticas do ensino para garantir a efetiva apropriação da língua escrita. Para tanto, importa não só considerar a contribuição teórica produzida nos últimos anos como também disponibilizar-se a aprender com os nossos alunos: suas perspectivas, suas dificuldades e seus modos de produção.

Os capítulos foram organizados em quatro partes que correspondem a diferentes focos de abordagem. A primeira considera objetivamente a alfabetização no que diz respeito às metas educativas, aos eixos de operação cognitiva no processo de aprendizagem e às frentes de trabalho pedagógico. A segunda problematiza as diretrizes e as práticas do ensino da língua escrita. A terceira analisa os efeitos de uma pedagogia reducionista sobre a produção da escrita. Para finalizar, a conclusão discute a possibilidade de uma escola que possa ensinar a escrever de modo efetivo.

A Parte 1 (Capítulo 1) procura situar a língua e o trabalho de alfabetização a ser desenvolvido na escola.

Na Parte 2, os Capítulos 2 e 3 discutem o ensino da escrita sob uma abordagem teórica que pretende enfocar a problemática vivida no contexto da escola. O Capítulo 4, em uma retomada ainda teórica, explana de forma mais específica a temática da não aprendizagem segundo os princípios da alfabetização: a quem, para que, o que e como se ensina a língua escrita. Os dois capítulos que se seguem (5 e 6), redigidos com base em pesquisas de campo em escolas públicas e privadas de São Paulo, permitem um confronto mais direto do referencial teórico com a realidade escolar, analisando, respectivamente, as práticas pedagógicas e as dinâmicas em sala de aula.

Na Parte 3, o debate sobre o reducionismo do ensino é complementado pela análise da escrita na perspectiva dos processos e das produções dos alunos. O Capítulo 7 discute casos de suposta dificuldade apoiados em diferentes critérios de análise. Os demais capítulos (8, 9, 10 e 11) caracterizam algumas tendências na produção textual de crianças do ensino fundamental: o difícil acesso ao texto crítico e funcional, o frágil voo da ficção, o declínio do imaginário e os mecanismos de escape ou de preenchimento do espaço. O delineamento e a análise das tendências relativas à produção textual são parte da minha pesquisa de doutorado, realizada com base no estudo de 659 redações infantis de uma escola pública de São Paulo.

No conjunto dos capítulos aqui propostos, pretendo desvelar os mecanismos do aprisionamento linguístico inerentes ao ensino, deixando evidentes os seus efeitos sobre a constituição do "escritor". A constatação das falhas pedagógicas e de seus resultados não será um discurso estéril se ela puder subsidiar a revisão de valores arraigados, de princípios conservadores e de práticas tão reducionistas.

Sem esquecer os parâmetros de interpretação da realidade e as tendências sociais mais amplas que se refletem no ensino, não há como negar o papel e as práticas da principal agência de letramento, aquela que, formalmente, foi encarregada da transmissão do saber: a escola. No que diz respeito à escrita, é ela que ensina e, com certeza, condiciona o seu uso em práticas mais ou menos restritivas. Até que ponto, ao ensinar a escrever, não estamos limitando o uso da escrita e as possibilidades de comunicação?

PARTE 1

CONSIDERANDO...
A ESCRITA E O ENSINO DA ESCRITA

> [...] se a escola não alfabetiza para a vida e para o trabalho [...] para que e para quem alfabetiza?
> Ferreiro, 2002, p. 17

1
ALFABETIZAÇÃO: DO CONCEITO À PRÁTICA PEDAGÓGICA[1]

Parece indiscutível que as crianças de nossa sociedade devem aprender a ler e a escrever. No entanto, se perguntarmos aos pais e educadores por que e para que alfabetizar, encontraremos, com certeza, respostas vagas, por vezes incompletas e até paradoxais. As expectativas de ensino da língua escrita são tão imprecisas quanto a própria compreensão do alfabetizar. A despeito das boas intenções, as práticas pedagógicas patinam em concepções restritivas, por vezes equivocadas, modismos mal-assimilados e métodos inadequados. Além disso, tanto os processos formais de ensino como os resultados por eles promulgados nem sempre consideram o letramento, isto é, a condição dos indivíduos de – baseados em múltiplas experiências de "lectoescritura" – incorporarem a língua escrita às práticas sociais (Arantes, 2011; Colello, 2012b; Kleiman, 1995, 2001; Matêncio, 1994; Mortatti, 2004, e Soares, 1998, 2003).

Assim sendo, o presente capítulo visa contribuir para a reflexão acerca das relações entre ensino e vida, postura pedagógica e intervenção didática, processos de aprendizagem e prática escolar, fins e meios educativos. Em síntese, um esforço de aproximar teoria e prática na busca de posturas responsáveis em sala de aula e, sobretudo, de um ensino mais ajustado aos nossos alunos.

Com base no entendimento amplo do processo de alfabetização, pretendo considerar os objetivos do ensino da língua escrita e os processos cognitivos envolvidos na sua conquista para delinear as frentes de trabalho pedagógico. Evidentemente, dada a complexidade do processo de aquisição da língua escrita, as dimensões aqui abordadas (objetivos, processos cognitivos e frentes de trabalho pedagógico) não pretendem ser exaustivas; são, contudo, um exemplário das dimensões mais significativas do processo de alfabetização. O esforço para a sua apresentação e classificação nada mais é do que um convite para que o leitor possa vislumbrar, pela consideração dos elementos fundamentais, a "teia da construção do conhecimento" nas suas relações com as metas educativas e a prática escolar.

CONCEPÇÃO DE LÍNGUA ESCRITA E OBJETIVOS PEDAGÓGICO-EDUCACIONAIS

Na escola brasileira, quase sempre, o ensino da língua escrita aparece vinculado de modo estrito à vida estudantil: ler para aprender e escrever para comprovar o aprendizado. Embora esse seja um alvo legítimo (e até desejável!), a ênfase atribuída aos fins tipicamente escolares mascaram o alcance da conquista da escrita, tornando-a artificial e, muitas vezes, desprovida de significado ou motivação.

Em contrapartida, quando, ao lado da dimensão instrumental, atribuímos à escrita a condição de legítimo conhecimento, a alfabetização deixa de ser uma etapa inicial e preparatória da escolaridade e assume de modo definitivo uma razão mais próxima da vida e, portanto, educativa de verdade: uma conquista indispensável ao estudante, fundamental ao cidadão e essencial ao ser humano.

É no conjunto das práticas sociais que a escrita revela-se na plenitude de seu potencial, infelizmente nem sempre acessível a todos os que aprendem a ler e a escrever, motivo pelo qual as práticas de alfabetização, superando a esfera pedagógica, revestem-se de significado político. No contexto de nossa sociedade, alfabetizar é também dar voz ao sujeito, assim como favorecer meios críticos de participação social.

A relevância e a vitalidade da língua escrita – de fato, uma sublime construção da humanidade – transparecem em múltiplos usos, gêneros e funções: a comunicação, o documento, a previsão, o diagnóstico, o relatório, a notícia, o auxílio à memória, o divertimento, a tradução, a reivindicação, a informação, a propaganda, a expressão afetiva, o devaneio... Aliadas às outras formas de expressão, comunicação e representação simbólica (oralidade, arte, música, som, movimento e gestualidade), as práticas da escrita contribuem para a sutura do indivíduo ao seu mundo, em um processo simultâneo de inserção social e constituição de si.

É nesse sentido que se pode dizer que a alfabetização, mais do que simples técnica de associar letras e palavras, justifica-se pelo seu potencial educativo (Colello, 2001, 2012c) na formação do:

a) *Falante* – Já que o processo de construção da escrita não só parte da oralidade como também acaba por redimensioná-la (o sujeito que escreve tende a organizar melhor a sua fala).
b) *Poliglota* – Aquele que fala muitas línguas, o que é entendido aqui como a possibilidade de compreender, dominar e usar as várias formas de linguagem, não necessariamente as línguas estrangeiras, mas os dialetos de uma mesma língua e os outros meios de expressão ou de representação simbólica (desenho, música, arte, mímica etc.).
c) *Produtor de texto* – O autor que, além de escrever palavras e frases, tem a competência para compor textos, enfrentando os desafios da sua produção e também tendo a satisfação de poder dar vida aos seus pensamentos, a suas ideias e fantasias.
d) *Intérprete* – Em processos de leitura que, superando a mera decodificação, guiam-se pela busca de sentido e, assim, resgatam a dimensão dialógica do texto.
e) *Leitor* – Aquele que, além de compreender e "dialogar com o texto", é capaz de descobrir o valor e o prazer da leitura nas suas diversas possibilidades e situações.
f) *Revisor de texto* – Sujeito que, tendo compreendido as regras, as arbitrariedades da língua escrita (consciência metalinguística) e principalmente o seu valor para a decodificação e leitura, coloca-se como agente e principal interessado no processo de autocorreção.
g) *Estudante* – Pela multiplicação dos meios de aprendizagem (a língua escrita a serviço do aprender a aprender) e constituição dos hábitos de estudo.
h) *Pesquisador* – Pela possibilidade ampliada de busca do saber, visando ao atendimento de curiosidades, interesses e necessidades não apenas escolares.

i) *Ser pensante* – Porque integra o processo de construção da escrita ao conjunto de experiências que favorecem a constituição de si, a organização do pensamento, assim como a possibilidade de interpretação e análise das ideias.

j) *Ser social* – Uma vez que promove novos meios de inserção social, seja pelo desempenho de atividades funcionais rotineiras (assinar o nome, ler rótulos de produtos, anotar endereços e telefones), seja pela possibilidade de intercâmbio com o mundo em manifestações conscientes e críticas.

k) *Ser pessoal* – Tendo em vista a concepção bakhtiniana da linguagem como fator constitutivo da pessoa porque, ao agir com e sobre a linguagem, o indivíduo não só se torna capaz de interagir com o mundo, dando vida à linguagem, como também conquista um modo pessoal de se colocar e de se situar nesse mundo (a internalização da consciência sígnica como parte da identidade) (Geraldi, 1998/2009; Bakhtin, 2003).

PROCESSOS COGNITIVOS ENVOLVIDOS NA CONQUISTA DA LÍNGUA ESCRITA

Dirigida a tantos objetivos, a alfabetização requer um longo aprendizado, que está longe de se esgotar nos primeiros anos da escolaridade. O que está envolvido nessa trajetória de construção cognitiva é a crescente tomada de consciência a respeito da língua e do seu papel em possibilidades de uso e formas de expressão cada vez mais ajustadas. Do ponto de vista educativo, a alfabetização faz parte do processo de "desenvolvimento e conquista da condição humana e social", o que justifica o cuidadoso investimento pedagógico considerado em estreita sintonia com a progressão do conhecimento.

Nesse sentido, as pesquisas psicogenéticas (Ferreiro, 1986, 2001; Ferreiro e Palacio, 1987; Ferreiro e Teberosky, 1984, 1986; Goodman, 1995; Tolchinsky-Ladsmann, 1995; Teberosky, 1990, 1995; Teberosky e Tolchinsky, 1996), os estudos da psicolinguística (Cagliari, 1989; Cagliari e Cagliari, 1999), descrevendo o processo de aquisição da escrita, e, mais recentemente, os estudos acerca do letramento (Arantes, 2011; Kleiman, 1995, 2001; Matêncio, 1994; Soares, 1998, 2003) têm sido de extrema valia na revisão das práticas de ensino.

O estudo dos processos cognitivos acabou demonstrando que entre "o que se ensina" e "o que se aprende" há uma relativa disparidade conforme o processo interno (absolutamente pessoal) de assimilação. Por isso, o grande desafio do ensino socioconstrutivista é considerar o ponto de vista de cada aluno, entender como os indivíduos interpretam as informações e lidam com elas, como assimilam e valorizam as experiências vividas dentro e fora da escola e, por fim, como evoluem nas diferentes competências para ler, escrever, compreender, interpretar, compor etc.

De qualquer forma, o que fica evidente é a complexidade da construção da escrita que, longe de ser um processo monolítico, de progressão linear, previsível e controlável pela ação pedagógica, constitui-se num verdadeiro emaranhado de funções cognitivas, que avançam sob diferentes aspectos da língua com base em concepções, hipóteses, erros construtivos, conflitos e na assimilação (total, parcial ou mesmo deturpada) de informações. Na progressão erigida pelo fazer e refazer, construir e reconstruir, agir e refletir, o jovem aprendiz é sempre convidado a considerar outros pontos de vista e novas possibilidades de produção ou de interpretação oferecidas pelo desequilíbrio cognitivo e pelo aprendizado. Entre tantas esferas da construção da língua escrita, é possível observar:

a) *Construção e fortalecimento do universo simbólico* na prática de múltiplos meios de representação, incluindo os jogos simbólicos, a fala, a escrita e a assimilação de formas de notação e simbolismo em campos específicos do saber como a matemática, a geografia, a história, as artes, a música etc.
b) *Relação entre a oralidade e a escrita,* o que pressupõe o reconhecimento dessas diferentes formas de linguagem e de suas variações para poder lidar com as particularidades de ambos os sistemas (a letra, a palavra, o parágrafo, a pontuação, as regras, a relação interlocutiva do falante ou do autor do texto etc.), assimilando-os e ampliando assim o seu repertório linguístico.

c) *Usos da língua escrita,* isto é, compreender a escrita e incorporá-la nos seus múltiplos papéis sociais como a documentação, a comunicação, a informação, a prescrição, o registro auxiliar da memória, a diversão, a expressão de sentimentos, a listagem etc.

d) *Funcionamento do sistema,* processo cognitivo que evolui da descoberta do sistema de escrita (as letras, a natureza fonológica da língua) ao entendimento de seu caráter convencional (assimilação de regras e arbitrariedades da língua), de modo que o ajustamento da escrita aos diferentes usos e o cuidado com a correção possam conviver com a criativa aventura da livre expressão.

e) *Relação entre fonema e grafia,* tendo em vista o modo complexo como as letras representam os sons (letras sem sons, fonemas com mais de uma letra, uma letra com diferentes sons, um fonema com diferentes grafias) e também o uso de símbolos ou abreviaturas, tão frequentes nas leituras cotidianas.

f) *Relação "todo-partes" na escrita e a sistematização das suas variações quantitativas e qualitativas,* isto é, a compreensão de que a escrita é um todo constituído por unidades (a letra, a palavra, a sentença, o parágrafo) dispostas de determinada maneira. Nesse processo, a criança lida com hipóteses de quantidade (com quantas letras se escreve) e de qualidade (hipóteses pré-silábica, silábica, silábico-alfabética, alfabética e ortográfica), tendo em vista a diferenciação inter (entre palavras) e intrafigural (em uma mesma palavra).

g) *Relações entre a leitura e a escrita, o que pressupõe:* 1) a compreensão dos atos associados à leitura (ler em voz alta ou silenciosamente, contar, comentar etc.) e à escrita (escrever, desenhar letras, rabiscar, copiar, traduzir etc.); 2) a correspondência dos enunciados lidos com os segmentos escritos no texto (que, para a criança, podem variar em sucessivas etapas: a não correspondência, a correspondência parcial, a modificada ou a plena); e 3) a leitura em toda a sua complexidade, processada por diferentes critérios e referenciais visuais ou não visuais: decodificar, antecipar, interpretar, compreender etc.

h) *Relações entre imagens e texto/desenhar e escrever,* processo cognitivo no qual, com base na distinção entre os atos de desenhar e escrever, a criança descobre as ligações possíveis entre a imagem e o texto: a ilustração, a estética, a complementaridade de informações, a recriação de contextos pelo desenho etc. (Colello, 2001).[2]

i) *Conhecimento dos gêneros textuais,* isto é, o contato e a progressiva familiaridade com diferentes tipos textuais pelo reconhecimento de suas características e de suas funções sociais, o que amplia as possibilidades e os referenciais de interpretação e de produção escrita.

j) *Conhecimento dos portadores de texto nas suas relações com funções,* gêneros, estilos, componentes visuais e composição estética para a conquista da postura de leitor-produtor consciente, autônomo e criativo, capaz de ajustar sua produção aos objetivos pretendidos.

DIRETRIZES EDUCATIVAS E FRENTES DE TRABALHO PEDAGÓGICO

Considerar os processos cognitivos envolvidos na construção da língua escrita, buscando uma sintonia na relação entre o ensino e a aprendizagem, significa colocar o aluno como centro (meio e meta) da prática pedagógica. Assim, para evitar o "diálogo de surdos e mudos" em sala de aula (o mais típico ciclo vicioso do fracasso escolar), a interferência do professor, desde os primeiros dias de escolaridade, constitui-se, segundo Cuberes (1997), no "andaime" da construção cognitiva. Isso significa que, em vez de incutir informações e controlar a sua evolução (como no típico ensino tradicional), cabe ao professor despertar interesses, fomentar a atitude reflexiva, apoiar o desenvolvimento, estimular o ambiente rico em experiências ou interações e promover a ação pedagógica facilitadora para a elaboração de novas ideias, concepções e hipóteses. Nessa perspectiva, é possível estabelecer algumas frentes de trabalho pedagógico não exclusivas, todas elas fundamentais para a conquista da língua escrita:

- *Atividades simbólicas:* brincar de casinha, de trânsito; dramatização; desenho; mímica; maquetes; códigos; mapas; plantas de casas; gráficos etc.

- *Atividades de conhecimento e de fantasia:* pesquisas, vivências de fantasias, histórias, filmes, visitas, passeios, estudos do meio, dinâmicas para troca de informações etc. (afinal, é preciso ter o que escrever).
- *Atividades técnicas, artísticas, matemáticas e científicas:* pesar, medir, classificar, seriar, agrupar, esquematizar, comparar, elaborar calendários, tabelas, gráficos etc.
- *Atividades orais:* promover seminários, debates, teatro, contar e reproduzir histórias, reconstituir diálogos, discutir livros, debater posições contrárias etc.
- *Atividades de leitura:* rodas de história; pseudoleitura (fingir a leitura); leitura individual, em duplas, em grupo; coleção de revistinhas; jogral; jornal falado; leitura em diferentes portadores ou suportes (livros, jornais, embalagens, poesias etc.).
- *Atividades de produção:* pseudoescrita (fingir que escreve), escrita com escriba (feita por outra pessoa); escrever em diferentes suportes e com variados objetivos, compor um livro, fazer jornal, registro de atividades, escritas livres individuais ou coletivas etc.
- *Atividades com palavras:* escrever o nome; aquisição de outras formas de palavras estáveis, bingo de palavras, jogo de memória, cruzadinha, caça-palavras, fazer listas etc.
- *Atividades com textos:* procurar palavras ou frases em um texto, cortar/ordenar os parágrafos de um texto, ampliar/reduzir textos, reescrever ou revisar textos etc.
- *Atividades com gêneros:* ler e escrever listas, poemas, convites, contos, biografias, adivinhas, relatos, questionários; escrever de diferentes pontos de vista; escrever de outro jeito ou para outros fins etc.
- *Atividades com imagens:* contar/escrever histórias por meio de desenhos ou conjunto de figuras, ilustrar um texto, comparar diferentes ilustrações de uma mesma história, fazer legendas, escrever histórias em quadrinhos etc.
- *Atividades de correção e convencionalidade:* brincar com letras/números, escritas/correções coletivas, autocorreção, reescrita de

textos, usar o dicionário, construir uma gramática, trabalhos de "tradução" de diferentes tipos de letras (bastão, cursiva), envolver-se em atividades lúdicas para correção, dedução e sistematização de regras, revisão de textos etc.

- *Atividades de consciência metalinguística:* em dicionário de termos regionais, pesquisar sobre as maneiras diversas de falar, os diferentes dialetos e formas de pronúncia ou sotaque, imitar falas etc.
- *Atividades de análise e síntese da escrita (relação todo-partes):* associar e separar letras de uma palavra, recriar palavras, antecipar quantidade ou variedade de letras, brincar de forca, escrever palavras com letras ou sílabas sorteadas etc.

Na prática, as atividades acima sugeridas complementam-se no esforço didático para criar alternativas diversificadas para a reflexão acerca da língua e para estimular o desempenho linguístico na compreensão mais ampla do termo. A articulação entre elas em projetos de trabalho – coerentes, motivadores e significativos – faz parte de uma delicada costura promovida pelo professor na contextualização do fazer pedagógico, que visa atender o grupo de alunos individual e coletivamente, ampliando o seu repertório de conhecimentos e de possibilidades de intervenção.

Em síntese, o tripé "metas educativas, processos de aprendizagem e frentes de trabalho pedagógico", compreendido na sua inter-relação, compõe uma sólida base para a reflexão sobre a ação escolar. Ao professor, fica o desafio de construir a prática em sala de aula, tendo em vista o respeito à infância, a valorização das características socioculturais e a consideração da diversidade de seus alunos. Fica também o compromisso de fazer da aprendizagem um exercício significativo (e por que não prazeroso?) capaz de garantir a curiosidade tipicamente humana e o gosto pelo saber.

PARTE 2

PROBLEMATIZANDO...
OS (DES)CAMINHOS DA ESCRITA
NA ESCOLA

> Quando o homem assume seu caráter errante, viajando através das suas caravelas, dos seus telescópios, dos seus microscópios, das suas naves espaciais, não para conquistar e parar, mas simplesmente para descobrir, inclusive a si mesmo, para se descobrir um ser viajante, ele liga o espaço com o tempo no acontecimento da sua viagem. Viagem que se dá também nas suas práticas de linguagem.
> GERALDI, 1993, p. 122

> O aluno, costumado, desde as primeiras ocupações sérias da vida, a salmodiar, na escola, enunciados que não percebe, a repetir passivamente juízos alheios, a apreciar, numa linguagem que não entende, assuntos estranhos a sua observação pessoal; educado, em suma, na prática incessante de copiar, conservar e combinar palavras, com absoluto desprezo do seu sentido, inteira ignorância da sua origem, total indiferença aos seus fundamentos reais, o cidadão encarna em si uma segunda natureza, assinalada por hábitos de impostura, de cegueira, de superficialidade. Ao deixar a escola, descarta-se quase sempre, e para sempre, "dessa bagagem". Felizmente.
> GERALDI, 1993, p. 120

2
LÍNGUA ESCRITA, UMA QUESTÃO DE MENTALIDADE[1]

Tradicionalmente, a oposição entre Oriente e Ocidente tem sido um critério de distinção entre homens e culturas. Entretanto (e de modo paradoxal), o confronto entre esses dois mundos apresenta uma dimensão catártica sobre nós porque, em primeiro lugar, é possível vislumbrar, para além das diferenças, a mesma essência de ser humano e, em segundo, porque, ante o "espelho dos antagonismos", é inevitável que passemos a nos enxergar por outro ângulo, evidenciando dimensões do ser nunca antes consideradas.

Isso quer dizer que "conhecer o outro" traz a reboque a possibilidade de "conhecer-se através do outro". Do ponto de vista educativo, o conhecimento acerca dos outros faz parte daquilo que é essencial à aprendizagem: o saber como meio de saciar a infindável curiosidade do ser humano e, assim, ampliar os horizontes da sua existência; conhecer o outro para respeitar, compreender, analisar e, sobretudo, estabelecer vínculos e dialogar. Menos evidente, mas não de menor importância, "conhecer-se através do outro" possibilita uma dimensão complementar (o que somos, conhecemos e fazemos em oposição ao que são, conhecem e fazem os outros supostamente diferentes).

No confronto com o Oriente[2], a constatação das diferenças ou daquilo que nos falta permite ao educador uma ampla (re)visão de seus princípios pedagógicos, podendo considerar outros alvos e outros meios para o desenvolvimento humano a despeito das tendências (determinismos? amarras?) da cultura na qual estamos submersos. Se é verdade que os nossos sistemas educacionais estão impregnados de valores específicos do nosso mundo, é também verdade que a escola, potencialmente, configura-se como um meio privilegiado para se pensar de modo crítico sobre os rumos da educação, buscando princípios mais equilibrados para a realização do homem.

Neste capítulo, pretendo retomar a oposição entre Oriente e Ocidente tantas vezes discutida, buscando de maneira específica, no confronto do trinômio "cultura, educação e linguagem", implicações e eventuais alternativas para o ensino de língua materna no Ocidente. Sem a pretensão de generalizar a inevitável diversidade nas formas de atualização linguística ou de qualquer universo cultural, fixo a minha argumentação em tendências genericamente apontadas e reconhecidas por diversos autores.

Antes disso, porém, é importante precisar os pressupostos básicos deste ensaio, a saber, a concepção de linguagem, suas implicações educativas e a constatação de alarmantes tendências ocidentais na produção da escrita, aspecto este que motiva a busca de alternativas à luz de outros valores culturais.

LINGUAGEM: DO POTENCIAL EDUCATIVO AO PREJUÍZO DAS PRODUÇÕES ESCRITAS

Tomar a linguagem como tema de estudo ou alvo educativo requer a consideração de seus três eixos fundamentais (Geraldi, 1993): a língua, a fala (ou escrita) e a interlocução. Sendo legado histórico e cultural, a língua apresenta-se como um sistema de regras e normas instituídas, sem as quais ela perde significado. Entretanto, conforme nos ensina Bakhtin (2003), sua existência está vinculada à atualização pela fala (ou pela escrita) em processos eminentemente criativos e contextualizados. Longe de ser um sistema restrito e determinado, a língua prevê a (re)construção de sentidos com base no referencial disponível e nunca estabelecido por completo.

A negociação de significados é conquistada de modo permanente nos processos interlocutivos, entendidos não como mecanismos artesanais de elaboração pessoal em acidentes momentâneos de expressão, mas como manifestações essencialmente dialógicas (formas de intercâmbio construídas na e pela relação com o outro) que, situadas no bojo dos significados históricos e socioculturais, sustentam a polifonia do universo discursivo. O falante, por sua vez, integra-se em uma dimensão ativas que, pelo dizer, acaba também completando-se, construindo-se e transformando-se. Essa dimensão constitutiva da linguagem que, é inegável, lhe confere o potencial educativo.

O tema da aprendizagem linguística, tal como é concebido no âmbito da presente obra, transpõe, portanto, o alvo específico de assimilar as regras do sistema e aplicá-las em contextos estritamente funcionais de fala ou de escrita. Considerando a dimensão ampla da língua, não se trata de dominá-la para tornar-se usuário dela. Mais que isso, é preciso entender a língua como instrumento a serviço do homem. Refiro-me ao rol de experiências linguísticas (incluindo as situações institucionais de ensino) que ampliam as possibilidades de expressão e de comunicação, incrementam o uso da língua nas suas diversas funções ou objetivos, determinam modos de inserção social (Kleiman, 1995; Matêncio, 1994; Ribeiro, 2003; Soares, 1998; Zaccur, 1999), interferem na formação de mentalidades e permitem a organização do pensamento, favorecendo o desenvolvimento das funções psicológicas superiores, tipicamente humanas (Luria, 1990; Vygotski, 1988; Vigotskii, Luria e Leontiev, 1988).

Mais do que um recurso técnico, o efetivo aprendizado linguístico possibilita o acesso ao uso inteligente da língua e à "aventura da comunicação", requisitos indispensáveis para a emancipação do homem e para a convivência democrática. Em síntese, fazer da alfabetização um meio para o ingresso diferenciado em nossas sociedades representa o salto qualitativo entre a "escrita do dizer" (o texto funcional ou reprodutivo) e a "escrita do transformar" (a redação crítica, criativa, capaz de recriar a realidade), um dos maiores desafios a ser enfrentado pelos educadores.

Infelizmente, o potencial linguístico, com todas as suas desejáveis implicações educativas, está longe de ser uma realidade para a maioria da população. No Ocidente, vivemos uma condição paradoxal: a modernização das possibilidades comunicativas convive com mecanismos de marginalização e isolamento de grupos humanos em movimentos de progressivo silenciamento e restrição linguística.[3]

Durante muito tempo, a explicação para tal realidade limitava-se às estatísticas de evasão escolar ou aos índices de analfabetismo. Hoje, percebemos com muita clareza que o analfabetismo funcional é um risco que atinge também aqueles que permanecem na escola. Nesse sentido, é grande o número de entidades, educadores e pesquisadores que denunciam o baixo nível de leitura da população, a dificuldade dos jovens e adultos em produzir textos, interpretá-los e sobretudo em formar juízos críticos a seu respeito (Ribeiro, 2003).

Em estudo realizado com crianças de 6 a 12 anos, alunos de escola pública em São Paulo (Colello, 1997, 2004, 2012a), tive a oportunidade de constatar a precocidade dessas tendências, que, desde muito cedo, condicionam determinados usos da escrita pela prioridade da forma sobre o conteúdo, do objetivo sobre o pessoal, do racional sobre o poético, do funcional sobre o expressivo, do preestabelecido sobre o criativo, do determinado sobre o crítico, do descritivo sobre o dissertativo, do estático sobre o dinâmico, do real sobre a fantasia, do imediato sobre o permanente e do artificial sobre o autêntico.[4] O resultado disso se faz sentir em produções escritas pouco criativas, insípidas, repletas de clichês, vazias de conteúdo ou de emoção, tais como as de seus colegas mais velhos que chegam às portas da universidade (Castaldo, 2009; Geraldi, 1984, 1993; Lemos, 1977; Pécora, 1992; Rocco, 1981). Assim, as produções escritas, mesmo nos casos em que se garantam as correções ortográfica, gramatical, sintática e lógica, parecem apenas cumprir a tarefa de "marcar o preto no branco", isto é, de preencher o espaço do papel, apresentando dados, sem necessariamente usufruir os benefícios dessa possibilidade.[5]

Não se pode negar que a dificuldade na produção da escrita é, em grande parte, consequência das concepções e metodologias de ensino, bem como das práticas escolares que insistem nos padrões de correção e na prioridade de usos específicos da língua (considerados melhores, mais apropriados e legítimos) em detrimento do significado, da vontade de dizer e do equilíbrio das possibilidades de expressão. Em geral, seja por intermédio dos livros didáticos, seja pelo próprio modelo instituído como parâmetro ideal (eventualmente, o único!) de produção, o que predomina na escola é o texto informativo, tão mais valorizado quanto maiores o número de dados veiculados, a objetividade da apresentação e o teor supostamente científico.

A informação pela escrita consagrou-se como elemento tão indispensável na transmissão de conhecimentos que muitos não mais percebem que o texto pode ser também objeto de fruição e de expressão informal. Sem desmerecer a importância dos textos informativos, o que está em questão é a supervalorização deles em oposição a outras maneiras também legítimas de dizer pela via escrita.

A pouca ênfase atribuída às diferentes possibilidades textuais (como poemas, contos, cartas, exercícios de ficção, produções humorísticas, teatrais e escritas de manifestação pessoal dos sentimentos, fantasias, emoções, opiniões e defesa de ideias) raramente é percebida ou lamentada. Em primeiro lugar, porque tais possibilidades são consideradas pouco relevantes para o processo de aquisição do conhecimento, a superação das etapas escolares, o ingresso nas universidades e o sucesso no mercado de trabalho. Em segundo, porque prevalece (até mesmo entre os professores!) a ideia de que as simples habilidades de juntar letras para formar e associar palavras para gerar textos garantem, por si sós, o acesso aos mais variados usos e possibilidades de expressão, como se a multidimensionalidade e a multifuncionalidade da língua não fossem também alvo de descoberta e processos de construção cognitiva que merecessem a atenção específica e o empenho dos educadores.

A constatação de que os problemas de aprendizagem são, em grande parte, tributários dos princípios do ensino e das práticas escolares (Aquino, 1997; Moysés e Collares, 1992; Patto, 1990; Oliveira, Souza e Rego, 2002) reforça a necessidade de reconsiderar a educação à luz de outros valores, mentalidades e paradigmas sociais. Ainda que genérico e despretensioso, o confronto com o Oriente pode se constituir em significativo contraponto na consideração dos condicionantes culturais sobre a relação ensino-aprendizagem.

LINGUAGEM, EDUCAÇÃO E CULTURA

Na tentativa de compreender a relação do ensino da língua materna com a cultura e valores socialmente estabelecidos, vale a pena lembrar a distinção apontada por Hoz (1988) entre a "pedagogia visível" e a "educação invisível" como dimensões mais ou menos explícitas de objetivos, conteúdos e critérios que se incorporam à ação docente, influindo nas suas concepções, meios e resultados. No caso da linguagem, é possível situar o ensino formal da escrita, suas regras e usos previstos como elemento visível (e previsível) em qualquer programa de ensino escolar. Mas, ao lado do "saber ler e escrever" e do "bem ler e escrever" considerados nas salas de aula, fica implícita certa mentalidade – pedagógica e linguística – que, em cada universo cultural, condiciona, de modo invisível, o como, o porquê, o para que ou o para quem escrever.[6]

No campo da educação, o grande divisor de águas entre Ocidente e Oriente parece situar-se na própria concepção de aprendizagem. Na versão mais tipicamente ocidental, prevalece a educação como um subproduto do ensino, isto é, compreendida como consequência previsível do acúmulo de saberes. O conhecimento, imprescindível na organização das massas, é tão mais valorizado quanto maior for a quantidade ou a aplicabilidade prática de seu potencial. A alfabetização, por sua vez, faz parte de uma "bagagem cultural mínima", legítima pela sua dimensão funcional (em ações concretas tais como assinar o nome, preencher formulários, seguir instruções etc.) e também como meio para acessar outras informações.

De modo inverso, a tradição oriental – sempre tipicamente falando – privilegia a concepção de ensino como subproduto de um processo maior e mais amplo que é a própria educação. Assim, toda e qualquer aprendizagem – incluindo a da língua materna – é um meio para a formação do homem. Dessa maneira o expõe Herrigel, analisado por Gusdorf (1970, p. 46–7):

> O japonês, expõe Herrigel, "concebe a arte do arco e flecha não como uma capacidade esportiva, adquirida através de um treinamento físico progressivo, mas como uma força espiritual decorrente de exercícios onde é o espírito que determina a finalidade, de modo que a pontaria do arqueiro vise a si mesmo, pois, se atingir o alvo, ele mesmo é alvejado. Hoje, como antigamente, o manejo do arco continua sendo um combate de vida ou morte, na medida em que

é um combate do arqueiro contra si mesmo". Vemos que não se trata de uma formação esportiva, segundo os parâmetros ocidentais, na qual se tentaria preparar um campeão para triunfar nos concursos. O noviço europeu (teria que fazer) essa experiência através das sucessivas desilusões [...] até compreender o sentido profundo dos exercícios que lhe foram impostos. O arco, as flechas, o alvo não são fins em si, mas apenas meios pelos quais o discípulo deve, pouco a pouco, conquistar as mais elevadas verdades. "Os exercícios espirituais suscetíveis de fazer da técnica do manejo do arco uma arte e, eventualmente, uma arte despojada de arte, são exercícios místicos. Ou seja, o que está em causa não é a obtenção de um resultado exterior com arco e flechas, mas a realização de alguma coisa que valha por si mesma."[7]

A formação que "vale a pena por si mesma", valor ainda preservado no Oriente, é a busca do autoconhecimento e da autodisciplina, os quais, tanto pelas habilidades corporais como por intermédio das atividades mentais, visam atingir o plano espiritual, reintegrador da pessoa humana. No Ocidente, a demanda social e a crescente preocupação em medir e controlar o produto do ensino colocaram a ação escolar no rumo da especialização, qualidade sempre muito admirada entre os modelos de excelência. Portanto, passando por inúmeros especialistas (o matemático que ensina matemática, o historiador que ensina história etc.), o aluno convive, desde muito cedo, com a fragmentação do saber. E tal é o envolvimento nesse processo que, muitas vezes, ele perde a possibilidade de chegar a uma consciência crítica a respeito do conjunto dos conhecimentos humanos, ou mesmo de seus próprios saberes, conformando-se com mecanismos específicos para atender às exigências (eventualmente até contraditórias) de cada disciplina ou de cada professor. Nesse contexto, sua individualidade aparece como um "reduto de resistência pessoal" na negação do que lhe foi sistematicamente oferecido.

Contribuindo também para o processo de fragmentação da pessoa, há de se considerar a relação professor-aluno nos moldes em que se processa o ensino. O ideal da especialização associado ao princípio didático da "transmissão do saber" permite-nos compreender a relação autoritária e monológica que rege a ação educativa na maior parte das escolas ocidentais. O desequilíbrio entre "aquele que detém o conhecimento" – o professor – e "o que tudo ignora" – o aluno – justifica práticas de imposição de saberes que, muitas vezes, desrespeitam e despersonalizam o aprendiz. No modelo empirista de ensino, tão arraigado pela história da educação no Ocidente, o conhecimento consagra-se como produto estático, eventualmente sem sentido, adquirido mediante captação passiva ou por meio de exercícios apenas reprodutivos, ambos motivados por alvos externos ao próprio saber (a nota, o passar de ano, o diploma etc.).

Em oposição, a imagem mais típica do ensino oriental é a do discípulo que colhe do mestre seus atos e palavras como desafios pessoais ou como convites à descoberta e à construção do conhecimento. A motivação intrínseca desses encontros é a chama da curiosidade, alimentada de forma permanente pela relação dialógica. Assim, mais importante do que o objeto do ensinamento, os recursos materiais ou físicos que possam às vezes apoiar o processo de aprendizagem, há o investimento maior na relação entre pessoas, que se educam mutuamente pelo exemplo, pela experiência de compartilhar saberes e pela mística que envolve essa relação.

Além das concepções educativas, as mentalidades que regem a produção linguística no Oriente e no Ocidente são da mesma forma esclarecedoras na compreensão dos usos mais típicos da escrita ocidental. Vale lembrar que o interesse em situar diferenças linguísticas certamente ultrapassa a mera descrição de aspectos formais com os quais os povos costumam se manifestar. Mais que isso, a expressão humana reflete modos de compreender, de lidar com o mundo e de nele se situar.

Marcada pelo modelo racionalista que privilegia formas de saber objetivas, quantificadas, classificadas e precisas, a linguagem tipicamente ocidental incorpora o padrão de determinação expressiva que busca apreender o real pela uniformidade dos processos, pela fixidez das tendências e pelo enquadramento à homogeneidade e transparência. É o princípio do "preto no branco" para o qual, uma vez tendo sido algo registrado no papel, não deve haver margem à dúvida nem à dupla interpretação. O significado está dito e garantido. A semelhança com os princípios positivistas do dizer (do pensar, do conceber etc.) fica por conta das crianças em formulações consideradas infantis e imaturas (que, por esse motivo, confrontam-se com os esforços educativos). Elas podem também ser encontradas entre os poetas, artistas e literatos que, no contexto ocidental, não fazem parte do "mundo produtivo", do "universo técnico-científico" ou simplesmente dos "homens de negócio".

Superando a razão fria que recorta e reduz a realidade, e sem a pretensão de dominá-la pelo enquadramento das ideias, o homem oriental se permite conviver com a magia, o incontável, o imagético, o pluriforme, o poético, o encantamento e o afetivo. Assim,

> Em vez de longos e articulados discursos, a língua árabe (o pensamento árabe) expressa-se de modo muito mais natural e autêntico por rápidas sentenças de caráter incisivo, que atingem o íntimo do interlocutor por condensarem séculos (ou milênios...) de uma sabedoria mais do que humana. Os ergo e os "demonstrandum" do Ocidente dão lugar à milenar voz da sabedoria que, por eles, fala. É a verdade das coisas que se deixa ver na "trouvaille" do dito. (Hanania, 1994, p. 49)

Compactada pela terminologia de denso significado e pelas frases nominais,[8] a língua oriental é cúmplice da tradição capaz de resgatar a essência perene do ser humano. Este é, por exemplo, o caso dos provérbios árabes, tão indissociáveis da expressão comum, conforme nos explica Lauand (1997, p. 20):

> Enquanto agentes privilegiados da educação invisível, os provérbios recolhem o saber popular, condensam a experiência sobre a realidade do homem em sua existência quotidiana: as condições de vida, o sensato e o ridículo, as alegrias e as tristezas, as grandezas e as misérias, as realidades e os sonhos, a objetividade e os preconceitos [...] Mais do que qualquer outra expressão literária, os provérbios têm, frequentemente, o dom de incidir sobre o núcleo permanente, atemporal da realidade do homem, e daí, também, decorre sua perene atualidade.

Um exemplo dessa característica pode ser encontrado numa formulação tipicamente oriental[9] como "Casa de ferreiro, espeto de pau". Nela, observa-se a representação concreta (trazida de modo literal pela imagem e não pela explicitação de seu significado) que traduz o tradicional reconhecimento coletivo da ideia de que "nem sempre os especialistas apropriam-se da sua habilidade para lidar com suas questões particulares". A interpretação aproximada dessa ideia é delegada ao leitor (ou ouvinte) que se apropria da flexibilidade semântica como meio de recuperar/recriar o significado. Tal característica – interpretada pelo ocidental como falta de precisão – permite uma apreensão profunda do dizer, uma vez que incorpora a complexidade dos significados (plurissemia).

Nesse sentido, o "pensamento confundente"[10], mesmo (e justamente porque) convivendo com o mistério e com o poético, permite novos olhares para uma mesma realidade e, eventualmente, outras possibilidades de apreensão e entendimento.

CONSIDERAÇÕES FINAIS (E CERTAMENTE NÃO DEFINITIVAS)

Ao considerar as tendências ocidentais na produção da língua escrita, e sobretudo as suas dimensões de fracasso ou de dificuldade, não se pode negar o papel que tiveram a escola, os recursos didáticos e a metodologia em sala de aula. Mas o processo de conhecimento não se explica pela relação binária "ensino-aprendizagem", entendida como um mecanismo de causa e efeito, isto é, como um toma lá dá cá pedagógico. Trata-se, é evidente, de um processo muito mais amplo de vivenciar e construir, no conjunto das experiências, esquemas de ação e de compreensão que fazem sentido pela mentalidade ou pelo referencial de valores nos quais foram conquistados. Em outras palavras, não aprendemos só porque fomos ensinados, mas também pelo que somos (pensamos, valorizamos, concebemos, buscamos etc.). Em uma dimensão pouco visível, também as relações ensino-aprendizagem e professor-aluno são igualmente dependentes de mentalidades e de *patterns of behavior* (padrões de conduta) culturalmente estabelecidos.

À luz das concepções de ensino pouco comprometidas com um projeto educativo, da relação unilateral entre mestre e discípulo, da valorização da linguagem informativa (racional, objetiva e precisa) em detrimento de outros modos de expressão, e, por fim, da fragmentação do conhecimento e da formação do ser humano, podemos situar melhor as tendências ocidentais na produção da língua escrita. Pela dimensão "visível" da pedagogia, constata-se a presença de uma escola que efetivamente ensina a ler e a escrever; pela dimensão "invisível", pode-se supor um longo e penoso processo de enquadramento linguístico que muitas vezes restringe possibilidades de expressão, roubando a vontade e o direito de dizer.

Na busca de alternativas educativas, os métodos de ensino, os recursos didáticos e as cartilhas podem ser revistos, renovados, corrigidos e até eventualmente substituídos, mas as mentalidades que os sustentam resistem teimosamente, assim como a atitude daqueles que discriminam os diferentes universos culturais, em posturas etnocêntricas, esquivando-se do saber, do diálogo, da convivência democrática, da linguagem poética e também da compreensão de si mesmo.

Eis aqui um convite ao diálogo com o Oriente!

3
PARA ONDE VAI O ENSINO DA ESCRITA

> Apesar de inegáveis avanços teóricos na área da aquisição, domínio e usos da linguagem verbal escrita, as práticas docentes, na grande maioria das escolas brasileiras [...] continuam a reproduzir esquemas ultrapassados e esclerosados, quando não perniciosos e prejudiciais à aprendizagem significativa das letras. Eu até arriscaria dizer que, em alguns casos, os esquemas de ensino, de tão improvisados e artificiais, geram a morte paulatina do potencial que as crianças trazem consigo quando iniciam a sua trajetória escolar. Daí a frustração, o fracasso, a repetência e a própria exclusão.
>
> LEITE, 2001, p. 15

PARA ALÉM DOS ÍNDICES DE ANALFABETISMO

O Plano Nacional de Educação 2011-2020,[1] apresentado em 15 de dezembro de 2010 pelo então ministro da Educação Fernando Haddad, evidencia a preocupação com o domínio da língua escrita, que aparece de modo explícito em duas das 20 metas estipuladas. Na quinta meta, situa-se como um objetivo privilegiado nos anos iniciais da escolaridade: "Alfabetizar todas as crianças até, no máximo, os oito anos de idade", e na nona, como prioridade assumida para a reversão dos índices de analfabetismo e analfabetismo funcional no Brasil: "Elevar a taxa de alfabetização da população com 15 anos ou mais para 93,5% até 2015 e erradicar, até 2020, o analfabetismo absoluto e reduzir em 50% a taxa de analfabetismo funcional". Além disso, pode-se dizer que o desafio de ensinar a ler e escrever aparece no mesmo documento, de forma indireta, quando se propõe a universalizar a educação infantil, o ensino fundamental e o atendimento escolar à população com mais de 15 anos, bem como elevar as médias nacionais do Índice de Desenvolvimento da Educação Básica (IDEB).

Incorporando as expectativas sociais difundidas desde meados do século XX, a alfabetização é também valorizada entre a população, que atribui à escrita um "poder mágico" capaz de garantir melhores condições de vida ou oportunidades de trabalho, além do próprio sucesso escolar (Franchi, 1988; Britto, 2003).

A despeito das fortes convicções populares e dos esforços educativos, o Brasil está, entretanto, muito longe de promover o acesso amplo e democrático à língua escrita. Com 14,1 milhões de analfabetos[2], concentrados principalmente entre a população acima de 15 anos na região Nordeste, o país ocupa o 14.º lugar no *ranking* de 19 países da América Latina e Caribe[3].

O quadro do analfabetismo é, porém, insuficiente para compreender a realidade sobre o grau de letramento da população brasileira. Ao transferir o critério estatístico (pautado pelo crivo dicotômico do ser ou não alfabetizado) para a abordagem qualitativa sobre as efetivas competências leitoras das pessoas entre 15 e 64 anos, parece surpreendente a constatação de que apenas 25% dos brasileiros alcançam o nível pleno de alfabetismo, isto é, a efetiva possibilidade de ler, compreender, interpretar e lidar criticamente com a língua escrita. O dado, obtido pelo 6.º Indicador Nacional de Alfabetismo Funcional[4], se mostra ainda mais alarmante quando se constata que tal realidade se mantém relativamente estável desde que o estudo foi realizado pela primeira vez, em 2001. Isso significa que, se por um lado diminuímos o número de analfabetos absolutos, por outro não conseguimos ampliar o índice de leitores críticos entre a nossa população.

No cenário internacional, os dados confirmam a imagem do Brasil como um país de iletrados, conforme sugere um artigo publicado há anos no *Economist*:

> Muitos brasileiros não conseguem ler. Em 2000, um quarto das pessoas acima de quinze anos eram analfabetos funcionais. Na média, os brasileiros leem 1,8 livros não acadêmicos por ano, menos da metade do índice da Europa e dos Estados

Unidos. Em uma recente pesquisa sobre os hábitos de leitura, os brasileiros ficaram em 27.º lugar entre 30 países, o que significa gastar 5,2 horas por semana com um livro. Os argentinos, seus vizinhos, ficaram em 18.º lugar. ("Brazil: A nation of non-readers." *The Economist*, 16 mar. 2006, tradução livre)

Dados mais recentes (Pesquisa Retratos de Leitura no Brasil – 2011)[5] confirmam o baixo índice de leitura entre os brasileiros, registrando um decréscimo da leitura de livros por habitante/ano de 4,7% para 4,0%, no período compreendido entre 2007 e 2011 (incluindo os livros didáticos da população estudantil).

As dificuldades com a leitura e a escrita, genericamente constatadas na população, configuram-se também como uma problemática evidente já no âmbito escolar. Avaliações nacionais e internacionais realizadas com milhões de estudantes brasileiros[6] comprovam a defasagem dessa aprendizagem ao longo dos anos escolares, o que nos permite afirmar que, ao lado dos históricos índices de analfabetismo e evasão, não se pode garantir a efetiva aprendizagem da língua escrita, mesmo para aqueles que conseguem permanecer na escola.

Mas o que significa estar plenamente alfabetizado? O que queremos quando nos propomos a ensinar alguém a ler e a escrever?

É evidente que saber ler e escrever pressupõe a capacidade de assinar o nome, desenhar letras, copiar palavras e decodificar o que foi impresso no papel. Porém, mais do que isso, significa poder usar a escrita como instrumento de comunicação e expressão, meio de ampliar contatos (além dos já conquistados durante a primeira infância, como, por exemplo, as linguagens oral e gestual), de se fazer presente no mundo ou de compreendê-lo, enfim, a possibilidade de estabelecer outros canais de interlocução, inserindo-se ativa e criticamente em práticas da sociedade letrada. Nas palavras de Leite (2001, p. 24-5),

> Atualmente, pode-se afirmar que as concepções de escrita, subjacentes às modernas propostas, implicam dois aspectos fundamentais: de um lado, enfatiza-se o caráter simbólico da escrita, entendendo-a como um sistema de signos cuja essência reside no significado subjacente a ela, o qual é determinado

histórica e culturalmente; assim, uma palavra escrita é relevante pelo seu significado compartilhado pelos membros da comunidade. Por outro lado, enfatizam-se os usos sociais da escrita, ou seja, as diversas formas pelas quais uma determinada sociedade utiliza-se efetivamente dela; fala-se em escrita verdadeira, em contrapartida à escrita escolar (aquela que não corresponde aos seus usos sociais, tão comum no modelo tradicional).

Ao transferir a ênfase técnica e instrumental que, durante tantos anos, condicionou o ensino da língua escrita para uma abordagem dessa aprendizagem socialmente situada, os estudos sobre o letramento (Kleiman, 1995; Ribeiro, 2003; Soares, 1995, 1998, 2003; Tfouni, 1995) tiveram um forte impacto no modo como se compreende o processo de alfabetização, reconfigurando as dimensões do aprender a ler e a escrever, o desafio de ensinar a ler e a escrever, o significado do aprender a ler e a escrever, o quadro da sociedade leitora no Brasil, os motivos pelos quais tantos deixam de aprender a ler e a escrever e, finalmente, a própria direção das pesquisas sobre a transposição pedagógica (Colello, 2004, 2012b).

Ao lado do "analfabeto absoluto", outras configurações do sujeito leitor passaram a ser objeto de preocupação entre os estudiosos da educação: o baixo letramento e o analfabetismo funcional. Esses são os casos de pessoas que, embora sejam escolarizadas ou, eventualmente, até dominem o princípio alfabético e as regras do sistema em questão, continuam sendo incapazes de se utilizar da escrita de modo eficiente e significativo na sociedade em que vivem.

Trata-se de uma problemática maciça, que não pode ser compreendida senão como um subproduto do quadro educacional brasileiro, no qual imperam a escassez de recursos e de condições de trabalho, a desvalorização do professor, a burocratização do sistema, o distanciamento entre as escolas e as esferas de produção do saber, a formação precária dos educadores, o pouco conhecimento a respeito dos processos de desenvolvimento e cognição, além da inadequação e da baixa qualidade do ensino.

Em uma abordagem mais ampla, torna-se clara a necessidade de rever os pressupostos que subjazem ao modelo de letramento. À situação estruturalmente caótica do ensino no Brasil, acrescente-se a concepção educativa utilitária e racionalista, modulada por princípios etnocêntricos, reducionistas e autoritários que, no âmbito da escrita, comprometem a compreensão a respeito da língua (natureza e processo de aquisição), fazendo persistir o enfoque técnico e estritamente funcional.

Na prática, tanto a inadequação das diretrizes do ensino da língua escrita como os vícios da metodologia em sala de aula (enfocados na primeira parte da presente obra) refletem-se nos baixos níveis de letramento, nas dificuldades para ler e escrever e em modos específicos de consolidação dessa aprendizagem, conforme pretendo apresentar em tendências descritas nos quatro últimos capítulos.

Em síntese, partindo-se das constatações a respeito dos problemas relativos ao uso da língua escrita, fica evidente que a problemática do baixo letramento está sobreposta ao índice de analfabetismo, uma evidência que, pela análise qualitativa, torna ainda mais inaceitável a configuração da população leitora no país. Se é verdade que esse quadro é fruto de fatores múltiplos que extrapolam a esfera educativa e de paradigmas que perpassam a interpretação do sistema, é precisamente na escola que as contradições aparecem; é nela que se projetam perspectivas de conciliação dos problemas vividos no âmbito da aprendizagem.

Retomando os argumentos já apontados nos capítulos anteriores, o objetivo do presente capítulo é reconsiderar o ensino da escrita no contexto escolar, avaliando o papel restritivo da ação pedagógica em oposição ao potencial da língua ou do aluno como sujeito aprendiz.

ESCRITA E ESCRITA NA ESCOLA

Esses meninos e meninas curiosos, ávidos por saber e entender, estão em toda parte, no norte e no sul, no centro e na periferia. Não os infantilizemos. Desde muito cedo eles se fazem perguntas com profundo sentido epistemológico: o que é que a escrita representa e como a representa? Reduzindo-os a aprendizes de uma técnica, menosprezamos seu intelecto. Impedindo-os de entrar em contato com os objetos em que a escrita se realiza, e com os modos de realização da língua, desprezamos (malprezamos ou tornamos inúteis) seus esforços cognitivos. (Ferreiro, 2002, p. 37-8)

O acompanhamento de crianças em processo de alfabetização sugere certa distância entre a motivação para ler e escrever e o ensino da língua. O fosso entre o "aventurar-se na escrita" e o "imenso sacrifício" de ter de lidar com ela na escola é, muito provavelmente, gerado pela própria compreensão que se tem acerca da língua. Como a concepção implícita nas práticas pedagógicas compromete a efetiva aprendizagem e as possibilidades do escrever?

CONCEPÇÕES DE ESCRITA

O maior engano dos educadores é considerar a aprendizagem da leitura e da escrita um bem indiscutível, algo por si só válido e desejável como meio de diminuir a distância entre os povos, os grupos sociais e as diferentes faixas etárias. Vista dessa ótica, a língua escrita ganha um *status* inflexível, acabando por se constituir num referencial para a consideração de "homens civilizados e cultos". De fato, em nossa sociedade, ela está associada ao binômio "saber e poder", ao desenvolvimento, à modernidade e à emancipação do sujeito. A esse respeito, vale lembrar o levantamento de Olson (1997) sobre as crenças associadas à escrita e os contra-argumentos que relativizam tais posturas elitistas e preconceituosas. O quadro a seguir é uma tentativa de organizar sinteticamente a exposição feita pelo autor.

Longe de se constituir em um esforço para negar ou desqualificar a relevância da escrita, a desconstrução das crenças arroladas anteriormente visa ao entendimento mais apurado das relações entre a aprendizagem da escrita e a cultura. Trata-se, segundo o autor, de combater concepções genéricas e vagas que mascaram a complexidade da língua e as implicações da escrita no contexto sempre heterogêneo de nossas sociedades. De fato, o denominador comum entre os referidos mitos (lamentavelmente tão disseminados entre políticos, técnicos, burocratas e até educadores) é o referencial etnocêntrico, caracterizado pela tendência de "ver o outro a partir da nossa imagem supostamente ideal".

Crenças	Contra-argumentos
Escrever é transcrever a fala	Os sistemas de escrita captam apenas certas propriedades do que é dito, a saber, a forma verbal – fonemas, lexemas e sintaxe –, deixando o como foi dito e o com que intenção radicalmente sub-representados. (Rousseau, p. 24, grifos do autor)
A escrita é superior à fala	• A escrita não passa de uma representação da fala; é estranho que se tenha mais cuidado com a determinação da imagem do que com o objeto. (p. 24) • [...] não é verdade que as línguas orais sejam uma propriedade do povo, "solta e desregrada", como entendiam os antigos gramáticos. Todas as línguas têm uma estrutura gramatical e léxica muito rica, capaz, pelo menos potencialmente, de expressar a gama total de significados. (p. 24-25) • [...] a linguagem escrita depende da fala. Agora se reconhece que a linguagem oral é um instrumento e uma riqueza fundamental da mente; a escrita, embora importante, é sempre secundária. (p. 25)
A escrita alfabética é tecnicamente superior aos demais sistemas de notação	• [...] o alfabeto [...] não representou o milagre da descoberta da fonologia das línguas, mas simplesmente a adaptação à estrutura silábica particularmente complexa do grego de um silabário concebido para uma língua semítica. (p. 25) • [...] um alfabeto tem utilidade limitada para representar uma língua monossilábica com muitos homófonos [...] nesse caso, um sistema logográfico apresenta muitas vantagens. (p. 25) • [...] a simplicidade do alfabeto não constitui a causa mais importante de níveis elevados de domínio da língua; muitos outros fatores afetam o grau de alfabetização dos países e dos indivíduos.

A escrita é responsável pelo progresso social	[...] a escrita é um instrumento de domínio ou de libertação? A impossibilidade de responder a essa pergunta levou autores como Heath e Street a distinguir tipos diferentes de uso da escrita, diferentes maneiras de usar os textos e extrair dados deles que estejam imbricados em contextos sociais diferentes. Pode ser que não haja uma única escrita, que exista mais que um único conjunto de implicações. (p. 27)
A escrita é um instrumento de desenvolvimento cultural e científico	Nas últimas décadas, antropólogos e historiadores da cultura nos conscientizaram para a sofisticação das culturas "orais". (p. 28)
A escrita é um instrumento de desenvolvimento cognitivo	[...] Não passa de um equívoco identificar os meios de comunicação usados com o conhecimento por eles comunicado. (p. 29)

Na defesa da dimensão cultural, histórica e necessariamente contextualizada da língua, muitos autores (Bakhtin, 1986, 2003; Cagliari e Cagliari, 1999; Geraldi, 2009; Colello, 2004, 2010, 2012e e f; Silva e Colello, 2003; Geraldi, 1984, 1993; Geraldi e Citelli, 1998; Kleiman, 1995; Matêncio, 1994; Ribeiro, 2003; Soares, 1991, 1998, 2003; Zilberman e Rösing, 2009; Zaccur, 1999) concordam com Possenti (1984, p. 34), que, já em 1984, defendia a ideia de que:

> As línguas estão estreitamente ligadas aos seus usuários, isto é, aos outros fatos sociais. Não são sistemas que pairam acima dos que falam, e não estão isentas dos valores atribuídos pelos que falam.

O que está em jogo nas afirmações do autor é a oposição entre os dois diferentes modelos de letramento apontados por Street (1984). O Modelo Autônomo, predominante na escola, desconsidera a dimensão sociocultural da linguagem e a pluralidade das suas manifestações. Assim, a escrita ganha uma "autonomia" própria, válida como um produto completo em si mesmo, sendo compreensível apenas pela interpretação lógica do texto, isto é, independentemente do contexto da sua produção.

Em oposição, o Modelo Ideológico, que considera a linguagem em suas múltiplas práticas sociais e nos significados que elas assumem nas diversas situações, coloca em evidência as estruturas de poder da sociedade. No fundo, isso significa que os saberes escolares podem ser interpretados à luz dessas práticas, segundo as quais é sempre possível produzir sentido na linguagem ou dela retirá-lo, tendo em vista os usos, crenças e valores do grupo em questão. Sendo assim, não basta conhecer a correspondência fonética entre sons e letras e ter a habilidade de desenhá-las, poder decifrar as palavras e transcrever signos, nem dominar as regras gramaticais e sintáticas; é preciso garantir o efetivo emprego e significado da representação gráfica como sistema linguístico situado no tempo e no espaço.

Considerar o significado do letramento em suas múltiplas possibilidades, adaptando esse processo às metodologias de ensino da língua escrita, é, de fato, um grande desafio para os educadores, sobretudo para aqueles que estão acostumados (de modo consciente ou não) a entrincheirar-se no uso estritamente escolar da escrita, isto é, no Modelo Autônomo. Nessa perspectiva, a concepção escolar acaba sendo bastante restrita, conforme nos explica Kleiman (1995, p. 20):

> O fenômeno do letramento [...] extrapola o mundo da escrita tal qual ele é concebido pelas instituições que se encarregam de introduzir formalmente os sujeitos no mundo da escrita. Pode-se afirmar que a escola, a mais importante das agências de letramento, preocupa-se, não com o letramento, prática social, mas com apenas um tipo de prática de letramento, a alfabetização, o processo de aquisição de códigos (alfabético, numérico), processo geralmente concebido em termos de uma competência individual necessária para o sucesso e promoção na escola. Já outras agências de letramento, como a família, a igreja, a rua como lugar de trabalho, mostram orientações de letramento muito diferentes.

No Brasil, os estudos sobre o letramento, empreendidos sobretudo a partir da década de 1990, revolucionaram a compreensão acerca do aprender a ler e a escrever, chamando a atenção para a dimensão social da língua escrita, um enfoque que muito contribuiu para a revisão das práticas de ensino. A introdução desse conceito (e de outros que foram surgindo nas mais recentes publicações para enfocar diferentes posturas ou ângulos de abordagem), longe de ser um consenso entre os pesquisadores, instalou no discurso pedagógico um debate conceitual que é assim explicado por Britto (2003a, p. 52):[7]

> (No) rápido levantamento de alguns títulos da área foi possível identificar, além de letramento, os termos alfabetismo, alfabetização e cultura escrita. É simplismo querer afirmar que são todos equivalentes (Magda Soares, por exemplo, considera que "Cultura escrita e oralidade" é uma tradução inadequada de "Literacy and orality"; Leda Tfouni, por sua vez, publicou um livro cujo título é exatamente "Letramento e alfabetização"; Emilia Ferreiro recusa a utilização do termo "letramento", sustentando que sua dimensão deita por terra toda a luta para a ampliação do conceito de "alfabetização" levada a cabo nos últimos trinta anos). Tampouco é fácil delimitar o valor exato de cada uma das expressões em questão, nem mesmo sustentar uma interpretação em que sejam complementares. De fato, o próprio termo "letramento", de todos certamente o mais usado pela academia em tempos recentes no Brasil, pode ter várias significações, dependendo do tipo de raciocínio que se desenvolva.

Seja pela concepção ampla da alfabetização como promoção da cultura escrita, seja pela distinção teórica entre letrar e alfabetizar, os estudos sobre o letramento e a polêmica por eles instaurada chamaram a atenção para a natureza social da escrita: o ensino do ler e do escrever como aprendizagem técnica circunscrita ao âmbito escolar está, hoje, superado por completo. Desde as primeiras publicações de Emilia Ferreiro nos anos 1980 e, especialmente, a partir da década de 1990, com os trabalhos de Kleiman e Soares, a construção da escrita passou a ser entendida como um processo contínuo (nos contextos urbanos quase inevitável) oriundo da experiência pessoal no contexto das práticas linguísticas culturalmente determinadas, na qual a escrita ganha razão de ser. Isso quer dizer que, mesmo antes do ingresso na escola, as crianças têm oportunidades diferenciadas de compreender o uso da leitura e da escrita, a natureza do sistema linguístico, seus objetivos, variações e significados.

De fato, inúmeros estudos têm demonstrado que as crianças no início da escolaridade possuem um considerável conhecimento linguístico, expresso não apenas nas formas de falar, nas estratégias orais letradas (Rego, 1985), mas, também, nos modos de compreender e de se relacionar com a escrita (capacidade de diferenciar e de produzir tipos de escrita, de prever o conteúdo ou o uso com base nos portadores de texto – Abaurre, Fiad e Mayrink-Sabinson, 2002; Carvalho, 2003; Rocha, 2003; Ferreiro e Teberosky, 1986; Teberosky e Cardoso, 1990; Teberosky, 1990; Tolchinsky-Landsmann, 1995; Zaccur, 1999; Weisz, 2002).

Há, entre os estudiosos da educação, o seguinte consenso: "a criança aproxima-se simultaneamente do sistema de escrita e da linguagem escrita" (Kaufman e Rodriguez, 1995, p. 6). O conhecimento da língua escrita na sua dimensão social (o que se lê ou escreve no contexto das atividades diárias) é importante para a aprendizagem do sistema da escrita (notação com signos, letras, regras etc.), uma vez que filtra a produção do saber, determinando, em grande parte, os meios de produção e de interpretação e, assim, as chances de sucesso ou fracasso escolar. Tanto a criança como o adulto, ao entrar na escola, utilizam seus conhecimentos a respeito da língua escrita como meio de aproximação dos textos oferecidos em sala de aula. Mais que isso, a própria motivação e disponibilidade para aprender parecem estritamente vinculadas ao grau de letramento.

Kleiman (1995, 2001) relata o triste mas ilustrativo caso de um jovem, aluno de um curso de Educação de Jovens e Adultos (EJA), que, revoltado, abandonou a sala de aula porque não conseguiu estabelecer conexões entre a proposta da professora (ler e compreender as informações contidas em bulas de remédio) e as práticas sociais de seu universo cultural (a medicina caseira como alternativa para um grupo social que não tem acesso ao atendimento médico nem recursos para adquirir remédios).

Por motivos dessa natureza, quanto mais a escola se afasta do uso efetivo dessa linguagem, menor a chance de o aluno estabelecer relações e investir na compreensão das peculiaridades do sistema. De modo inverso, o ensino das letras e convencionalidades da escrita, quando atrelado às práticas discursivas tipicamente sociais, contribui para a compreensão do seu valor e funcionamento como meio legítimo de comunicação.

Lamentavelmente, o que se vê nos tradicionais métodos de alfabetização é a separação de ambos os processos, já que a aprendizagem da escrita é prevista como uma etapa preparatória para o momento de se fazer uso dela como sistema linguístico. A despeito dos estudos realizados, ainda hoje encontramos escolas de educação infantil que operam com base em dois princípios alternativos já denunciados por Emilia Ferreiro em 1986: ou os educadores, considerando que a criança ainda não tem maturidade (cognitiva ou psicomotora) para ser alfabetizada, suprimem a escrita da sala de aula (como se, de fato, um isolamento dessa natureza fosse possível!); ou, com o objetivo de alfabetizar, propõem "formas facilitadas" (pretensamente didáticas) de escrever[8] que, no contexto da linguagem, perdem significado. Em ambos os casos, ignora-se a vivência anterior da criança que, em vez de ser aproveitada no processo de aprendizagem, fica diluída em um ambiente artificial (embora supostamente pedagógico).

No ensino fundamental, quando a escrita enfim tem permissão para ingressar na escola (e agora como meta prioritária!), o ensino, não raro, fica restrito à prática de exercícios insípidos, mecânicos e repetitivos, cujos objetivos não ultrapassam o estabelecimento de habilidades e automatismos.[9]

Hoje, mais de 30 anos depois da publicação da *Psicogênese da língua escrita*, obra considerada um marco dos estudos psicogenéticos que tanto revolucionaram a educação, seria injusto afirmar que a realidade escolar continua a mesma. As inúmeras iniciativas de capacitação docente, sob a égide de formação inicial ou continuada, transformaram as concepções, diretrizes e práticas pedagógicas. Contudo, a despeito dos avanços, não se pode dizer que alcançamos os resultados desejáveis: a democratização da leitura, o ensino eficiente da escrita, as práticas escolares ajustadas ao processo cognitivo e cultural do aluno, e a aprendizagem significativa.

Quando se reduz o ensino da escrita a si mesma, perde-se a oportunidade de contar com o letramento como aliado do processo de aprendizagem e, consequentemente, de trazer para a sala de aula os significados intrínsecos ao conjunto da experiência linguística: a escrita como meio de se relacionar com o mundo, de interpretar e de organizar a realidade. Em trabalhos anteriores (Colello, 1990, 2004), tive a oportunidade de ampliar essa crítica, mostrando que a desconsideração do conhecimento letrado na infância inclui, também, o descaso de suas experiências relativas à comunicação de modo geral, isto é, ao conjunto das linguagens humanas, já vivenciadas em diversos graus (as linguagens oral, gestual, pictórica, oral e artística).

Gutierrez (1978), numa tentativa de classificar os elementos da linguagem, aponta para cinco formas básicas de comunicação: kinéstica,[10] oral, escrita, icônica e sonora. Na prática das relações humanas, elas se apresentam (e fazem sentido) de modo integrado, como um só conjunto expressivo, com base em diferentes combinações possíveis. É o caso do cinema, da música, das obras de arte, das peças teatrais e da própria fala humana:

> O uso da palavra como técnica de intercâmbio entre os homens é, indubitavelmente, a mais fantástica invenção da humanidade. Mas a fala não existe por si só; ela é reforçada, atenuada ou modificada pelo conjunto de expressões fisionômicas, posturas, gestos e atitudes que interferem no quadro semântico da mensagem veiculada. (Colello, 2004, p. 11)

Do ponto de vista da criança que conviveu com formas ricas e complexas de linguagem e, mais do que isso, conquistou modos próprios de manifestação (a mímica, a gestualidade, a fala, o desenho, a capacidade de lidar com a construção de imagens), torna-se bastante difícil aceitar a "autonomia" da escrita ensinada pela professora, uma manifestação supostamente linguística, mas apartada da situação comunicativa, do contexto social e da postura dialógica inerente à linguagem. De fato, a escola, muitas vezes, coloca a escrita como um alvo independente, pretendendo que o seu domínio se sobreponha às outras formas de expressão menos valorizadas, embora mais reais e significativas para o aluno. Em consequência dessa ênfase, o desenvolvimento das atividades didáticas ao longo dos anos evidencia o progressivo abandono das manifestações populares, estéticas, artísticas, motoras e musicais (Duborgel, 1992; Jean, 1991), conforme pretendo demonstrar no Capítulo 9.

Constata-se, pois, que, em vez de ampliar as possibilidades comunicativas pelo meio privilegiado que é a (aprendizagem da) escrita, os educadores parecem contentar-se com as manifestações mais restritas e tipicamente escolares.

O problema do ensino da escrita, tal como o apresento, assume proporções dramáticas quando entra em cena o componente ideológico. Nesse caso, não se trata apenas de "desconsiderar" as experiências linguísticas e comunicativas do aluno, mas de discriminá-las, por meio de um atendimento desigual e politicamente comprometido. Como o uso da escrita escolar, incentivado nos padrões da "norma culta", é mais acessível às práticas linguísticas das classes sociais privilegiadas, pode-se dizer que, ao ingressar na escola, as crianças provenientes dessas classes percebem com mais facilidade a "sintonia" entre suas experiências prévias e as propostas pedagógicas. Os demais segmentos da população, ao contrário, enfrentam o abismo entre o que sabem e o que "devem" conhecer. O diálogo de "mudos e surdos" que se instaura entre professores e alunos não poderia ter outro resultado senão o fracasso escolar, mascarado pela culpa atribuída àquele que não aprendeu.

> Estamos tão acostumados a ler e escrever na nossa vida diária, que não percebemos que nem todos leem e escrevem como nós, mesmo os que vivem bem próximos. Em muitas famílias de classe social baixa, escrever pode se restringir apenas a assinar o próprio nome ou, no máximo, a redigir listas de palavras e recados curtos. Para quem vive nesse mundo, escrever como a escola propõe pode ser estranhíssimo, indesejável, inútil. Porém, os que vivem num meio social onde se leem jornais, revistas, livros, onde os adultos escrevem frequentemente e as crianças, desde muito cedo, têm seu estojo cheio de lápis, canetas, borrachas, réguas etc. acham muito natural o que a escola faz, porque, na verdade, representa uma continuação do que já faziam e esperavam que a escola fizesse. Portanto, alfabetizar grupos sociais que encaram a escrita como

uma simples garantia de sobrevivência na sociedade é diferente de alfabetizar grupos sociais que acham que a escrita, além de necessária, é uma forma de expressão individual de arte, de passatempo. (Cagliari, 1989, p. 101)

O modelo de letramento escolar, orientado por uma dimensão ideológica e restritiva da escrita, acaba por condicionar as práticas de ensino adotadas, impedindo decisivamente a "aventura da comunicação". Seja pelos seus princípios, seja pelos seus desdobramentos e implicações, a ação pedagógica ensina a escrever ao mesmo tempo que rouba do indivíduo a possibilidade de intercâmbio, o gosto pela expressão e, acima disso, o direito à palavra. Voltarei a essa temática na terceira parte deste trabalho.

A PRÁTICA DA ESCRITA NA ESCOLA

O que acontece no processo escolar que torna autores dos inícios da escolarização em repetidores de leituras mal digeridas no final da escolarização? (Geraldi, 1999, p. 129)

Tendo discutido diferentes compreensões e posturas referentes à língua escrita, importa retomar o questionamento sobre as relações entre concepções e práticas pedagógicas. Como o entendimento restrito e estereotipado do (aprender a) ler e escrever afeta o contexto escolar? Em que medida sustenta práticas pedagógicas inadequadas?

Desde as primeiras publicações de Paulo Freire, o caráter reducionista do ensino da língua materna na escola vem sendo sistematicamente denunciado por educadores, psicólogos, linguistas e sociólogos. Para muitos, as concepções e os princípios subjacentes ao ensino da escrita traem a essência interativa da língua, colocando-se na contramão das possibilidades, desejos ou necessidades dos alunos. Sem a pretensão de esgotar o tema, a análise que segue é uma tentativa de apresentar, ainda que resumidamente, os principais aspectos apontados por eles.

Graças à orientação piagetiana, compreende-se a aprendizagem como um processo complexo de elaboração cognitiva, movido por sucessivas reformulações conceituais. Ao problematizar aspectos da realidade, buscando hipóteses explicativas, o indivíduo é levado a substituir ideias primárias por outras, cada vez mais ajustadas. Nessa evolução, o saber depende de um processo ativo de descentração de si, considerando de outros elementos (explicações, hipóteses, conceitos, relações etc.), os quais passam a fazer parte de um repertório pessoal (na terminologia de Piaget, a *assimilação* e a *acomodação*).

O caráter pessoal do processo de construção do saber não pode ser concebido sem a interação do sujeito com o mundo, isto é, sem as oportunidades, experiências e contatos sociais vivenciados pelo sujeito aprendiz. Sob esse aspecto, torna-se fundamental considerar as contribuições da psicologia russa. As pesquisas lideradas por Vygotsky chamaram a atenção para o papel da interação no processo de aprendizagem, a importância da mediação em um projeto de ensino prospectivo e o impacto da cultura no processo e produto da construção do saber.

Ao admitir que a aprendizagem da língua escrita se processa em um campo interindividual, estou incorporando à minha análise uma concepção mais ampla de conhecimento, fundada nos princípios de Vygotsky, que pode ser assim sintetizada:

> [...] o processo de conhecimento é concebido como produção simbólica e material que tem lugar na dinâmica interativa. Tal movimento interativo não está circunscrito apenas a uma relação direta sujeito-objeto, mas implica, necessariamente, uma relação sujeito-sujeito-objeto. Isso significa dizer que é através de outros que o sujeito estabelece relações com objetos de conhecimento, ou seja, que a elaboração cognitiva se funda na relação com o outro. Assim, a constituição do sujeito, com seus conhecimentos e formas de ação, deve ser entendida na sua relação com outros, no espaço da intersubjetividade. (Smolka e Góes, 1995, p. 9)

Contrariando tais concepções socioconstrutivistas, a escola tradicional insiste em um modelo empirista,[11] propondo uma rota predeterminada, simplificada (porque desconsidera a multiplicidade de relações possíveis) e unilateral (porque parte quase sempre do professor para o aluno) para a aquisição do conhecimento, sempre fiel à lógica do "ensino por adição". Acredita-se que a aprendizagem é formada pelo "somatório de informações" veiculadas pelo professor (ou pelo livro didático). O processo de ensino é mais ou menos garantido pela competência do mestre em fragmentar o conteúdo em etapas a serem aprendidas, seguindo o princípio do "mais fácil para o mais difícil". O processo de conhecimento é mais ou menos possível, de acordo com a capacidade do aluno em "manter abertos os canais de entrada das informações". A possibilidade de retê-las na memória é a meta desejável que se traduz pelo estoque de conhecimentos, o verdadeiro objeto da avaliação final.

Em síntese, pode-se afirmar que, em muitas escolas, o princípio do "saber doado" toma o lugar potencial de um "saber construído". O professor dá, confere e avalia um conhecimento predeterminado, tornando a aprendizagem um processo mecânico, que desestimula a iniciativa do aluno, atropela seu esforço de cognição, impede o gosto da descoberta pessoal e ainda ignora o significado do saber no contexto de vida do sujeito.

Tolchinsky-Landsmann (1995, p. 166-7) faz uma análise de como esses princípios foram transferidos para o ensino da escrita, avaliando as suas implicações mais imediatas. Para a autora, trata-se de uma postura reducionista:

> [...] porque afirma que qualquer habilidade pode ser decomposta em seus componentes mais simples e que aprendemos desde os componentes mais simples aos mais complexos. Afirmações recentes dos representantes mais destacados dessa corrente sustentam que escrever consiste em dois componentes simples: soletração e ideação (Gough e Tunmer, Juel, e Griffith). A soletração consiste na habilidade de decompor palavras nos seus componentes fonológicos. Ideação é a habilidade de organizar ideias em orações e estas em textos. Escrever consiste na habilidade de passar dos componentes fonológicos à sua composição em palavras, e destas à sua composição em orações e textos. [...]
> Como não se supõe a existência de princípios complexos internos ao sujeito que possam obnubilar essa simplicidade, todo o peso do êxito ou do fracasso recai sobre o meio ambiente familiar ou escolar, que não pôde criar os hábitos básicos. Essa descrição não nos parece nada estranha, já que dela e das suas

múltiplas variáveis surgiu a maioria dos métodos de ensino ainda hoje em vigor nas escolas.

Ao considerar que só há uma leitura/escrita possível, a escola prioriza o trabalho de análise e síntese das palavras, bem como a decodificação e transcrição de enunciados sob a forma de treinamento de habilidades, sem, contudo, favorecer o resgate da língua implícita no exercício em questão. O aprendizado da escrita parece fundar-se na linguagem artificial e despida de significado, porque a criança é impedida de escrever o que quer e como quer.

> Isso porque na escola não se produzem textos em que um sujeito diz a sua palavra, mas simula-se o uso da modalidade escrita, para que o aluno se exercite no uso da escrita, preparando-se para de fato usá-la no futuro. É a velha história da preparação para a vida, encarando-se o hoje como não vida. É o exercício. (Geraldi, 1984, p. 37)

Do meu ponto de vista, as atividades escolares de puro exercício da escrita são duplamente condenáveis. Em primeiro lugar, porque, sem levar em conta a motivação da criança, acabam gerando, na maioria das vezes, uma resistência às atividades de leitura e de produção de textos. Em segundo, porque tais atividades estão a serviço da imposição da "norma culta", considerada parâmetro ideal, correto (e único) de uso da escrita.

Os linguistas e estudiosos da educação[12] demonstraram inúmeras vezes que a "norma culta" sempre foi estabelecida pelo princípio do poder e da dominação social, critério que, do ponto de vista linguístico, é inadequado e insuficiente para propor a superioridade de alguns dialetos sobre outros. É o que nos explica Possenti (1984, p. 35):

> [...] aquilo que se chama vulgarmente de linguagem correta não passa de uma variedade da língua que, em determinados momentos da história, por ser a utilizada pelos cidadãos mais influentes da região mais influente do país, foi a escolhida para servir de expressão do poder, da cultura deste grupo, trans-

formada em única expressão da única cultura. Seu domínio passou a ser necessário para ter acesso ao poder. O que precisa ficar claro é que esta variedade, a mais prestigiada de todas, tem a força que tem em função de dois fatores, ambos desligados de sua, digamos, estrutura: pelo fato de ser utilizada pelas pessoas mais influentes, donde se deduz que seu valor advém não de si mesma, mas de seus falantes; e por ter merecido, ao longo dos tempos, a atenção dos gramáticos, dos dicionaristas e dos escribas em geral, que se esmeraram em uniformizá-la ao máximo, em adicionar-lhe palavras e regras que acabaram por torná-la, efetivamente, a variedade capaz de expressar maior número de coisas. Não necessariamente de expressar melhor, mas de expressar mais. As outras variedades ou foram confinadas ao uso do dia a dia ou para finalidades muito bem definidas pela sociedade.

Sendo assim, a distinção entre a língua de prestígio e os demais dialetos[13] é completamente arbitrária e insustentável. Como meio de comunicação, todo dialeto (ou "socioleto") é legítimo desde que, compartilhando regras comuns, torne possível o intercâmbio de ideias entre os indivíduos de uma comunidade. Apesar disso, os argumentos em defesa das múltiplas formas de expressão caem por terra porque tanto a sociedade como a escola se recusam a considerar a lógica e a gramática inerentes a qualquer dialeto. As supostas características de autonomia, vitalidade, padronização e historicidade fazem prevalecer a "norma culta" que, desconsiderando a dimensão social da língua, sua variedade e inevitável transformação, serve de base para as atitudes discriminatórias quanto às outras manifestações linguísticas.

Gnerre (1991) lamenta que a discriminação linguística seja uma das únicas brechas deixadas pelos princípios democráticos, que tanto combatem a segregação de raças, religiões ou divergências políticas. Soares (1991) esclarece que o rechaço linguístico é uma das mais sérias formas de discriminação porque o sujeito é obrigado não só a negar a sua fala, mas, junto com ela, os seus valores, a sua própria identidade cultural e o conjunto dos falantes que compartilham a mesma linguagem, não raro, aqueles que representam os mais fortes vínculos afetivos – a família e os amigos.

O rechaço linguístico é um dos rechaços com maiores consequências afetivas. Não se muda o modo de falar pela vontade. Quando se rejeita o dialeto materno de uma criança, rejeita-se a mesma por inteiro, a ela e com toda a sua família, com seu grupo social de pertinência. É impraticável, como objetivo escolar, propor-se homogeneizar a fala em função da escrita. Cada vez que a escola se propõe a frear o desenvolvimento da linguagem em função de uma suposta missão de salvaguardar os valores culturais, brinca de perdedor. Porque a linguagem é um instrumento vivo de intercâmbios sociais, e segue sua evolução fora da escola. A escola pode, isso sim, ajudar a conservar uma língua frente a outras línguas concorrentes [...]. A escola pode, isso sim, perpetuar certas variantes estilísticas, independentemente de sua função comunicativa. A escola [...] não pode frear o desenvolvimento da comunidade linguística na qual está inserida. (Ferreiro e Teberosky, 1986, p. 258)

Na escola, falar de imposição linguística é admitir o desrespeito do educador pelo aluno e as sérias consequências do ensino gramaticalizante. Com o objetivo de impor uma norma sobre a diversidade, os livros didáticos pretendem prescrever modos de falar e de escrever. Para Gnerre (1991), tal postura consiste num meio sutil de dominação porque pretende convencer os alunos de que, em favor do desenvolvimento pessoal e cultural, suas formas de linguagem "feias", "pobres" e "incorretas" podem e devem ser substituídas por outra "melhor", capaz de cumprir o mesmo papel.

A questão é, de fato, paradoxal, pois, se por um lado não se pode limitar o ensino da língua às práticas exclusivamente gramaticais, que, sob o pretexto de ensinar a "língua correta", acabam sobrepondo-se à própria comunicação, por outro cumpre buscar meios de aprimorar o domínio da escrita como forma efetiva e instituída de linguagem. Nesse sentido, democratizar o ensino da língua é respeitar o aporte linguístico do sujeito, mas também – e fundamentalmente – instrumentá-lo para a comunicação adequada em qualquer esfera de linguagem.

Ora, sem necessariamente banir das salas de aula os compêndios de gramática[14] é possível fazer dos trabalhos escritos exercícios de reflexão sobre a língua, que, em vez de condenar e calar, incitam a ampliação e o ajustamento do dizer. Aproveitando a competência letrada que todos os falantes nativos têm (gramática natural) e a diversidade regional ou dialetal, o exercício de composição do texto é um meio privilegiado de reviver práticas sociais e linguísticas, reorganizando-as com base em princípios significativos, compreensíveis e compartilhados.

Essa ótica modifica completamente a configuração do paradoxo antes apontado. Em vez da imposição linguística, feita por critérios autoritários de uma norma ("culta") que estipula *a priori* o "certo" e o "errado", tem-se uma produção espontânea que busca o aprimoramento das formas do dizer, visando ao ajustamento aos objetivos da comunicação, aos canais previstos, aos interlocutores e, finalmente, às razões e especificidades da mensagem veiculada. Com isso, substituem-se os modelos predeterminados, as práticas mecânicas e artificiais, as regras incompreensíveis e autoritárias, pelo exercício efetivo da comunicação que, no ato de se expressar, constrói, pela escrita, novas formas de dizer. No lugar do projeto hermético e reducionista, que prioriza o produto da "escrita modelo", coloca-se o esforço em compreender os processos cognitivos envolvidos em uma conquista progressiva, operada pela reorganização do pensamento e pelo privilégio da ampliação discursiva no contexto social. Nessa perspectiva, caem por terra os exercícios de "escrita pela escrita" ou "escrita para ninguém" que, na escola tradicional, esvaziam o caráter interlocutivo do escrever.

O que está implícito na interlocução da escrita (e obviamente se opõe à decifração e à transcrição de signos) é a construção de significados, tendo em vista a presença do outro. Na produção de texto, tanto a imagem que se faz do interlocutor como os valores (ou informações) com ele compartilhados são decisivos na expressão das ideias. O mesmo ocorre no ato de interpretação da escrita. Os processos de ler e escrever trazem implícita a tarefa de negociação de sentidos, na qual fazemos corresponder às palavras do outro as nossas próprias palavras. Enfim, o que dá um caráter dinâmico à língua escrita é uma complexa negociação que obriga o indivíduo a se posicionar, alternadamente, como autor e leitor do texto em questão. É o que nos explica Geraldi (1993, p. 102):

> O outro é a medida; é para o outro que se produz o texto. E o outro não se inscreve no texto apenas no seu processo de produção de sentidos na leitura. O outro insere-se já na produção, como condição necessária para que o texto exista. É porque se sabe do outro que um texto acabado não é fechado em si mesmo. Seu sentido, por maior precisão que lhe queira dar seu autor, e ele o sabe, é já na produção um sentido construído a dois. Quanto mais, na produção, o autor imagina leituras possíveis que pretende afastar, mais a construção do texto exige do autor o fornecimento de pistas para que a produção do sentido na leitura seja mais próxima ao sentido que lhe quer dar o autor.

O que subsidia essa compreensão do papel do outro no processo e produto do ler e escrever é a concepção bakhtiniana sobre a natureza da linguagem, essencialmente dialógica, polifônica e responsiva.

Dialógica porque não há linguagem em si, desvinculada de um contexto relacional necessariamente singular no qual se produz a fala ou a escrita. Como produção única, social e historicamente contextualizada, a língua, em cada enunciado, é sempre de alguém para alguém e com alguém.

Polifônica porque, em qualquer situação, os enunciados são criados com base na incorporação das múltiplas falas circulantes em um universo de falantes:

> [...] a experiência discursiva de cada pessoa se forma e se desenvolve em uma constante interação com os enunciados individuais alheios. Essa experiência pode ser caracterizada, em certa medida, como processo de assimilação (mais ou menos criativa) das palavras alheias (e não das palavras da língua). Nosso discurso, ou seja, todos os nossos enunciados (inclusive obras literárias) estão repletos de palavras alheias de diferentes graus de alteridade ou de assimilação, de diferentes graus de conscientização e de manifestação. As palavras alheias trazem sua própria expressividade, seu tom apreciativo que assimilamos, elaboramos e reacentuamos. (Bakhtin, 2003, p. 287)

Responsiva porque dirigida ao outro, a linguagem pede uma resposta ou reação, ainda que seja a aceitação silenciosa:

> Toda compreensão da fala viva, do enunciado vivo é de natureza ativamente responsiva (embora o grau desse ativismo seja bastante diverso); toda compreensão é prenhe de resposta, e nessa ou naquela forma a gera obrigatoriamente: o ouvinte se torna falante. (*Ibidem*, p. 271)

Evidentemente, o interlocutor no caso da escrita não se configura nem como o do diálogo oral (ativo, materializado, presente) nem como um fator necessariamente abstrato, impessoal e mecânico. Britto (1984) insiste na sua evidência variável, conforme o contexto, o tipo, o motivo ou a motivação da escrita: o interlocutor pode ser real ou fictício, conhecido ou estranho, individual ou coletivo, estar perto ou longe.

Mais que condição à existência do texto, a presença do outro tem também fortes implicações no desenvolvimento, criação, correção e ajustamento da escrita. Isso porque, ao longo do processo de escrever, a interlocução real ou sugestionada com o outro fará o autor refletir sobre o seu texto sob diversas óticas ou possibilidades do dizer. Em função do interlocutor, o sujeito que escreve é obrigado a reconsiderar posições, exemplificá-las, relativizá-las e até mesmo negar o que foi inicialmente concebido. Os relatos de inúmeras experiências pedagógicas[15] comprovam, de diversos modos e com base em diferentes ângulos, como o trabalho em pares ou em pequenos grupos favorece o intercâmbio de informações, a criação ou o confronto de ideias, as iniciativas de autocorreção e de revisão; enfim, como a possibilidade de dialogar e interagir impulsiona a conquista da escrita, que encontra, nessas condições, a dimensão interlocutiva que lhe dá sentido.

Juntos, os referenciais teóricos de Piaget, Bakhtin e Vygotsky nos permitem compreender o significado dramático de um ensino que iniba a interlocução e descontextualiza a língua. Um ensino que se faz à custa do significado da aprendizagem e da emancipação do aprendiz. Um ensino que cala, inibe as iniciativas pessoais e por isso domestica a língua e seus usuários. Com a pretensão de ensinar, a escola transforma o objeto, descaracterizando o ler e escrever.

Atrelada à imagem única e autoritária do professor, aquele para quem se destina toda a produção escrita na escola em um contexto de cumprir tarefas ou de prestar contas, aquele que fixa as possibilidades da língua, estipulando o "como" e o "sobre o que" escrever, aquele que tem o direito de corrigir (e até de punir!) sem que compreenda as razões do aluno, surge a escrita tipicamente escolar. Como produto da domesticação escolar, ela se configura como objeto insípido e descomprometido, muito compatível com a desmotivação, a indisciplina, a proliferação dos supostos "problemas de aprendizagem", a realidade do fracasso escolar e os índices de analfabetismo e baixo letramento.

Chego, assim, à condição de caracterizar, mais objetivamente, a limitação da escrita no contexto escolar.

ESCRITA E ESCRITA ESCOLAR

> [...] o desempenho linguístico na modalidade escrita revela um processo de desaparecimento da autoria à medida que a escolaridade avança. (Geraldi, 1999, p. 134-5)

Aprendemos com Bakhtin que a escrita, como expressão linguística dialógica, transita entre dois polos operacionais. De um lado, há a construção/negociação de sentidos baseada em infinitas possibilidades de expressão e de interpretação dos signos, das imagens e do jogo de ideias que se compõem, se chocam ou se complementam a cada notação[16] registrada. Mas a imprevisibilidade inerente à criação dos recursos expressivos encontra, de outro lado, a própria história da língua, que impõe a qualquer texto as suas convenções e regras, verdadeiras ancoragens dadas pelas palavras, pela estabilidade das sequências possíveis e pela essência do sistema em questão. Diante de um texto, a tensão criada entre "as leituras que lhe são previstas e as leituras que, imprevistas, podem ser construídas" dificulta o controle rígido da escrita tal como pretendido pela escola.

O impacto da escrita sobre o aluno (autor ou leitor) é sempre imprevisível ante as possibilidades interlocutivas de lidar com o jogo de ideias de um texto. A relação "autor-escrita" permite "brincar com a língua", "aventurar-se" nela, em projetos pessoais/coletivos de pesquisa, reflexão, aprendizagem e, certamente, reorganização do universo simbólico que permeia a atividade (Geraldi, 1984, 1993, 1999.). Assim como não existe uma língua pronta e acabada, não existe um sujeito estático e apartado do dinamismo da interlocução. O lócus da linguagem (oral ou escrita) é, portanto, um espaço privilegiado de interconstituição: a linguagem como objeto vivo que é constantemente reconstruída pelo autor ou falante, e o sujeito que se transforma no ato da produção linguística.

> Um enunciado nunca é somente reflexo ou expressão de algo já existente, dado e concluído. Um enunciado sempre cria algo que nunca havia existido, algo absolutamente novo e irrepetível, algo que sempre tem que ver com valores (com a verdade, com o bem, com a beleza etc.). Porém, o criado sempre se cria do dado (a língua, um fenômeno observado, um sentimento vivido, um sujeito falante, o concluído por sua visão de mundo etc.). Todo o dado se transforma no criado. (Bakhtin, 2003, p. 236)

A compreensão sobre o dinamismo da escrita e sobre o seu potencial criativo e constitutivo anula qualquer iniciativa de ensino da língua materna como objeto fechado, estático e monológico. O artificialismo e a impessoalidade, consequências da fixação de modelos de escrita predeterminados, cedem lugar ao texto de múltiplas possibilidades e significados, reconfigurando o papel do professor. Nessa perspectiva, ele passa a ser um agenciador das múltiplas interpretações, o mediador entre a amplitude do texto e as possíveis leituras ou produções dos alunos: de fiscal, ele passa a ser parceiro; de "impositor de verdades", torna-se o interlocutor que pergunta, questiona, concorda, discorda, acrescenta e, acima disso, respeita a criança como alguém que tem direito à palavra.

Lamentavelmente, isso não é o que ocorre quando a escrita é tomada como escrita escolar...

A ESCOLA QUE (NÃO) ENSINA A ESCREVER

Todas as possibilidades do escrever, que, durante anos na história da humanidade, motivaram o homem a compor, registrar dados, transmitir informações, trocar ideias a distância, receber e enviar notícias, são, no contexto da tradição escolar, "substituídas" por outras motivações, exteriores à própria escrita como razão de ser, mas prioritárias no processo de ensino: acertar o exercício, conseguir boa nota, passar de ano, concluir o ensino fundamental, ingressar na faculdade... A prática da escrita é, enfim, determinada pelo exercício preparatório, pela elaboração de tarefas específicas, artificiais e descontextualizadas, que inibem a própria interlocução.

> Na escola, o aluno geralmente reescreve a informação obtida ou assimilada sem verdadeiramente dar o seu ponto de vista pessoal, o qual se enquadra no discurso erudito [...]
> O contexto escolar às vezes esconde do aluno os aspectos mais comuns. Assim, a redação aparece como um exercício puramente escolar, dirigido ao mestre, o único representante dos objetivos da instituição (saber exprimir razoavelmente um pensamento, de acordo com o que se supõe serem os critérios da escola para obter uma boa nota, o que diminuirá os efeitos desagradáveis do fracasso escolar). Onde se percebe pois o fracasso, senão pelas notas obtidas com base nos trabalhos escritos? (Miniac, Cros e Ruiz, 1993, p. 157, tradução livre)

Mas a natureza da produção da escrita no âmbito institucional tem raízes mais profundas. Como reflexo do parâmetro racionalista, que permeia a interpretação da realidade, o ensino acaba orientando-se por padrões modelares e homogeneizadores.

> A escola supostamente teria como objetivo a sistematização do conhecimento resultante da reflexão assistemática, circunstancial, fortemente marcada pela intuição e pelas sucessivas construção e destruição de hipóteses. Mas a instituição escolar, incapaz de tolerar tais idas e vindas, porque adepta de uma forma de conceber o conhecimento como algo exato e cumulativo, pretensamente científico, não pode abrir mão de, didaticamente, tentar ordenar e

disciplinar esta aprendizagem. Diga-se de passagem, menos por crença do que pela necessidade de controlá-la em si e nos seus resultados: as regras do jogo escolar valorizam a "disciplina" e a cavilosidade burocrática em detrimento da iniciativa pessoal. (Geraldi, 1993, p. 117)

A dinâmica da evolução científica não aparece na escola senão como coleção de ideias estáticas, inquestionáveis e corretas por si sós. O que para a ciência é hipótese ou asserção provisoriamente estabelecida, para a escola torna-se verdade absoluta: ao aluno basta compreender e aceitar a palavra das "autoridades". Ora, esse estatuto de verdade absoluta está consagrado pela escrita racional e objetiva que garante a "transmissão e avaliação precisa de conhecimentos", seja em livros didáticos, seja em produções escritas elaboradas pelos alunos (sob a forma de provas, relatórios e trabalhos), que devem apresentar o retorno do aprendizado com as mesmas características.

[...] as atividades de aula estão marcadas pelo projeto mais amplo de cientificidade das ciências humanas, e é este projeto que deu sustentação social à preferência pelos textos pragmáticos, em prejuízo da presença mais marcante da literatura no conjunto de textos postos nas mãos dos estudantes para leitura e como "modelos" de textos a serem produzidos. (Geraldi, 1999, p. 138)

Embora a escrita clara, objetiva, descritiva, precisa, informativa e racional possa ser de grande relevância para a linguagem escolar (pretensamente científica), ela é limitante em outras experiências da expressão humana. Conforme visto no Capítulo 2, raramente o aluno da escola ocidental tem acesso às linguagens indefinida, pessoal, plurissêmica, satírica, humorística, visual ou imprecisa e, quando isso ocorre (sobretudo do modo como ocorre), é apenas para comprovar uma posição alienada numa hierarquia de trabalhos escolares valorizados e desejáveis. Falta a consideração de múltiplas possibilidades do escrever que, mesmo desvalorizadas pelos modelos pedagógicos, são, em outros contextos e cada vez mais na configuração do mundo de hoje, legítimas e necessárias.

Em uma severa crítica ao racionalismo escolar, Duborgel (1992) afirma que, no processo de ensino da língua materna, tudo se passa como se os educadores temessem qualquer desvio do conhecimento pretendido. Assim, o respeito aos sonhos das crianças, às suas inspirações e aos jogos simbólicos seria interpretado pelas correntes tradicionais de ensino como um risco de "perder o controle do processo de aprendizagem". Dar vazão ao imaginário infantil seria retardar o conhecimento, perdendo tempo com as "construções vagas e sem sentido" típicas dos alunos pequenos. A pressa em ensinar e a conotação das propostas metodológicas justificam a prioridade do produto sobre o processo, do objetivo racional sobre a imaginação, do informativo sobre o reflexivo e do funcional sobre o interlocutivo.

Afastada da escola e alienada do processo de construção da escrita, a dimensão criativa da língua passa a ser uma exigência posterior, isto é, quando o indivíduo já tiver dominado "a língua culta", suas regras e modelos. Depois de um longo tempo desconsiderando o aluno nas suas formas de expressão, nos seus interesses básicos, nas suas possibilidades de intercâmbio, espera-se que ele (de preferência, o vestibulando) seja capaz de produzir textos criativos. Aí, talvez, seja muito tarde para resgatar a imaginação e a vontade de dizer, há tanto tempo bloqueadas. De fato, ao longo dos últimos 30 anos, diferentes estudos sobre a redação do vestibular (Rocco, 1981; Castaldo, 2011) comprovam a persistência de produções insípidas e comedidas, marcadas pela tensão entre o saber dizer e o dever dizer modulado pelas práticas de ensino.

Pela imposição linguística, a escrita escolar "perdeu" o seu "emissor" (que preferiu sair da escola ou, simplesmente, aprendeu a se calar); pela desconsideração do caráter dialógico, "perdeu" o "destinatário" e, com ele, a possibilidade de interagir com o outro, produzindo/negociando sentidos; pela fixação das formas, perdeu a espontaneidade e, com a negação de suas possibilidades, perdeu, finalmente, a sua razão de ser.

> A linguagem escrita, devidamente ensinada segundo os padrões pelos professores e críticos (literários), é submetida a uma espécie de censura constante, de censura especial, uma censura que é, de alguma forma, ligada à caneta, a

um terror íntimo que coagula a tinta de todos os escritores aprendizes. Ele complica a vida literária logo no seu princípio. Ele coloca a censura exterior no mesmo nível da expressão íntima. Longe de ajudar no extraordinário empenho de criação verbal, ele o entrava. Podemos estar certos [...] que um "terror" [...] retira sempre alguma coisa na imaginação verbal [...] (Bachelard, 1970, p. 177-8, tradução livre)

O IMPACTO DA ESCRITA: SUPERANDO AS METAS ESTRITAMENTE ESCOLARES

É devolvendo o direito à palavra – e na nossa sociedade isso inclui o direito à palavra escrita – que talvez possamos um dia ler a história contida, e não contada, da grande maioria que hoje ocupa os bancos das escolas públicas. (Geraldi, 1984, p. 124)

O ensino restritivo da língua escrita no contexto escolar parece fluir do princípio básico de que para tudo que se quer (ou vale a pena) dizer há uma única expressão adequada. A língua é, assim, concebida em uma perspectiva monológica. Como o objetivo é a "linguagem-padrão" (competência mais ou menos generalizada, previsível e uniforme entre os alunos, aproximando-se da "norma culta" e, portanto, independente das manifestações regionais), o exercício de escrever funciona como propedêutica para qualquer manifestação, supondo-se que a experiência com um tipo de texto é transferível para outras ocorrências da língua escrita. À escola cabe, fundamentalmente, promover uma competência específica para a comunicação pela via escrita, que se traduz no conhecimento de regras básicas de funcionamento. Prevendo a conquista de uma habilidade também aplicável em todos os contextos, com os mais diversos fins e ajustada a quaisquer condições ou gêneros da comunicação, acredita-se que "o domínio do sistema" por si só permite "escrever tudo", não importando as variáveis inerentes à especificidade da composição.

Obedecendo à lógica do "saber doado", a qualidade do texto do aluno é esperada como produto necessário da sua aprendizagem. Quando o indivíduo mostra-se incapaz de se expressar, é porque lhe faltou estudo, esforço ou competência.

Contrariando essa concepção típica da escola tradicional, proponho, com base na concepção dialógica de linguagem, a defesa do "livre trânsito" entre as muitas possibilidades do escrever, baseada em uma postura transformadora do sujeito que, antecipando a interação com o leitor, propõe significados pelo trabalho de construção linguística. É nesse sentido que ele pode, efetivamente, assumir a posição de locutor e se tornar autor, lançando-se à grande aventura da comunicação humana.

Se a escrita fosse simplesmente uma questão de dominar um sistema pronto, não haveria a construção de sentidos nem a própria evolução da língua. Ao buscar novas formas de dizer, estamos, sem dúvida, apoiando-nos num sistema e, ao mesmo tempo, contribuindo para a sua vitalidade e natureza essencialmente dinâmica. Como não há um ensinamento que possa, de forma definitiva, encerrar a amplitude da expressão humana, resta ao ensino a iniciativa para aumentar as possibilidades do dizer e, neste caso, também do escrever. Resta ao ensino despertar a consciência da magnitude linguística e o gosto em poder enfrentar o desafio da comunicação.

Tolchinsky-Landsmann (1995, p. 192-3), lembrando que cada cultura gera a sua própria tipologia de textos, defende a ideia de que:

> [...] em vez de definir a competência literária dos sujeitos em termos gerais, contrapondo o literário ao não literário, deveremos levar em consideração a capacidade dos sujeitos para reconhecer, interpretar e produzir uma ampla variedade de enunciados linguísticos. [...] Ao afirmar que diversas variedades do escrito parecem ter realidade psicológica para crianças no início da escolaridade, não estou pretendendo afirmar que todos os membros de uma comunidade linguística estão igualmente qualificados para distinguir e usar textos de gêneros diferentes. O objetivo é ressaltar que a sensibilidade às diferenças faz parte da competência linguística de uma criança que acabou de entrar na escola, mas, assim como sucede na maioria das áreas de competência linguística, se no ambiente da criança determinados tipos de texto foram sistemati-

camente evitados, sua competência linguística dificilmente contará com regras positivas de identificação. Na área da competência genérica, a exposição à variedade textual parece ser o requisito para a diferenciação dos tipos. Pensamos, porém, que para avançar além da diferenciação e desenvolver a qualidade é preciso aprofundar os processos de produção.

Nessa perspectiva, investir na competência linguística implica promover as possibilidades de expressão nas suas múltiplas variedades, não apenas para garantir a capacidade de reconhecer gêneros e estilos textuais, mas para fazer da escrita um instrumento do "livre trânsito linguístico". Tal conquista depende, segundo Smolka e Góes (1995) e Kaufman e Rodriguez (1995), de um longo processo, no qual o indivíduo, com base na experiência com diversos textos, torna-se, aos poucos, capaz de ajustar os constituintes temáticos aos critérios de organização do texto. É justamente a "dieta variada" no mundo das letras que estimula o controle consciente no ato da produção, fazendo do aluno o arquiteto da sua própria escrita.

Vimos que na escola o modelo de letramento está muito mais a serviço do conhecimento do que propriamente da conquista da expressão. Analisando algumas pesquisas sobre o uso da escrita na escola, Geraldi (1999) comprovou a preferência dos textos pragmáticos para fins de ensino da língua escrita. De fato, em muitas instituições, a escrita não aparece senão sob a forma de provas objetivas, questionários, relatórios, exercícios, ditados e cópias. Assim, o desenvolvimento das múltiplas possibilidades do escrever fica por conta do "lucro pedagógico": competências paralelas ao projeto educativo conseguidas aleatoriamente. Em outras palavras, é como se a escola, ao assumir o compromisso de ensinar a escrever, deixasse de lado o objetivo de "formar o escritor".

O fato de não existir uma preocupação direta da escola, traduzida em práticas objetivas de trabalho pedagógico, não significa que o "livre trânsito" na escrita seja inacessível ao aluno. Todos nós conhecemos casos de crianças que, independentemente das solicitações escolares, buscam diferentes tipos de leitura ou envolvem-se em diversas possibilidades de redação, tais como diários pessoais, cartas, bilhetes, composição de poemas e de músicas, entre outras, trabalhando com materiais de diferentes naturezas e com objetivos igualmente diversificados.

O que torna essa problemática um tema essencial para a aprendizagem da escrita não é somente a possibilidade de redigir mais ou menos, melhor ou pior, mas de formar o "escritor inteligente", aquele que encontra na escrita meios de emancipação. Tendo em vista as implicações da alfabetização, considera-se que o efetivo domínio da língua escrita, além de dar maiores chances de comunicação e manifestação do sujeito, amplia as possibilidades tipicamente humanas, a capacidade de se organizar internamente, de se relacionar com o mundo e consigo mesmo.

Baseada em trabalhos de Vygotsky e colaboradores, a escrita passou a ser compreendida como um recurso interno de operação, motivo pelo qual muito se tem discutido acerca dos efeitos da alfabetização como meio de favorecer o desenvolvimento das funções psicológicas superiores.

> A escrita [...] é um sistema simbólico que tem um papel mediador na relação entre sujeito e objeto de conhecimento, é um artefato cultural que funciona como suporte para certas ações psicológicas, isto é, como instrumento que possibilita a ampliação da capacidade humana de registro, transmissão e recuperação de ideias, conceitos e informações. A escrita seria uma espécie de ferramenta externa, que estende a potencialidade do ser humano para fora de seu corpo: da mesma forma que ampliamos o alcance do braço com o uso de uma vara, com a escrita ampliamos nossa capacidade de registro, de memória e de comunicação. (Oliveira, 1995a, p. 63)

Desde o final do século XX, vários estudos[17] indicam que seria ingênuo acreditar que a alfabetização, por si só, seja capaz de instaurar uma nova organização do pensamento, mesmo porque, no contexto das sociedades, é impossível separá-la de outras experiências decisivas no processo de desenvolvimento (como, por exemplo, a vida escolar, o convívio social em comunidades industrializadas e tecnologicamente avançadas). Oliveira (1995b) sugere que a concepção do "modo letrado de funcionamento intelectual" deve acrescentar à capacidade de ler e escrever outros fatores também relevantes para a transformação do pensamento (tais como atividades sociais, tipo de trabalho, envolvimento em práticas políticas ou relação com algum tipo de utopia).

É justamente para não correr o risco de supervalorizar a escrita em detrimento de outras possibilidades de comunicação ou de outras práticas sociais, igualmente transformadoras da condição humana, que se faz necessário compreender o impacto da escrita sobre a cultura e sobre o indivíduo e, a partir daí, vislumbrar as verdadeiras metas da alfabetização. Afinal, o que se pretende com o ensino da leitura e escrita? Como legitimar esse saber para além dos fins estritamente escolares?

Em uma perspectiva mais ampla, é inegável que a escrita faz parte do nosso mundo, condicionando tanto os modos de produção científica e cultural como os meios de planejar, avaliar e gerenciar o funcionamento dos nossos sistemas políticos e econômicos. Nesse sentido,

> [...] o aspecto mais significativo do desenvolvimento das formas de escrita foi a expansão da possibilidade da memória registrada e de formas de organização mais estruturadas e de controle sistemático. A diferença fundamental entre o escrito e o oral não se encontra na reorganização do fluxo sintático, mas na possibilidade de novas dimensões cognitivas, entre as quais está a formalização do pensamento. Tal processo permitiu, entre outras coisas, a emergência da matemática formal e de ciências positivas e estabeleceu uma cultura da escrita, que supõe produtos culturais e formas de participação social que implicam muito mais que o simples conhecimento de normas de uso do código escrito. Essas observações remetem à percepção de que o fenômeno da cultura escrita – ou mais exatamente, da sociedade de cultura escrita – tem uma dimensão específica que vai além daquela em que se situam os indivíduos. O desenho urbano, as formas de interlocução no espaço público, as expressões de cultura, os princípios e constrangimentos morais, as leis, a organização da indústria e do comércio, tudo isso é parte da sociedade de cultura escrita. As próprias formas de língua falada, bem como os valores e as avaliações que se fazem dos enunciados verbais estão referenciados nesse modo de produção de cultura. (Britto, 2003, p. 50)

A constatação do impacto da cultura escrita na sociedade define, em uma perspectiva mais restrita – a individualidade do ser humano agora vista na figura de cada aluno que ingressa na escola –, as razões do aprender a ler e a escrever. Antes de ser um objeto escolar a serviço da aquisição do conhecimento, a língua escrita garante modos de inserção na sociedade e de participação crítica no complexo de nossa cultura. Assim,

> Quanto maior a participação do sujeito na cultura escrita, maiores serão, entre outras coisas, a frequência de utilização de textos escritos, de realização de leitura autônoma, de integração com discursos menos contextualizados e mais autorreferidos, a convivência com domínios de raciocínio abstrato, a produção de textos para registro, comunicação ou planejamento. Em resumo, maiores serão a capacidade e as oportunidades do sujeito de realizar tarefas que exijam controle, inferências diversas e ajustes constantes. Por isso pode-se dizer que participar da sociedade de escrita implica conhecer e poder utilizar os objetos e discursos da cultura escrita, o que implica deter a informação, saber manipulá-la em universos referenciais específicos. (Britto, 2003a, p. 50-1)

Sem discordar dessa postura, Tolchinsky (1995, p. 59-60) focaliza de forma mais específica o papel da escrita no contexto do desenvolvimento das capacidades cognitivas:

> [...] não é a aquisição do sistema de escrita em si que desenvolve o intelecto, mas seu uso em uma multiplicidade de funções. A escrita afeta a nossa maneira de pensar nos processos de leitura, na interpretação, na discussão e na produção de textos. E isso sucede fundamentalmente em situações nas quais diferentes propósitos vão delimitando as escolhas de formas linguísticas correntes.

A aquisição da língua escrita contribui, pois, para a emancipação das formas de pensamento, uma vez que possa subsidiar novas possibilidades de reflexão, conhecimento e experiências alternativas.

AS POSSIBILIDADES DO ESCREVER

> Ler e escrever são construções sociais. Cada época e cada circunstância histórica dão novos sentidos a esses verbos. [...] Mas a escola [...] continua tentando ensinar uma técnica. [...] Técnica do traçado das letras, por um lado, e técnica da correta oralização do texto, por outro. Só depois de dominada a técnica é que surgiriam, como num passe de mágica, a leitura expressiva (resultado da compreensão) e a escrita eficaz (resultado de uma técnica posta a serviço das intenções do produtor). (Ferreiro, 2002, p. 13)

A compreensão do impacto da escrita nos homens em geral e no homem em particular remete a um posicionamento mais fundamentado acerca das metas da alfabetização. Em uma perspectiva mais crítica, o efetivo ensino da língua materna refere-se a um tipo de escrita que, na prática, merece ser diferenciado de outras formas do escrever.

Em primeiro lugar, é preciso distingui-la da mecânica de copiar, codificar e decodificar fonemas. A tendência em associar a escrita com tais práticas (e confundi-las) deve-se a uma tradição escolar (ainda presente em muitas instituições educacionais) que vincula a alfabetização à habilidade de desenhar letras, associar grafemas e fonemas para depois decifrá-los. Uma tradição que, mais recentemente, vem sendo recuperada pelos adeptos do método fônico. Segundo eles, a melhor forma de alfabetizar é seguir uma "trajetória ideal" proposta com base no conhecimento das vogais e das sílabas simples:

> Após as vogais, são introduzidas consoantes prolongáveis, isto é, as consoantes cujos sons podem ser facilmente pronunciados de forma isolada, sem uma vogal. Primeiramente são apresentadas as consoantes regulares (que tendem a possuir apenas um som), como F, J, M, N, V e Z. Depois, são apresentadas as consoantes facilmente pronunciadas de forma isolada e que são irregulares (ou seja, que tendem a possuir mais de um som), como L, S, R e X. Neste caso, apenas os sons regulares e mais frequentes dessas letras são apresentados. Os sons irregulares são introduzidos posteriormente, em outras atividades.
> Após as consoantes facilmente pronunciáveis são introduzidas as mais difí-

ceis de pronunciar de forma isolada. Neste grupo, estão incluídas as consoantes B, C, P, D, T, G e Q. (Capovilla e Capovilla, 2002, p. 89)

Ignorando todos os esforços cognitivos da criança para efetivamente compreender o sistema linguístico, e desconsiderando o contexto que, de modo simultâneo, imprime significado à linguagem e razão para que alguém se disponha a ler e a escrever, a proposta é ensinar com base em formulações artificiais (pseudopalavras ou frases soltas e sem sentido). Voltamos assim aos modelos pedagógicos já superados como o do "Vovô viu a uva"!

Ao defender a tese de que *o que se deve fazer é ensinar às crianças a linguagem escrita, e não apenas a escrita das letras,* Vygotski (1988, p. 134) foi o primeiro a combater o caráter mecânico da pedagogia da língua materna, chamando a atenção dos educadores para a evolução das representações simbólicas na criança e para as dimensões linguística e cultural da escrita. Nos anos 1960, Paulo Freire denunciou as práticas alienantes de alfabetização, situando o ensino da língua no processo de reflexão e emancipação do sujeito. No esforço para garantir o direito à palavra, a escola deveria assumir a aprendizagem como um compromisso político. No final dos anos 1970, as pesquisas feitas por Ferreiro e Teberosky (1986) e todos os estudos nelas inspirados comprovaram a dimensão cognitiva da construção da escrita. Os debates empreendidos sobre o letramento ao longo das décadas de 1990 e 2000 apenas reforçaram a ideia de que aprender a escrever, mais do que adquirir habilidades motoras, é lidar com a compreensão do sistema, apropriando-se da cultura escrita (Ferreiro, 2001) ou das práticas letradas (Kleiman, 1995; Soares, 1998) para se inserir de modo crítico no contexto social. Em síntese, temos praticamente um século de aportes teóricos que, por diferentes vias e com diversos argumentos, tentam arrancar a alfabetização de uma abordagem reducionista, evidenciando o significado e a complexidade dos processos de aprendizagem da língua escrita.

Assim, embora a cópia, como prática social, possa ter propósitos legítimos e também associados aos processos psicológicos superiores (registro de informações, arquivo de documentos e apoio à memória, entre outros), é certo que a escrita capaz de contribuir para a evolução das formas de pensamento supera a reprodução mecânica dos traçados. Nesse sentido, parece-me extremamente oportuno lembrar as palavras do psicomotricista Ajuriaguerra (1988, p. 23): "escrever é a arte de aprisionar a mão para libertar a ideia".

Considerando que escrita não é cópia nem registro de um código fonológico, cumpre admitir que existem, portanto, formas e formas de escrever, que correspondem a diferentes níveis de relação entre o pensamento e a linguagem. Sendo assim, o segundo ponto para o qual pretendo chamar a atenção diz respeito aos modelos de escrita que, na prática, balizam os extremos das possibilidades do ser escritor. Vejamos como essa distinção aparece, de forma consonante, em diferentes autores.

Tomando como referência o contexto escolar, Geraldi (1984, 1991) diferencia "produção de texto" e "redação" que correspondem, respectivamente, à "produção feita na escola" por um "aluno-sujeito" e à "produção feita para a escola" por um "aluno-função". O que distancia ambos os modelos é o comprometimento do primeiro com a sua própria palavra e a sintonia pessoal com a formação discursiva. Em função desses critérios, pode-se afirmar que, na "produção de texto", há tanto o esforço de reflexão como o estabelecimento de uma interlocução com o eventual leitor. No segundo caso, o "aluno-função", fazendo o "jogo da escola", devolve a ela, por escrito, os esquemas ditados pelo ensino formal, com base em fragmentos de reflexões e evocações desarticuladas. Trata-se do preenchimento de um arcabouço que, formalmente, pode até satisfazer as exigências escolares, embora, na essência, seja marcado pela anulação da palavra do escritor em práticas de "muito escrever e pouco dizer".

Na mesma linha de raciocínio, Ivanic e Moss (1990) e Miniac, Cros e Ruiz (1993) distinguem, respectivamente, a "escrita autogerada" ou "escrita pessoal", motivadas pelos interesses e propósitos pessoais, da "escrita imposta" ou "escrita escolar", produções nas quais os autores são obrigados a atender a determinado estilo ou conteúdo previamente estabelecidos.

Lamentando o resultado dos anos escolares de imposição de escrita, Calkins (1989) denuncia a evidente falta de qualidade na redação de alunos que, embora tenham formalmente aprendido a ler e a escrever, tornaram-se "exímios" produtores dos "textos de cama a cama": fórmulas relativamente estáveis de narração nas quais a criança apenas encadeia a sucessão de acontecimentos ocorridos do momento em que despertou até a hora de dormir. No caso, a escola não só é a principal responsável pela emergência de textos lineares e insípidos, como parece ser conivente com tais produções desde que elas não apresentem erros ortográficos e gramaticais. Resultados semelhantes apareceram nas pesquisas de Rocco (1981) e Castaldo (2011), que, analisando as redações do vestibular, constataram a presença de estereotipias, clichês e formulações tipo *nonsense*, além da dificuldade de expressão e posicionamento do autor.

Na tentativa de compreender o diferencial qualitativo entre as possibilidades do escrever, Kramer (1999), tomando por empréstimo os conceitos de Walter Benjamin, distingue a "vivência" da "experiência" de leitura e escrita. No primeiro caso, o que prevalece é uma ação que, seja na atividade de ensino, seja na prática do ler e escrever, parece esgotar-se em si mesma pelo simples cumprimento de um fim específico; no segundo caso, uma ação compartilhada, significativa e, portanto, capaz de extrapolar o próprio tempo de execução.

> O que faz de uma escrita uma experiência é o fato de que tanto quem escreve quanto quem lê enraízam-se numa corrente, constituindo-se com ela, aprendendo com o ato mesmo de escrever ou, com a escrita do outro, formando-se. Kramer (1999, p. 110).

Pensando menos no ato em si e mais na competência do escritor, Scardamalia e Breiter (1994) descrevem dois modelos: o "dizer" e o "transformar" o conhecimento. No primeiro, a geração do texto é processada automaticamente pelo desencadeamento de lembranças ou associações disponíveis na memória. Nesse processo de ativação propagadora, o indivíduo, preocupado com o que vai dizer em seguida, é quase que arrastado pela torrente de ideias suscitadas, sem que haja o planejamento do todo. Uma vez que cada enunciado atua como desencadeador para o seguinte, o sujeito corre o risco de perder o controle da sua produção.

O modelo de "transformação do conhecimento" incorpora o "dizer", tratando-o numa perspectiva de "solução de problemas", enfrentados tanto na organização do conteúdo como na composição retórica. A produção do texto é, pois, o resultado de um processo consciente, controlado e intencional de planejamento e replanejamento do tema em questão. Na interação entre as ideias e o modo de expressá-las, o indivíduo procura conciliar três aspectos inerentes à produção: o objetivo da escrita, o público-alvo e o plano do dizer.

O que há de novo nessa concepção é a tomada dialética da relação *pensamento* e *linguagem* como fator inerente da escrita transformadora. Se, por um lado, as palavras registradas no papel são o produto de um processo de exteriorização do pensamento, que, passando pelo discurso interior e pela busca de palavras, chega à composição do texto (Colello, 2004), por outro, na tentativa de organizar a redação, o sujeito é também levado a considerar, selecionar, priorizar ou descartar ideias (causas, consequências, relações etc.) que acabam por transformar o próprio pensamento (além da composição retórica). Paradoxalmente, a exposição inteligente do pensamento é aquela que tem potencial para transformá-lo, dando origem a novas representações mentais.

As considerações feitas pelos referidos autores têm o mérito de evidenciar as diferenças evolutivas referentes ao nível de consciência do que está envolvido no ato de escrever e à forma como o conhecimento é tratado na produção da escrita.

Contudo, é preciso estar alerta para a interpretação inadequada desses modelos, que podem ser entendidos como etapas sucessivas na conquista da escrita – primeiro "dizer" para depois "transformar" (Smolka e Góes, 1995). Como processo de exteriorização das ideias, cada enunciado registrado acaba direcionando o fluxo das expressões seguintes, o que significa dizer que não há como separar pensamento e linguagem, embora a relação entre eles possa ser menos consciente para o escritor iniciante. Em maior ou menor grau de evolução da escrita, o escritor pode e deve lidar com o desafio de enunciar as ideias para o outro e de refletir sobre a sua própria expressão.

Tolchinsky (1995, p. 31-2) reafirma essa necessidade mostrando que a qualidade da escrita depende da sua dimensão transformadora. Não se trata, evidentemente, de exigir do alfabetizando uma obra literária, mas, dentro das suas possibilidades, um texto comprometido e inteligente, que tem inclusive o potencial de reorganização das ideias relativas ao tema abordado. Desse ponto de vista, o modelo "transformador" passa a ser uma possibilidade (nem sempre provável) acessível em graus variados para aqueles que se propõem a escrever, em qualquer nível, e, por esse motivo, diferencia-se da expressão do simples "dizer".

Tomando como base esses modos de produção, na terceira parte deste trabalho, pretendo demonstrar como, no esforço para atender às expectativas dos professores e aos critérios de avaliação escolar, muitas crianças encontram "fórmulas do escrever" (pela escolha dos temas, dos meios discursivos ou de mecanismos para enfrentar as exigências formais do sistema), sacrificando o leque das possibilidades pessoais de manifestação escrita, mas, ainda assim, com a expectativa de lidar com as tarefas ou de se livrar delas.

CONCLUSÃO

Ao conceber a escrita como modo de representação, somos obrigados a admitir que o simples domínio do sistema não torna o sujeito um escritor competente porque, além disso, é preciso que ele amplie a sua experiência e seus conhecimentos a ponto de reconhecer a escrita na sua especificidade (vinculada à oralidade mas não dependente dela), compreender seus modos de representação (que extrapolam a relação biunívoca letra-som) e, finalmente, ampliar a sua experiência sobre as práticas sociais de produção e interpretação. Aquele que escreve

> lança mão de um complexo repertório de conceitualizações que balizam a reflexão linguística: o que escrever, como escrever, para que escrever, a expressão verbal da ideia a ser veiculada, o gênero e estrutura da escrita, seus destinatários e sua conformação no papel. (Colello e Luize, 2005, p. 17)

Com base nos argumentos aqui defendidos e, sobretudo, na compreensão das relações entre concepção e ensino da língua, concluo afirmando que a aprendizagem da escrita supera os atos de copiar, de codificar (ou decodificar) sons ou de simplesmente dizer. Trata-se da formação do autor, aquele que, independentemente da idade ou do objetivo do trabalho a ser realizado, conquistou o "livre trânsito" nessa aprendizagem pela capacidade de:

1. Ampliar os canais comunicativos, garantindo o seu direito à palavra e a inserção no universo letrado.
2. Produzir e organizar formas de comunicação de modo autônomo, consciente e intencional, ajustando as manifestações orais e escritas aos seus propósitos, gêneros, interlocutores e contextos.
3. Desenvolver estratégias de interpretação e reconstrução de sentidos.
4. Interagir com comprometimento, assumindo uma postura crítica e transformadora em face da realidade.

Fazer do aluno um efetivo leitor e escritor é a mais sábia alternativa para enfrentar os quadros de analfabetismo e baixo letramento no Brasil e, por esse motivo, o maior desafio a ser assumido no ensino da língua escrita; um objetivo tão legítimo quanto indispensável, mas ainda descuidado nos modelos escolares de promoção da cultura escrita. Lamentavelmente!

4
OS PRINCÍPIOS DE EXCLUSÃO NO ENSINO DA LÍNGUA[1] ESCRITA

A personagem Mafalda, criada na década de 1960 pelo cartunista Quino, tornou-se famosa pelas situações e diálogos críticos, que, com bom humor e pretensa ingenuidade, questionavam a sociedade, as relações humanas e, particularmente, a condição da infância em um mundo de adultos. Em uma das tirinhas[2], quando a professora ensina a lição "Minha mãe me mima, Minha mãe me ama", Mafalda interpela a professora pedindo que ela ensine coisas "realmente importantes". A cena faz uma irônica paródia dos métodos de alfabetização que, em nome de uma didática da escrita, artificializam a língua. É nesse contexto que vale a pena questionar: que estranha linguagem é essa veiculada pela escola? Qual é o sentido de uma prática que, para ensinar a língua, corrompe a própria natureza da língua?

VIDA *VERSUS* APRENDIZAGEM: A GÊNESE DA EXCLUSÃO NA ESCOLA

Historicamente, a instituição escolar nasceu e se fortaleceu apoiada na oposição entre a vida e a aprendizagem, uma gênese que marcou a sua evolução e hoje, mais do que nunca, compromete a sua eficácia.

Viver é, em certa medida, aprender; mas a aprendizagem essencial na edificação do ser humano não é garantida pela vida. Fora das salas de aula, dificilmente aprendemos tudo que queremos ou o tanto que desejamos. Não aprendemos nem ao menos o mínimo para uma sobrevivência digna e integrada socialmente. Se a vida é rica em experiências, maior ainda é o potencial humano para compreendê-las, recriá-las, interpretar seus significados e considerar as suas relações em processos de elaboração mental que (nos diferentes arranjos pedagógicos) tendem a se beneficiar com as relações mestre-discípulo, aluno-escola. É por isso que, a despeito de tantas críticas dirigidas à escola, poucos são os que advogam a sua supressão. Calando as vozes desse grupo minoritário (e, por que não dizer, irresponsável), temos o caos evidente de quase todas as experiências de desescolarização, sejam elas vivenciadas individual ou coletivamente.

A escola, como instituição pública, é um território de especialistas em "ensinar o mundo longe do mundo": o espaço privilegiado de uma aprendizagem sistematizada que requer certo afastamento do real em benefício de uma reorganização burocrática, temporal e metodológica supostamente favorável à aprendizagem.

Paradoxalmente, aceitar a escola como alternativa educacional insubstituível e especializada do ensino remete à consideração dos seus resultados e à evidência de que ela está longe de corresponder a um parâmetro mínimo de eficiência. Conforme discutido no capítulo anterior, isso pode ser comprovado por diferentes iniciativas de avaliação de desempenho escolar, principalmente nas habilidades básicas de Língua Portuguesa e Matemática nos diversos segmentos da escola.

Diante desse fato, é triste a constatação de que nossa sociedade, supostamente democrática (e, portanto, pautada pela convicção do direito de aprender e dever de ensinar), convive com a realidade de estar substituindo o caos da desescolarização pelo fracasso da escolaridade.

Ao que parece, a escola está aberta o suficiente para incorporar (e assim perpetuar) as injustiças, os preconceitos, os mecanismos de exclusão e de seleção social, e, ao mesmo tempo, fechada o bastante para se distanciar do mundo a ponto de tornar o ensino artificial e o conhecimento estéril (Charlot, 1985).

Parece-me, pois, legítimo considerar a superação desse quadro sob a forma de alternativas que possam rever a gênese da escola na sua relação com a vida. Compreender os mecanismos escolares que inibem a aprendizagem e condicionam o fracasso faz parte da busca de qualidade de ensino: a possibilidade de bem atender o aluno que hoje ingressa no sistema, mas também (e sobretudo) de subsidiar iniciativas que possam resgatar oportunidades para aqueles que nem ao menos tiveram esse privilégio.

A ESCRITA E A LÓGICA DA EXCLUSÃO

No contexto da escola, a língua escrita é, a um só tempo, meta e meio de aprendizagem. É exatamente nessa condição de eixo privilegiado do trabalho pedagógico que ela se constitui em um exemplo relevante para a compreensão das relações entre escola e vida e, particularmente, do divórcio entre o ensino e a realidade dos alunos.

Em que sentido se pode dizer que a tradicional prática de ensino da língua escrita contribui para a produção do fracasso escolar?

Sem a pretensão de esgotar a temática, a análise da questão envolve pelo menos cinco pontos fundamentais e interligados entre si: a desconsideração do aluno como "sujeito falante", as restritivas metas do ensino, a artificialidade do conteúdo desenvolvido, a inadequação metodológica e a falta de sintonia na relação professor-aluno.

A QUEM SE ENSINA: A DESCONSIDERAÇÃO DO ALUNO COMO "SUJEITO FALANTE"

Em primeiro lugar, há de se destacar a desconsideração do "aluno falante" feita pela escola, uma tendência já denunciada por inúmeros autores desde a década de 1980 (Bagno, 2003; Britto, 2003a e b; Cagliari, 1989, 1999; Colello, 2004; Dias, 2011; Faraco, 2004; Ferreiro, 2001; Ferreiro e Teberosky, 1984; Franchi, 1990; Geraldi, 1984; Gnerre, 1991; Patto, 1990; Soares, 1991, 1995). Seja pela discriminação de dialetos ou pelo desprezo às práticas sociais de fala e escrita, a escola costuma operar com base em um padrão etnocêntrico centrado na concepção da linguagem ideal, a norma culta. Trata-se de uma ideia subsidiada pelo Modelo Autônomo de Letramento que, tal como descrito por Street (1984), ignora a dimensão sociocultural da linguagem assim como a pluralidade de suas manifestações. A escrita é compreendida com base em sua pressuposta "autonomia" e avaliada como um "produto completo em si mesmo" (a interpretação lógica do texto independente do contexto de produção).

Em oposição, o Modelo Ideológico considera a língua pelo estreito vínculo entre os usuários e as práticas sociais. Longe de pairar acima dos falantes, a linguagem é constantemente atualizada em múltiplas manifestações, fazendo sentido pelas práticas sempre legítimas (do ponto de vista da linguística) e contextualizadas (em uma dimensão histórica e sociocultural). Contudo, as diferenciadas formas de produção, nunca isentas de valor, colocam em evidência as estruturas de poder da sociedade.

Nesse sentido, as mesmas práticas escolares que, supõe-se, ensinam a ler e a escrever e, pretensamente, distribuem conhecimento funcionam como mecanismos silenciadores de uma maioria de alunos que, roubados na sua forma viva de expressão, perdem o direito de manifestação e de diálogo. Ao ingressar na escola, o aluno que, em anos de convivência social, aprendeu a falar, a se comunicar, expressando sentimentos e opiniões, e, ainda, a compreender a função e o papel da escrita no cotidiano percebe, muito cedo, que a escola não fala a sua língua nem está disposta a lidar com os seus saberes. Na prática, ao incorporar os mecanismos sociais (ou políticos) de discriminação linguística, a escola estende o estigma para além da esfera pessoal da fala do aluno, alcançando igualmente a sua família, a sua comunidade, os seus valores, o seu passado e presente, deixando poucas perspectivas para o futuro (Gnerre, 1991; Colello, 2004).

PARA QUE SE ENSINA: AS RESTRITIVAS METAS DO ENSINO

Vivemos em um mundo utilitarista e prático que atribui valor àquilo que pode ser imediatamente traduzido em bens materiais, lucrativos e compreendidos segundo os moldes de um pensamento economicista para o qual tudo que não pode ser vendido ou comprado merece ser descartado. A própria escolarização caracteriza-se como um bem de consumo, cuja base de negociação é legitimada pela necessidade de absorver conhecimentos predeterminados em função de objetivos específicos (certificados e diplomas, vagas na universidade, cargos, empregos e reconhecimento social), que dificilmente contemplam a aventura da aprendizagem ou os apelos inerentes à constituição do humano.

A despeito da ampliação e diversificação das expectativas relacionadas à escola, não se pode dizer que o homem, na acepção mais profunda do termo,[3] esteja, de fato, sendo atendido. A dimensão política e social da escola tão denunciada pelos *reprodutivistas*[4] (controle do saber, segregação de classes, perpetuação das formas de dominação, reprodução das desigualdades, conservação de valores e princípios e domesticação das massas) impinge ao funcionamento da escola uma concepção eminentemente tarefeira que, quando muito, prepara mão de obra qualificada e sacia a "fome de pão", embora dificilmente possa contemplar a "fome de beleza", tão essencial ao ser humano.[5]

Na busca estrita (embora não irrelevante) de transmitir os conhecimentos básicos (ou mínimos?) para formar o operário ou o médico-cirurgião, a escola incorpora com tranquilidade a tarefa de selecionar as pessoas com base em critérios inflexíveis de desempenho, negando assim a pluralidade de saberes, culturas e realidades sociais. Em qualquer caso, perde-se a dimensão do homem, aquele que, independentemente da sua sobrevivência ou especialidade, pode compreender o mundo e nele se inserir de modo crítico e criativo.

Como resultado dessa lógica tão bem internalizada no sistema, muitos dos que não foram excluídos pela escola acabam conformando-se com a possibilidade de desempenhar alguma função, ainda que não possam compartilhar com a elite os rumos da humanidade: um resultado menos aviltante do que a marginalidade, mas igualmente desastroso em face da democratização do ensino (e da sociedade). De fato, em plena época de globalização, de encurtamento de distâncias pelos meios de transporte e de sofisticados sistemas de tecnologia e comunicação, somos, não raro (e certamente com a cumplicidade das escolas), encurralados em limites estreitos de convivência e em possibilidades restritas de ação.

No reducionismo de uma escola que, na melhor das hipóteses, abrange aspectos da vida (aprendizagem de conteúdos específicos, especialização em um campo profissional), mas não a vida em sua real amplitude e complexidade, consubstancia-se um paradigma de ensino que prioriza o saber sobre o ser, o instrumento sobre a razão, o conformar-se sobre o transformar e o instruir sobre o educar. Como consequência disso, diluem-se os discursos em prol das grandes metas (constituição do cidadão consciente, crítico, criativo, livre e participativo) e, com eles, o significado do que se ensina; em particular, a razão da língua escrita.

O QUE SE ENSINA: A ARTIFICIALIDADE DO CONTEÚDO

Desde as críticas de Paulo Freire sobre a concepção instrumental e apolítica da língua escrita, muitas foram as contribuições que, nos últimos anos, revolucionaram a compreensão que hoje temos sobre o processo de alfabetização. Na década de 1980, os estudos de linguística, psicolinguística e sociolinguística redimensionaram as relações entre o falar e o escrever, revendo os princípios que sustentavam a discriminação e a correção da língua. Em paralelo, as pesquisas psicogenéticas, lideradas por Emilia Ferreiro e colaboradores, esforçaram-se por evidenciar os processos cognitivos de aprendizagem de um sistema que, longe de ser um código, merece ser tomado como efetivo conhecimento.

A tradução e divulgação das obras de pesquisadores soviéticos situaram a dimensão social inerente à aprendizagem da escrita. Por um lado, Vigotskii e Luria chamando a atenção para a relação dialética entre o homem e seu mundo, situando o contexto sociocultural como importante referencial para a aprendizagem e a valoração da escrita; por outro, Bakhtin enfatizando o caráter dialógico do ler e escrever. Finalmente, nos anos 1990, os estudos sobre o letramento apontam para a relevância das práticas sociais na consideração dos requisitos, meios e metas do ensino da língua escrita.

A escrita passa a ser compreendida não só pelo conhecimento do sistema alfabético, das normas gráficas e sintáticas, dos gêneros de produção linguística, mas também pela possibilidade de ampliar o repertório tipicamente humano na relação com a vida (por exemplo, garantindo as possibilidades de consultar, pesquisar, documentar, comunicar, noticiar etc.), o que confere ao homem um indiscutível *status* social no âmbito de nossa cultura. Em outras palavras, alfabetizar é dar voz e dignidade ao sujeito. Aliada às outras formas de expressão, comunicação e representação simbólica (oralidade, arte, música e gestualidade), a prática da escrita contribui para a sutura do indivíduo a seu mundo, em um processo simultâneo de inserção social e constituição de si (Soares, 1998; Colello, 2012c e d, 2004, 2011; Geraldi, 1993).

A despeito da compreensão de língua escrita que hoje circula nos meios acadêmicos, nos Parâmetros Curriculares Nacionais e até mesmo nos projetos pedagógicos de inúmeras escolas, a concepção instrumental do ler e escrever prevalece como referência para a didática do ensino da língua materna na maior parte do país, justificando a inadequação metodológica e o consequente fracasso do ensino (Colello, 2010, 2012e e f). Em outras palavras, a dificuldade dos educadores[6] para assimilar conceitos e posturas críticas sobre "o que e por que se ensina" contamina as práticas pedagógicas, distanciando professores e alunos, conhecimento e vida, em um processo (ou ciclo vicioso?) cujo resultado não poderia ser outro senão o da exclusão escolar e social.

COMO SE ENSINA: A INADEQUAÇÃO METODOLÓGICA

Tomada como um produto estável, completo em si mesmo (vide *A quem se ensina: a desconsideração do aluno como "sujeito falante"*), que se explica pelo invariável código de regras e normas (vide *O que se ensina: a artificialidade do conteúdo*) e cujo valor instrumental se consagra pelos usos específicos, prioritariamente escolares (vide *Para que se ensina: as restritivas metas do ensino*), a língua escrita continua a ser ensinada independentemente das grandes metas da educação, dos processos cognitivos dos alunos e das práticas sociais de letramento.

Na análise das metodologias de ensino seria, contudo, uma ingenuidade acreditar que o professor de hoje reproduz a mesma didática de outrora. Embora a máxima "Ensino tal como aprendi" não possa ser completamente descartada e a maior permeabilidade de novas posturas seja um desafio desejável ao nosso sistema educativo, o professor também vem sendo afetado pelo discurso construtivista dos últimos 25 anos.

No confronto entre professores recém-formados e docentes alfabetizadores com alguns anos de experiência, Sarraf (2003, 2011) colheu fortes indícios de que o professor, hoje, está muito mais sensível à necessidade de ampliar a quantidade e qualidade de textos em sala de aula (dispensando ou não a tradicional cartilha); ele admite com mais facilidade dinamizar as práticas do ensino e se dispõe com maior frequência a interagir com seu aluno.

O maior foco de resistência docente parece estar na inconsistência dos paradigmas capazes de subsidiar a transformação do ensino. Pela falta de segurança, dificilmente o professor abre mão de controlar o processo com base em etapas diretivas, predeterminadas e inflexíveis. O acompanhamento de tarefas destinadas a alunos do primeiro ano do Ensino Fundamental em instituições públicas e privadas de São Paulo revelou em um estudo exploratório realizado em 2003 (os resultados dele serão apresentados nos Capítulos 5 e 6) que a perpetuação desses tradicionais princípios pedagógicos consagra os mais frequentes vícios do ensino. No conjunto do que a escola oferece, as poucas oportunidades de viver eventos significativos de leitura e escrita inibem as razões para aprender, não raro produzindo o analfabetismo de resistência. Ao longo dos anos escolares, pela insistência de exercícios estéreis, o aluno corre o risco de aprender a odiar a escola, a rejeitar de antemão o conhecimento, a trapacear o professor, a se conformar com a formação mínima, a se negar ao diálogo e ao compromisso do esforço cognitivo. Pior que tudo isso, ele também corre o risco de se excluir, sendo marginalizado pelo sistema.

A língua escrita permanece como mais um dos conteúdos escolares distantes da vida em função de princípios metodológicos ultrapassados, mas infelizmente tão arraigados nas práticas em sala de aula. No cotidiano da escola, a alfabetização se faz pela segmentação das etapas de aprendizagem, em um processo linear e cumulativo de conhecimento, cuja progressão é pensada *a priori* pela lógica adultocêntrica[7] "do fácil para o difícil" (pela sequência tradicional: as letras, as sílabas simples, as sílabas complexas, as palavras, as sentenças, as normas ortográficas, os textos, as regras gramaticais e sintáticas). Esse é o princípio da lição ironizada pela personagem Mafalda: a simplificação e a artificialidade de um ensino que corrompe a língua, abrindo mão de trazer para a escola "coisas realmente importantes".

Como se não bastasse o controle da ordem de aprendizagem garantido pelas sistemáticas apresentação e reprodução de modelos, pretende-se ainda gerenciar a aplicação do conhecimento sobre a língua escrita pela distinção entre o "tempo de aprender" e o "tempo de fazer uso dessa aprendizagem".

Adiando indefinidamente a possibilidade do aluno de "ousar pela produção escrita" e de "usufruir o prazer da leitura", as tradicionais metodologias do ensino da língua materna configuram-se, segundo Kramer (1999), muito mais como vivências pontuais de puro ativismo do que como efetivas experiências de língua escrita, isto é, oportunidades de construção inteligente, capazes de superar o imediato porque possibilitam o pensar, o relacionar, o criar, o desvelar...

COMO (NÃO) SE APRENDE: A FALTA DE SINTONIA NA RELAÇÃO PROFESSOR-ALUNO

Tradicionalmente, a busca pelo "melhor método" ou pela "melhor cartilha" deixava em segundo plano as relações entre professor e aluno. Como o princípio do "ensinar bem" não estava voltado para o sujeito aprendiz, a construção do projeto pedagógico parecia ser independente das pessoas ou estar acima delas. Grande parte do fracasso escolar é, ainda hoje, tributário de um sistema impessoal que, desconsiderando as diferenças individuais ou culturais, volta-se apenas para o grupo de alunos já em sintonia com o universo escolar.

A redução dos interlocutores e a apologia do silêncio em sala de aula acabam por se configurar como mecanismos de incompreensão e abandono, cujos resultados se fazem sentir nos índices de evasão, repetência, problemas de aprendizagem ou comportamento e, principalmente, nos índices sempre inaceitáveis de analfabetismo. Efeitos também negativos aparecem até mesmo nos casos supostamente bem-sucedidos de alunos que, embora tenham aprendido a escrever, manifestam-se de modo contido e estereotipado, revelando que a alfabetização não necessariamente garante o pleno direito à palavra.

Opondo-se a esse quadro, as mais recentes contribuições apontam para o aluno real e chamam a atenção para a necessidade de partir dos seus conhecimentos, valores, expectativas, necessidades e linguagens, e para a relevância de subsidiar suas trajetórias cognitivas respeitando seu mundo e compreendendo suas indagações, bloqueios e erros. Desse modo, tão desejável quanto a capacitação é o enfrentamento do desafio de humanizar a educação, ajustando a proposta pedagógica à especificidade do aluno que de fato se senta nos bancos escolares. No privilegiado palco de negociação que é a sala de aula, o mais atualizado projeto de ensino não pode desconsiderar a relação entre professores e alunos que, pelo diálogo e compreensão, tornam-se cúmplices no processo educativo.

O que justifica a aula como encontro de recepção ativa e de diálogo entre professor e aluno é a concepção histórica e social do saber. Como o conhecimento não se constrói pela mera cópia de um objeto externo ao aprendiz nem como elaboração puramente endógena, alheia ao meio em que se vive (PCN, 2000), depende da mediação significativa que o professor é capaz de fazer entre o aluno e o mundo (a sintonia entre aprendizagem e vida)[8]. Para Quintás (*apud* Perissé, 2004), a fertilidade do encontro pedagógico é responsável pelo reviver dos interlocutores no contexto partilhado e cúmplice da ressignificação da realidade. Trata-se de um processo que, longe de ser o acúmulo compulsório ou automático de informações, nasce do interesse e do compromisso, levando à descoberta e à possibilidade de recriação de sentidos. Nutridos pelo entusiasmo de quem ensina, os encontros na escola podem ser geradores de experiências transformadoras do sujeito e do objeto em estudo.

Assim, para quem apenas transforma o sinal impresso no papel em valor sonoro, ou vice-versa, não vale a pena aprender a ler e a escrever. Sob o impacto da mediação docente, torna-se possível transformar os textos em fontes de ideias capazes de iluminar a compreensão do indivíduo sobre o mundo: uma experiência igualmente transformadora do papel e do sujeito que se dispôs a lê-lo.

PALAVRAS FINAIS

A consideração dos fatores de exclusão inerentes ao tradicional ensino da língua escrita explicita o divórcio entre vida e aprendizagem, evidente tanto no campo das concepções quanto no plano da prática pedagógica. Ao ignorar a realidade do aluno, subestimar as metas da educação, banalizar o conteúdo próprio da língua e artificializar os modos de aprendizagem, a escola se fecha para o impacto de novas concepções em prol da democratização e qualidade do ensino. Ao negar a natureza das relações pessoais em sala de aula, o educador trai o seu compromisso e a sua razão. Ao desconsiderar a natureza dialógica da escrita, as práticas de ensino impõem um silêncio contrário aos propósitos da efetiva comunicação. Estão aí os verdadeiros argumentos que subsidiaram a reação da personagem Mafalda ante os ensinamentos de sua professora. Em resposta a ela, postulamos a defesa de posturas mais democráticas na construção de alternativas pedagógicas (ou políticas educacionais) capazes de acolher o aluno, compreendê-lo e propor um ensino centrado no diálogo. É preciso reencantar a escola para atender às demandas das gerações que hoje ingressam no sistema e, na mesma medida, responder aos que foram dele excluídos.

A compreensão do fracasso do ensino torna nítida a morosidade da transformação escolar, um processo sempre aquém das necessidades mais imediatas de nossos alunos. Na oscilação entre os avanços e os retrocessos, entre a ousadia e a resistência, ficam as sementes do saber e do fazer, sempre alimentadas pelas iniciativas, pelos esforços, pela reflexão e, certamente, pelos nossos sonhos.

5
AS PRÁTICAS PEDAGÓGICAS INEFICIENTES NO ENSINO DA LÍNGUA ESCRITA[1]

CONTRIBUIÇÕES TEÓRICAS E PRÁTICA ESCOLAR: COMPREENDENDO OS VÍCIOS PEDAGÓGICOS

Tradicionalmente, a didatização das atividades para o ensino da leitura e escrita na escola cristalizou-se como uma linguagem estranha aos alunos, falantes nativos da língua portuguesa que nem sempre percebiam as práticas pedagógicas como extensão ou possibilidade efetiva do seu dizer. Longe de atender às necessidades do indivíduo, de desenvolver e ampliar os seus modos de expressão e interação, ou, ainda, de alimentar o desejo de aprender, ensinava-se uma língua que, de fato, não era a dele; impunha-se uma relação com as letras incompatível com o seu mundo e, portanto, à revelia do próprio sujeito. Por atentar contra os princípios de identidade, as práticas de ensino justificaram, em muitos casos, a insurreição dos mecanismos de resistência, explicando, assim, o "milagre" da não aprendizagem, o fracasso escolar e a persistência do analfabetismo nas classes populares a despeito dos esforços empreendidos, exemplos clássicos que ilustram o processo de exclusão no interior da escola.

Nos anos 1960 e 1970, a pedagogia tradicional consubstanciada em práticas alfabetizadoras alienantes foi duramente criticada por Paulo Freire. Desde então, os argumentos em prol de um ensino pensado à luz do sujeito aprendiz vêm sendo sistematicamente reconsiderados em diferentes frentes de pesquisa.

Na década de 1980, como contribuição das ciências linguísticas, foi possível trazer ao campo do ensino novas concepções sobre a língua, suas variantes e natureza essencialmente dialógica. A compreensão dos muitos falares, o respeito ao sujeito falante e a dimensão interlocutiva das práticas linguísticas passam a figurar entre os pressupostos do projeto educativo na busca pela qualidade e eficiência do ensino.

Em paralelo, os estudos psicogenéticos, ao defender o caráter construtivo da aprendizagem da língua escrita, chamaram a atenção dos educadores para a importância das experiências sociais de leitura e escrita como oportunidades que impulsionam e dão sentido ao aprendizado na escola.

Mais recentemente, nos anos 1990, a busca da compreensão sobre o processo de letramento permitiu situar a alfabetização como um longo processo circunscrito a duas vertentes indissociáveis: a aquisição do sistema de escrita e a efetiva possibilidade de uso no contexto social. Mais do que conhecer as letras, as regras ortográficas, sintáticas ou gramaticais, o ensino da língua escrita requer a assimilação das práticas sociais de uso, contribuindo assim para a conquista de um novo *status* na sociedade (Soares, 1998).

Assim, seja no que diz respeito à língua como objeto de ensino ou à consideração do processo de aprendizagem, ou, ainda, ao que direciona novas metas para a ação educativa, o quadro de referência teórica erigido nos últimos 40 anos pode favorecer a revisão de práticas pedagógicas para que se possa considerar mais significativamente o sujeito na relação com a escrita: a constituição da identidade, a formação da consciência crítica e a inserção social e política.

É bem verdade que, a partir dessa "revolução conceitual", a melhor compreensão que hoje temos sobre o processo de alfabetização – seus caminhos e descaminhos, seus significados e implicações – tem inspirado, além das pesquisas acadêmicas, iniciativas concretas de propostas educativas oficialmente assumidas sob a forma de diretrizes nacionais e programas estaduais, municipais ou particulares de ensino. Mas, considerando-se a prática pedagógica, o que de fato mudou na sala de aula?

No combate às tradições, os problemas referentes à implementação do novo traduzem a difícil relação entre a teoria e a prática. Trata-se de uma questão complexa porque tanto o acesso ao campo das ideias como a disponibilidade para a mudança das práticas docentes já superadas remetem a um conjunto de fatores que certamente extrapola a dimensão pessoal e institucional de um professor em determinada escola. Para além dos casos particulares, importa também considerar a formação do educador, suas condições de trabalho, a estrutura do sistema escolar e, finalmente, a política de valorização do ensino em nosso país.

Sem a pretensão de abarcar a amplitude e complexidade dos fatores envolvidos no processo de transformação da escola, o presente capítulo tem como objetivo analisar as práticas alfabetizadoras, chamando a atenção para a difícil permeabilidade das novas concepções nas práticas de ensino e para o consequente e ininterrupto processo de exclusão que se constitui nas mínimas atividades do professor em sala de aula. Como um recorte necessário aos limites da abordagem aqui proposta, não se considera a "magia potencial" da relação professor-aluno, fator às vezes capaz de transformar a mais comprometida tarefa em algo pedagogicamente sustentável. De maneira mais específica, o que está em foco são as propostas de lição de casa, ou seja, tarefas nas quais o aluno era convidado a lidar com a escrita com base em seu próprio referencial.

O estudo, realizado em quatro escolas de São Paulo (duas particulares e duas públicas municipais, todas de uma mesma região da cidade),[2] acompanhou durante o primeiro semestre letivo de 2003 todas as lições de casa, buscando compreender, pelo viés docente, as concepções a elas subjacentes e, pela perspectiva do aluno, os mecanismos de rejeição implícitos na produção da escrita (indiferença, descomprometimento com a tarefa, práticas automatizadas e sem significado).

Para fins de análise, as lições de casa foram divididas em duas categorias básicas: "a vivência de leitura e escrita" e a efetiva "experiência de aprendizagem da língua". A primeira, bem ao sabor das práticas tradicionais, funciona como reflexo de uma escola que resiste à transformação. A segunda dá indícios de que a escola é capaz de inovar também pela consciência crítica da intervenção docente e pela ousadia dos professores que se aventuram na busca de novas práticas de ensino.

O que significa tratar a aprendizagem da língua como uma experiência?

Apropriando-se da crítica à cultura formulada por Walter Benjamin, e dos conceitos por ele definidos, Kramer (1999) defende a leitura e a escrita como "experiência", isto é, como possibilidade de viver, pensar e compartilhar, tendendo à superação do tempo imediato. Em oposição, a "vivência" é uma ação pontual, que se esgota no período exato da sua realização e não tem valor senão pela pura realização da tarefa em um exercício de pouco pensar.

A distinção ora proposta faz sentido ante a concepção da língua como potencial de envolvimento, inserção do homem em uma corrente de relações para se tornar crítico e historicamente situado. Trata-se de levar a fundo a ideia da língua escrita como fator constitutivo do sujeito, uma condição que não pode ser anulada pelo pretexto de ensinar a ler e a escrever.

A desconsideração do princípio da "experiência" explica os principais vícios que anulam as razões do aprender e ratificam as desigualdades no âmbito social. A análise dessas tarefas permitiu apontar sete tendências não exclusivas que, além de atestar a inadequação de muitas atividades propostas em classe, provam a inconsistência de posturas e metas educativas, bem como os mecanismos de resistência escolar. O interesse em apontar os vícios do ensino não está em desqualificar em bloco e *a priori* a prática docente, reduzindo a cinzas as intenções ou os esforços empreendidos em sala de aula. Muito pelo contrário, com o intuito de contribuir para a revisão dos modos de ensinar, a análise das tarefas pode favorecer a formação da consciência crítica no desenvolvimento de um trabalho pedagógico capaz de, efetivamente, colaborar para a democratização em nosso país.

AS LIÇÕES INEFICIENTES[3]

Observando a figura da página seguinte (um exemplo de atividade escolar), o que pretende o professor com tal consigna? Em que sentido essa atividade pode contribuir para a descoberta da escrita ou para a formação do leitor? Como ela é feita pelo aluno?

A ineficiência da atividade proposta pode ser explicada pela falta de sintonia entre os objetivos pretendidos e a efetiva realização da tarefa pelos alunos. Sem antecipar a reação das crianças, os professores visavam favorecer o contato da criança com o material escrito a fim de incentivá-la à leitura ou, pelo menos, ao reconhecimento das letras convencionais. Na perspectiva da criança, a preocupação com os aspectos formais constitutivos da palavra escrita transformou a tarefa em puro exercício de discriminação (reconhecer e localizar a letra A),

configurando-se, assim, como uma atividade linguisticamente restritiva porque não pressupõe a leitura nem requer a compreensão dos significados. No exemplo, essa tendência fica clara pela colagem de palavras dificilmente compreendidas pela criança ("airbus", "aspas" e "American Airlines"), ou mesmo pela confusão quanto ao entendimento do que seja a palavra ("a monarquia").

A ESCRITA ARTIFICIAL

João

AGORA QUE VOCE JÁ CONHECE A FAMILIA DO B, COMPLETE O QUADRO PARA ESCREVER NOVAS SILABAS

	A	E	I	O	U
B	BA	BE	BI	BO	BU
M	MA	ME	MI	MO	MU
L	LA	LE	LI	LO	LU

JUNTE AS SILABAS PARA ESCREVER AS PALAVRAS

BA+BA = BABA
BE+LO = BELO
BO+LA = BOLA
MA+LA = MALA
MO+LE = MOLE
LO+BO = LOBO

Com o objetivo de ensinar a escrever, muitos professores costumam organizar a prática pedagógica com base na progressão linear e cumulativa de pontos a serem "dominados" pela criança: conhecer as letras, juntar as letras para formar sílabas, juntar as sílabas para compor palavras e juntar palavras para escrever frases. Aparentemente lógico, o processo peca pelo artificialismo com que lida com a escrita, anulando de modo simultâneo os sentidos e a dimensão dialógica da língua. No esforço para o planejamento didático, a proposta de escrita contraria a experiência que a criança tem com a escrita no seu dia a dia. Nas palavras de Ferreiro (2001, p. 33),

O objeto da escrita no mundo social é um objeto selvagem. [...] Existe uma escrita que a escola considera desorganizada, fora de controle, caótica. O que faz a escola? Domestica esse objeto, decide que as letras e as combinações são apresentadas em certa ordem e constrói sequências com a boa intenção de facilitar a aprendizagem.

AS TAREFAS MECÂNICAS

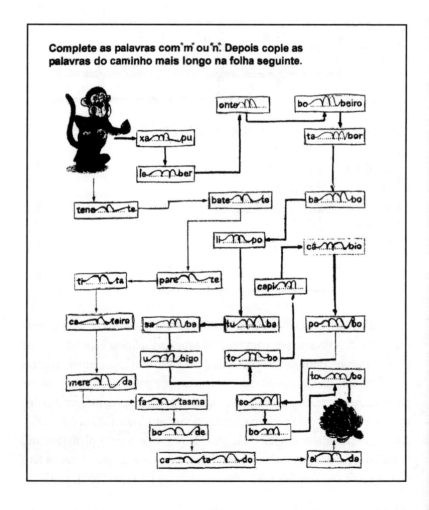

A ESCOLA QUE (NÃO) ENSINA A ESCREVER

Tendo explicado aos alunos que o M deve necessariamente preceder o P e o B, o exercício da figura anterior configura-se como um típico recurso de fixação da regra ortográfica, que, nesse caso, deve ser assimilada pela memória e repetição mecânica. Longe de favorecer a descoberta das normas ortográficas e a consciência da sua importância em um contexto real de uso linguístico, a criança é simplesmente induzida a preencher lacunas, lidar com termos desconexos e fazer o jogo da escola em tarefas carentes de desafio ou motivação. É assim que, em nome do bem escrever, muitas vezes "assassinamos" a escrita e, com ela, a vontade (ou o direito?) de dizer.

A ESCRITA DESCONTEXTUALIZADA

Pelo fato de estar ensinando o Sistema Solar, a professora usou um falso pretexto para, mais uma vez, induzir seus alunos a escrever por

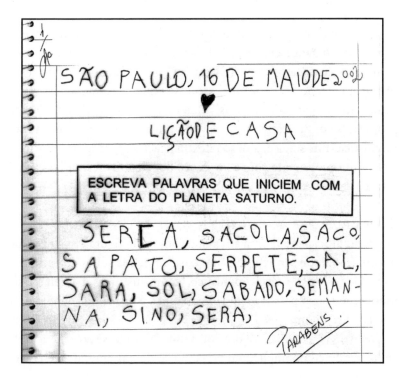

escrever. Preocupada unicamente com o domínio do sistema e com a necessidade de exercitá-lo por uma produção qualquer (como é o caso de palavras desconexas), a tarefa rompe com a possibilidade de um uso inteligente da escrita. Atento para a necessidade de transformar o "saber escrever" em "escrever como prática real e eficiente", Geraldi (1993, p. 137) defende as seguintes condições para a redação de um texto:

a) se tenha o que dizer;
b) se tenha uma razão para dizer o que se tem a dizer;
c) se tenha para quem dizer o que se tem a dizer;
d) o locutor se constitua como tal, como sujeito que diz o que diz para quem diz (ou, na linguagem wittgensteiniana, seja um jogador do jogo);
e) se escolham as estratégias para realizar (a), (b), (c) e (d).

Como, na tarefa em questão, não se pede a expressão de uma ideia; como a razão para escrever está circunscrita ao puro ativismo escolar; como não há, de fato, um interlocutor a quem possa ser dirigida essa produção (a não ser o próprio professor que, certamente, recebe a lição sem uma atitude responsiva), a escrita aparece destituída dos propósitos comunicativos que deveriam marcar qualquer produção linguística. Em síntese, a descontextualização da proposta traduz o descomprometimento com a formação do "sujeito escritor", eventual artífice da expressão de suas próprias ideias.

A LEITURA E A ESCRITA SEM SIGNIFICADO
O que significa ler em uma atividade como a da figura a seguir? Que informação pode ser extraída com base em letras soltas que se repetem? Do ponto de vista linguístico, como justificar a tarefa? Que motivação traz o personagem cuja presença é justificada apenas pela inicial de seu nome?

Reduzida à condição figurativa, a escrita limita-se ao exercício da cópia, tendo como implícito o pressuposto de que aprende a escrever

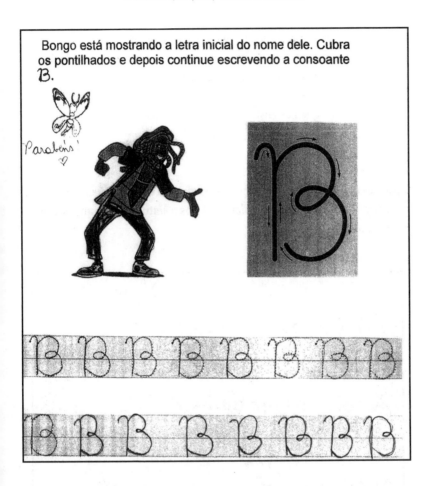

aquele que sabe desenhar as letras convencionais. A leitura, por sua vez, é tratada como mera visualização de símbolos cujos sentidos não podem ser considerados senão pela "sua identidade convencional". A associação forçada da letra ao personagem que pouco se conhece funciona como um frágil vínculo para uma criança que, já no seu dia a dia, aprendeu que as letras se associam para produzir significados. Juntas, elas podem trazer notícias e contar histórias, mas na escola muitas vezes tudo isso deixa de ser considerado em nome do aprender a escrever letras e palavras predeterminadas. Nesse sentido, podemos afirmar, junto com Paulo Freire, que

[...] a escola está aumentando a distância entre as palavras que lemos e o mundo que vivemos. Nessa dicotomia, o mundo da leitura é só o mundo do processo de escolarização, um mundo fechado isolado do mundo onde vivemos experiências sobre as quais não lemos. Ao ler as palavras, a escola se torna um lugar especial que nos ensina a ler apenas as "palavras da escola" e não as "palavras da realidade". (Freire, 1999, p. 22)

AS LIÇÕES TAREFEIRAS

Visando estimular a leitura entre seus alunos, certa professora sugeriu a leitura do livro *A casa sonolenta*. Após a leitura, as crianças preencheram a ficha a seguir.

```
                                          Aline
  FICHA DE LEITURA
  LIVRO A CASA SONOLETA
  AUTOR AUDREY WOOD
  ILUSTADDA DON WOOD
  TRADUTOR GISELA MARIA PADOVAN
  EDTORA ATICA
  PERSONAGE DO LIVRO AVÓ MININU
     CACHORO GATO RATU E PUGA
```

É bem verdade que compreender os vários aspectos ou ocupações que se conjugam na produção de uma obra (autor, ilustrador, tradutor e editor) pode ser uma importante dimensão da formação literária ou mesmo do universo letrado. Poder identificá-los favorece o posicionamento crítico ante a leitura, primeiro pela aproximação com a indústria cultural e, segundo, pela oportunidade de confrontar os aspectos internos e externos do livro (a qualidade da produção, o mérito do texto, o ajustamento da ilustração, a composição gráfica etc.).

Todo esse esforço, plenamente justificável, não se resume, contudo, ao preenchimento de uma ficha nem se sobrepõe ao interesse de discutir o livro: seus personagens, seus conflitos, a dinâmica do texto e seu apelo para uma nova leitura do mundo. Assim, condicionar a leitura de um livro (e particularmente de *A casa sonolenta*) ao propósito de conferir a leitura ou identificar nomes e personagens para preencher corretamente as lacunas de uma ficha é circunscrever o valor da leitura ao estritamente pedagógico. A lição tarefeira é aquela que se fecha na escola, abrindo mão da aventura, do gozo, da curiosidade e da magia do ler e escrever. Aprofundando a percepção de que ensinar a língua escrita é promover a compreensão do sistema e favorecer o uso social, podemos, assim como Zaccur (1999, p. 34), defender que

> [...] o ensino da língua precisa considerar não só o usuário, mas também o ser-leitor curioso do mundo que se interroga, interpretando e capturando retalhos nas experiências sensíveis e nas conversas cotidianas.

Nessa perspectiva, formar os alunos na e para a cultura escrita pressupõe a fruição do texto, isto é, a possibilidade do gozo estético que supera o conhecimento formal da obra literária. Quando o ensino da literatura se transforma em educação literária, a construção dos sentidos das obras lidas (pela problematização temática e linguística), articulada à descoberta do prazer e formação do hábito da leitura, pode integrar uma dimensão formativa da pessoa no contexto do nosso mundo (Colomer, 2007).

AS TAREFAS REPETITIVAS

Aprendemos com Ferreiro e Teberosky (1984) que a escrita do próprio nome tem um especial interesse para a criança que aprende a escrever; não só pela motivação que favorece o pretexto e o esforço para escrever, mas também porque, depois que o nome se fixa como uma forma estável (conhecida de memória), ele funciona, no plano cognitivo, como parâmetro para a construção da escrita pela composição de outras palavras (a consideração de quais e quantas letras e do valor fonético de letras e sílabas).

A implicação pedagógica de tal princípio foi a indicação de atividades com o nome próprio nas séries[4] iniciais, especialmente nas primeiras tentativas para escrever. Na prática, tivemos o uso e também o abuso da escrita do próprio nome. Em muitos casos, a assimilação superficial do valor pedagógico da escrita do nome resultou em lições mecânicas e repetitivas como a tarefa da figura a seguir.

Proposta para uma criança que já sabe escrever apenas com o objetivo de exercitar a letra cursiva, a atividade está longe de recuperar a motivação e o desafio cognitivo das primeiras tentativas de escrever o próprio nome. Além disso, uma vez que aparece destituída de um propósito, ela não se justifica como efetiva prática de uso da escrita. Não foi por acaso que alguns alunos, resistindo ao exercício de pura repetição e muito provavelmente estranhando a "lógica artificial" das práticas escolares, chegaram a sugerir a reprodução de seus nomes pela via do xerox, uma alternativa mais eficiente em nosso contexto social.

Ajuriaguerra (1988, p. 23) definiu o escrever como "a arte de aprisionar a mão para libertar a ideia". Muitas vezes, a escola prescinde da expressão para reduzir a escrita ao exercício manual, tão dolorido quanto desmotivante e incompreensível. Para além da enfadonha prática de desenhar o nome repetidas vezes, mas ainda na mesma perspectiva viciosa, observamos, nas escolas estudadas, práticas abusivas de cópia como suposto recurso para "melhorar a letra", "aprender ortografia" ou "dominar o conteúdo".

A esse respeito, é preciso deixar claro que o problema não está na cópia, mas, uma vez mais, na precária consciência dos critérios que sustentam as práticas escolares. Tomados pela superficialidade dos "modismos pedagógicos", muitos professores tendem a centrar a sua atenção nas atividades em si, aceitando-as ou rejeitando-as em bloco, sem perceber os princípios que as subsidiam nem as possibilidades de uso que condicionam a legitimidade e a coerência do fazer pedagógico.

> De um professor que sempre deixava copiar passamos para outro que se aterroriza por ter um aluno que quer copiar. Isso evidencia a dificuldade de reconceitualizar a cópia, descobrir quando a cópia é útil, funcional. De instituir a cópia como o único mecanismo de aprendizagem passamos a satanizá-la, o que é muito típico dos movimentos pendulares educativos: vamos para um extremo, não funciona e, então, vamos exatamente para o outro. Por isso, é tão difícil construir em educação, apesar de todas as declarações construtivistas que andam por aí. (Ferreiro, 2001, p. 41)

A maior contribuição do construtivismo não está em inaugurar novas modalidades do fazer pedagógico, mas em reconfigurar as práticas de ensino com base nos processos cognitivos do aprendiz ante cada tarefa e nos significados do que se propõe. Quando esses princípios não são contemplados, corre-se o risco de reduzir o ensino ao exercício ineficiente, artificial, mecânico, descontextualizado, sem significado, tarefeiro, artificial e também repetitivo.

O CAMINHO DA TRANSFORMAÇÃO PEDAGÓGICA: ASSIMILAÇÃO CONCEITUAL, MUDANÇA DA PRÁTICA DE ENSINO OU CONSCIENTIZAÇÃO POLÍTICA?

Indiscutivelmente, a constatação de práticas viciadas no âmbito escolar atesta a dificuldade na assimilação de uma nova postura educacional diante do ensino e, em particular, a alfabetização. Uma dificuldade que se explica pela força das práticas tradicionais que permanecem à custa das configurações estruturais e políticas (a inércia), da formação ainda precária dos educadores, da insegurança de muitos docentes no enfrentamento do dia a dia em sala de aula, da precariedade nas condições de trabalho do professor e, por fim, de complexos mecanismos de resistência à transformação escolar, ainda pouco estudados e compreendidos.

A despeito disso, não se pode dizer que a escola permanece imune às contribuições teóricas, aos apelos das novas propostas pedagógicas ou às exigências democráticas. Muito pelo contrário, os esforços de renovação, embora tímidos, são evidentes (em maior ou menor grau, com mais ou menos eficiência) tanto nas propostas formalmente assumidas como nas práticas em sala de aula. Nas escolas estudadas, o confronto entre o posicionamento pedagógico dos professores e a distribuição das categorias de atividades sugere[5] por um lado, a tendência à transformação e, por outro, a distância entre o que se pretende e o que efetivamente é feito (vide quadro).

| ESCOLAS | POSTURA FORMALMENTE ASSUMIDA | LIÇÕES QUE SE CONFIGURAM ||
		COMO VIVÊNCIAS	COMO EXPERIÊNCIAS
Particular 1	Socioconstrutivista	37%	63%
Particular 2	Construtivista	41,5%	58,5%
Pública 1	Construtivista	44%	56%
Pública 2	Tradicional (com "apoio no construtivismo")	86,3%	13,7%

Curiosamente, os mesmos professores que, de modo involuntário, patinam nos vícios das tarefas inadequadas são aqueles que, em outras oportunidades, chegam a sugerir atividades bastante ajustadas, comprometidas com o processo de aprendizagem, o respeito e a formação do aprendiz.

Vivemos, portanto, em um momento educacional peculiar que, pedagogicamente, se caracteriza pela convivência entre o saber e o não saber, a busca e a resistência. Nessa fase de transição, somos obrigados a admitir que, de fato, a escola vem sofrendo um considerável impacto, mas que a assimilação do novo é ainda inconsistente.

Na tentativa de compreender os (des)caminhos do processo de transformação escolar – obviamente circunscritos aos limites dos campos investigados –, somos levados a examinar a hipótese de que a oscilação das tarefas escolares (mais ou menos ajustadas) traduz a distância entre a assimilação prática e a conceitual. No âmbito da prática, os professores conseguem até vislumbrar modalidades consideradas favoráveis à construção do conhecimento: jogos, desafios, resolução de problemas, projetos e atividades de escrita espontânea. No entanto, não se pode dizer que a prática pedagógica esteja conscientemente respaldada por critérios conceituais consistentes, razão pela qual eles quase sempre são traídos nas propostas de lições viciadas e ultrapassadas.

É assim que, ao lado de algumas práticas indiscutivelmente renovadas, aparecem concepções desajustadas de ensino, incompatíveis com o processo de transformação da escola e da sociedade. Pensando nesses vícios, impõe-se a necessidade de apontar os seus significados. Em primeiro lugar, há de se criticar o conceito de aprendizagem compreendido de forma lamentável como um processo linear e cumulativo, que se dá como resultado do somatório de informações oferecidas ao aprendiz na trajetória predeterminada do programa didático.

Em consequência disso, o papel atribuído às tarefas escolares, comprometidas com o esforço de sistematização para o estritamente escolar, distancia-se do mundo em práticas artificiais e sem sentido. No caso do ensino da escrita, as lições ficam, muitas vezes, circunscritas ao exercício motor e ao treinamento do código (vivências de leitura e escrita) em detrimento das possibilidades de reflexão, descoberta e uso (experiências de linguagem). Finalmente, a língua escrita continua sendo tomada na sua dimensão técnico-instrumental, um sistema de regras e normas a serem compreendidas e exercitadas.

A difícil permeabilidade das concepções à prática pedagógica baratina o compromisso de transformação da escola que, hoje, se anuncia de modo tímido pelo esforço de professores bem-intencionados, por iniciativas eventualmente renovadas e por belos projetos pedagógicos que, muitas vezes, não saem do papel. A confusão entre metas e princípios compromete o projeto educacional (a coerência de suas práticas ao longo da progressão escolar) impondo, ao lado dos saberes previstos mas nem sempre garantidos, outra ordem de aprendizagem, os saberes indiretamente conquistados embora menos desejáveis. Esse é o caso de muitos alunos que até aprenderam a escrever, mas aprenderam também a não gostar da escola, a trapacear a professora, a não desejar o conhecimento, a não se aventurar nas possibilidades de expressão, a valorizar a aprendizagem por suas recompensas externas... Esse é o caso das escolas que, mesmo se propondo a ensinar, traem os princípios democráticos porque perpetuam os mecanismos de resistência ao saber e as práticas sociais de alienação.

Seja nas concepções sobre o analfabetismo seja no funcionamento da escola, o que prevalece é a lógica excludente do sistema capitalista contra a qual vemos insurgirem-se algumas frestas de consciência e luta. São iniciativas capazes de contribuir para a qualidade do ensino e para a construção dos princípios democráticos porque acreditam que cada um de nossos alunos pode ser sujeito da própria história.

6
DINÂMICAS NO ENSINO DA LÍNGUA: CONCEPÇÕES, EQUÍVOCOS E POSSIBILIDADES PEDAGÓGICAS[1]

CONTRIBUIÇÕES TEÓRICAS NA COMPREENSÃO DA LÍNGUA ESCRITA E NO ENTENDIMENTO DO PROCESSO DE ALFABETIZAÇÃO

A concepção de escrita, como manifestação da linguagem, produção cultural e objeto de conhecimento, vem, ao longo do tempo, sofrendo reconfigurações capazes de revolucionar a alfabetização, seja pela perspectiva teórica, seja pelo viés da prática pedagógica.

Paulo Freire, na década de 1960, foi indiscutivelmente o primeiro a chamar a atenção dos educadores para a dimensão política do ensinar a ler e a escrever, defendendo o sentido dessa aprendizagem como emancipação do homem vinculada à própria possibilidade de "ler o mundo".

Nos anos seguintes, duas novas frentes de reflexão sobre a linguagem trouxeram contribuições para a compreensão da escrita e suas implicações pedagógicas.

Por um lado, os estudos linguísticos desconstruíram os argumentos etnocêntricos que defendiam a superioridade de algumas línguas ou dialetos sobre outros, denunciando, entre tantas outras implicações, o uso preconceituoso que sustentava a escola elitista.[2] Ao contrariar mecanismos ideológicos fortemente arraigados em nossa sociedade, e em particular na escola, o respeito à diversidade linguística configura-se como um dos princípios de mais difícil assimilação.

Por outro lado, as traduções e compilações de textos atribuídos a Bakhtin (1986, 2003) exerceram um considerável impacto no exterior, pouco a pouco incorporado pelos estudiosos brasileiros. Focando simultaneamente a produção e a recepção da linguagem, o autor valoriza a sua dimensão dialógica, desestabilizando todo o referencial monológico que amparava o ensino da escrita na escola. Além disso, longe de ser um exercício mecânico de reprodução de letras e grafismos, o ato de escrever pressupõe um contínuo processo de construção e reconstrução do e pelo sujeito. A escrita não só é compreendida como uma atividade de constituição linguística formulada pelos enunciados (as efetivas unidades de sentido) sob a forma de gêneros discursivos, mas também como exercício dinâmico de constituição da pessoa.

No início dos anos 1980, as publicações dos estudos psicogenéticos[3] colocaram em pauta a dimensão cognitiva do sujeito aprendiz que, até então, parecia estar subjugada ao método de ensino. Ao situar o aluno como centro da aprendizagem, o movimento construtivista deslocou o debate conceitual sobre "qual o melhor método" (silábico, fonético ou global) ou a busca pela "mais eficiente cartilha" para o desafio de ajustar a iniciativa pedagógica ao processo cognitivo.

No campo da Psicologia, as traduções das obras de Vygotsky (1987, 1988) e de seus colaboradores (Luria, 1990; Luria e Yudovich, 1987; Vigotskii, Luria e Leontiev, 1988) ampliaram a compreensão dos processos de aprendizagem, mostrando que, para além das relações entre professores e alunos ou das iniciativas estritamente escolares, o conhecimento só ganha sentido no contexto sociocultural, no circuito determinado de valores, de significados, de expectativas, de possibilidades de interação e de práticas culturais historicamente construídas.

A partir dos anos 1990, o referencial sócio-histórico favoreceu também a eclosão dos estudos sobre o letramento (Kleiman, 1995; Soares, 1998, 2003; Street, 1984; Tfouni, 1995; Colello, 2011; Leite, 2001, Arantes, 2010; Mortatti, 2004), colocando em evidência as diferentes dimensões do aprender a ler e a escrever: ao lado da compreensão do sistema da escrita, seu funcionamento, seu caráter convencional e suas especificidades, importa poder colocar esse conhecimento linguístico a serviço de práticas socialmente contextualizadas. Mais do que assimilar um determinado saber, estar alfabetizado requer um rol de competências para a efetiva inserção no mundo letrado, o que, por si só, transforma a condição do sujeito na sociedade.

No conjunto de tantos referenciais teóricos, não se trata evidentemente de forçar um entendimento reducionista e simplificador da escrita ou do processo de alfabetização, mas de trazer parâmetros essenciais para o posicionamento crítico na revisão das tradicionais práticas pedagógicas. Se, por um lado, respeitar o tempo e a natureza da aprendizagem, estimular o processo cognitivo com base no universo cultural do aluno e valorizar a dialogicidade da língua no ensino da escrita revolucionaram os paradigmas da prática escolar, por outro representam um desafio na transposição didática.

DA TEORIA À PRÁTICA PEDAGÓGICA

Partindo do princípio de que a prática da alfabetização é necessariamente subsidiada por concepções docentes acerca da aprendizagem e da língua escrita, como se dá a incorporação desse referencial teórico pelo professor? Da teoria à prática, como ocorre a transposição didática? Que princípios subsidiam a intervenção pedagógica em classe?

Os estudos realizados sobre a nossa realidade educacional[4] sugerem que, a despeito das iniciativas em prol da democratização e da qualidade do ensino, os índices de alfabetismo e letramento no país estão muito aquém dos nossos mais modestos ideais. Se for verdade que não mais ensinamos como há 20, 30 ou 40 anos, é igualmente verdadeiro que o ensino, de modo geral e, de modo específico, a alfabetização estão ainda distantes de uma prática segura, consistente e bem fundamentada.

É constatando metas educacionais não cumpridas que se podem ampliar ainda mais as indagações feitas: como as práticas pedagógicas denunciam a inadequação do ensino? Em que sentido as dinâmicas mais frequentes no ensino da escrita contrariam os princípios inerentes a esse próprio objeto de aprendizagem? Como a configuração da sala de aula no desenvolvimento das atividades de escrita traduz os vícios da operacionalização didática? De que modo a organização do trabalho em sala de aula reflete as certezas, as angústias e os mecanismos de resistência dos professores aos modos de conceber a escrita, o ensino e a aprendizagem?

A PESQUISA

Partindo da hipótese de que a proposta de intervenção didática e a dinâmica em sala de aula são subsidiadas por concepções dos professores muitas vezes reducionistas ou equivocadas (o que pode dificultar a busca de alternativas metodológicas), a pesquisa teve como objetivo fazer um mapeamento exploratório das tendências metodológicas no ensino da língua escrita e analisar os princípios subjacentes à organização do trabalho escolar. Sem a pretensão de esgotar o tema, a coleta de dados visou ampliar a compreensão das dinâmicas em sala de aula, buscando nelas as concepções docentes e, sobretudo, os mitos cuja persistência nas classes de alfabetização justifica a assimilação parcial ou deformada das diretrizes teoricamente formuladas.

O estudo foi realizado pelo acompanhamento sistemático de quatro classes de 1.ª série do ensino fundamental, durante o primeiro semestre letivo de 2003, em duas escolas municipais e duas escolas da rede particular. Situadas na mesma região de São Paulo, as instituições atendem, respectivamente, crianças de classe baixa e média. As observações dos quatro grupos estudados foram também complementadas por entrevistas abertas, individualmente realizadas, com as professoras titulares das classes, sempre buscando compreender suas razões para propor determinada dinâmica em sala de aula. As professoras das classes em questão eram formadas em Pedagogia e tinham mais de dois anos de experiência em classes de alfabetização.

A análise dos dados sugere dois critérios que, do ponto de vista das professoras estudadas, são decisivos para a proposta de dinâmicas em sala de aula: a necessidade de lidar com classes numerosas (entre 30 e 35 alunos) e heterogêneas (diferentes níveis de conceitualização e desempenho na e da língua escrita: pré-silábico, silábico, silábico-alfabético e alfabético) e de, nessa condição, ensinar os conteúdos previstos. Em outras palavras, aos olhos das professoras, duas questões parecem vitais:

- É possível respeitar o tempo de aprendizagem e garantir o processo pessoal de construção do conhecimento da escrita em classes numerosas e heterogêneas?

- Como conciliar o conteúdo programático com o processo de aquisição da escrita?

ANÁLISE DOS DADOS: DINÂMICAS DO ENSINO NAS CLASSES HETEROGÊNEAS

Sem dúvida, a pretensão de diagnósticos definitivos sobre as diferentes dinâmicas de ensino, tecidos unicamente com base na configuração da sala de aula, é inadequada e reducionista, já que, no contexto do ensino, muitos outros fatores fazem parte do processo de aprendizagem, como, por exemplo, a relação professor-aluno, o tipo de atividade em questão, o conteúdo a ser trabalhado, o momento no período do ano letivo ou no desenvolvimento da temática em questão e os vínculos afetivos do grupo (caracterizados por relações mais ou menos amistosas, competitivas, cooperativas etc.). De fato, seria até injusto avaliar a qualidade da aula, tomando-se como base apenas o "desenho da disposição de alunos" no desenvolvimento de determinada tarefa.

Mesmo assim, justifica-se a sondagem das concepções teóricas e dos mitos subjacentes às configurações da sala de aula, sobretudo nos casos de prevalência ou de sistemática invariabilidade das dinâmicas em classe. A rígida fixação dos modos de ensinar pode ser uma evidência das dificuldades de muitos professores em ajustar princípios teóricos (às vezes mal-assimilados) às alternativas didático-metodológicas.

Na tentativa de lidar com classes heterogêneas, as propostas práticas de trabalho no ensino da escrita concretizaram-se basicamente em seis configurações bastante típicas na sala de aula: a homogeneização do grupo, o ensino voltado para o "aluno médio", o ensino individualizado, o trabalho em grupos homogêneos, o trabalho em pequenos grupos heterogêneos e a assembleia.

A HOMOGENEIZAÇÃO DO GRUPO

Nessa configuração (Figura 6.1), a classe foi formada com base em um diagnóstico prévio do nível de conceitualização dos alunos sobre a escrita a fim de constituir grupos uniformes. Segundo essa conformação, o professor propõe uma única atividade a todas as crianças.

FIGURA 6.1

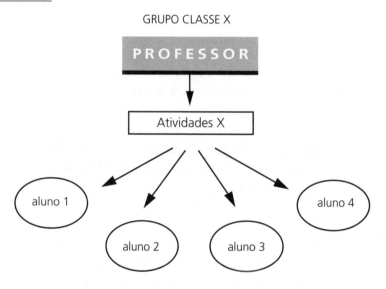

Entre as quatro classes acompanhadas, a "homogeneização do grupo" constituiu uma conformação predominante em uma única classe de escola pública. Nessa configuração, a típica dinâmica de trabalho ilustrada pela Figura 6.1 parece legitimada porque o professor:

1) Considera as diferenças no processo de aprendizagem e pretende "compensá-las" pelo agrupamento prévio dos níveis de conceitualização da língua (organização dos alunos em "classes homogêneas").
2) Mantém o "ideal" do grupo homogêneo que, ao longo do ano escolar, deve permanecer o mais estável possível para garantir a qualidade da intervenção pedagógica (ensino igual para todos).
3) Desconsidera as diferenças no desenvolvimento da aprendizagem, pretendendo um ritmo relativamente uniforme no desempenho dos alunos.

4) Resiste na metodologia centralizada em si, o "único em sala efetivamente detentor do conhecimento a ser transmitido".
5) Pretende garantir a prática pedagógica única voltada para todos os alunos, conforme o perfil da classe.
6) Sente segurança no controle do processo de aprendizagem: o "ensino passo a passo".

Na revisão de tais posturas, é possível levantar os seguintes aspectos que, na sua interdependência e complementaridade, constituem uma forte argumentação para a desconstrução do modelo em pauta:

a) Usar um único critério para conseguir a homogeneidade do grupo é uma simplificação da complexidade do desenvolvimento cognitivo e, mais especificamente, uma compreensão reducionista da aquisição da escrita. Como são muitas as frentes cognitivas na construção da escrita,[5] não há como prever o desenvolvimento paralelo e uniforme das concepções construídas pela criança.
b) A pretensão de homogeneidade de grupos é sempre uma ficção, dada a singularidade dos alunos e de seus processos de aprendizagem (sobretudo pelas relações deles com os fatores sociais, afetivos, culturais, históricos e cognitivos).
c) Como o processo de aprendizagem depende da elaboração pessoal, não há meios de controlar um ritmo homogêneo de progressão cognitiva nem a equidade no aproveitamento da experiência escolar.
d) Além das intervenções do professor, os alunos podem se beneficiar das interações entre colegas: troca de informações e práticas cooperativas com potencial para desestabilizar hipóteses assumidas pelas crianças.
e) A possibilidade de práticas diversificadas e flexíveis capazes de atender a diferentes necessidades tem se mostrado bastante útil em diversas experiências pedagógicas.
f) Dadas a natureza interna do processo de aprendizagem e a relação não necessária entre o aprender e o ensinar, o professor jamais poderá controlar a aprendizagem tendo como base o que foi formalmente ensinado.

O ENSINO VOLTADO PARA O "ALUNO MÉDIO"

Nessa configuração (Figura 6.2), o professor, sem a possibilidade de constituir previamente um grupo homogêneo, propõe uma única atividade à classe, planejada segundo um "nível médio de dificuldade".

FIGURA 6.2

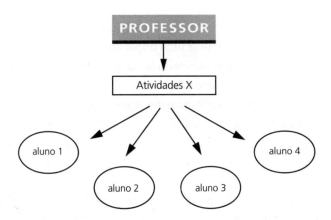

A típica dinâmica voltada para o "aluno médio" de classes heterogêneas foi a configuração predominante nas três outras classes observadas (uma de escola pública e duas de escolas particulares). Nela, o professor:

1) Ou simplesmente desconsidera as diferenças no processo de aprendizagem ou, considerando-as, pretende compensar a heterogeneidade do grupo pela centralização das tarefas em uma única fonte de informação e pelo grau médio de dificuldade exigido nas tarefas propostas: fácil para uns, possível ou inacessível para outros.
2) Lamentando a "condição de trabalho" nas classes heterogêneas, exige "paciência" dos alunos mais avançados, dedicação dos "alunos médios" e tenta lidar com os alunos mais atrasados "na medida do possível". Em outras palavras, a ação docente sobre as atividades propostas funciona como recurso supostamente equalizador das diferenças.

Incorporando as críticas relativas à valorização da classe homogênea, ao não aproveitamento da intervenção de colegas e à impossibilidade de vislumbrar formas diversificadas de trabalho (respectivamente, argumentos (b), (d) e (e) do item "A homogeneização do grupo"), a revisão das posturas na categoria do ensino voltado para o "aluno médio" merece ainda ser considerada com base nos seguintes argumentos:

a) A inflexibilidade das práticas, no ensino voltado para o "aluno médio", tende a instaurar uma dupla ameaça ao processo de aprendizagem do grupo: subestimar ou superestimar o potencial de aprendizagem de parte dos alunos. Não raro, a consequência disso é o fracasso escolar, traduzido pelos problemas de aprendizagem e de comportamento: o desinteresse, a apatia, o descomprometimento com a vida escolar, a baixa estima no autoconceito acadêmico, a indisciplina e a hiperatividade em classe são indícios frequentes desse quadro.

b) Se lidar com os alunos atrasados "na medida do possível" pode ser interpretado como uma intervenção produtiva que incide na zona de desenvolvimento proximal do sujeito aprendiz, pode também se configurar como uma prática de abandono e exclusão do aluno. No atribulado dia a dia das classes numerosas, trabalhando em atividades centralizadas e inflexíveis, muitos alunos não têm como lidar com as tarefas propostas e acabam sendo empurrados para a vala comum daqueles que, cada vez mais estigmatizados, são expulsos da escola ou nela permanecem, mesmo sem a garantia de aprender.

O ENSINO INDIVIDUALIZADO

A individualização do ensino (Figura 6.3) foi uma prática bastante rara observada apenas em alguns momentos de uma das escolas particulares. Na tentativa de lidar com a heterogeneidade de conhecimentos, a professora propunha exercícios específicos a cada um de seus alunos.

Nas práticas de ensino individualizado, o professor:

1) Desiste do "ideal do grupo homogêneo" mas resiste na metodologia centrada no professor: o "único informante".
2) Sente dificuldade de atender todos os alunos: a perda de tempo dos alunos que aguardam o professor para dar andamento aos trabalhos e a turbulência em sala de aula são vistas como consequências negativas do ensino um a um.

FIGURA 6.3

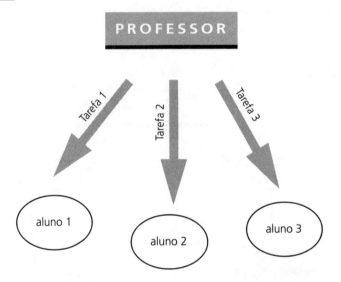

A revisão dessa típica dinâmica do ensino individualizado pode ser proposta com base nos seguintes argumentos:

a) A individualização radical do ensino que isola o sujeito em práticas artificiais, limitando sua possibilidade de interação e dialogia, pode ser substituída por atividades mais flexíveis capazes de incorporar os alunos no conjunto das produções da classe, mediante a divisão de trabalho de acordo com o que cada aluno pode fazer.
b) Ampliando a interação, a integração e a cooperação entre os alunos, o compromisso e o envolvimento com a atividade, o foco do ensino

pode ser descentralizado e, com isso, não só a intervenção docente passa a ser uma das possibilidades de atendimento como o produto do trabalho passa a ser mais significativo.

O TRABALHO EM GRUPOS HOMOGÊNEOS

A organização apresentada na Figura 6.4 ilustra um modo de propor a dinâmica dos trabalhos escolares que é frequente mas não predominante nas quatro salas de aulas observadas. Nela, professores agrupam seus alunos com base nos níveis de conceitualização da língua para propor determinada tarefa.

FIGURA 6.4

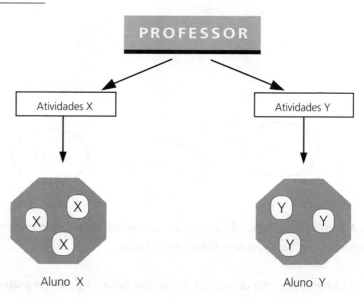

Ao conciliar a rigidez das atividades propostas (como nas configurações 1 e 2) com o esforço para atender às especificidades dos estágios conceituais dos alunos (aproximando-se da preocupação que norteia a configuração 3), a dinâmica em questão funciona como uma síntese das três anteriores. Nela, o professor:

1) Sustenta o ideal do grupo homogêneo, pretendendo diluir a heterogeneidade pelo agrupamento de alunos que se encontram em um mesmo estágio de conhecimento: a conceitualização da escrita.
2) Admite a possibilidade de interação entre os alunos na realização de uma mesma tarefa.

Reconhecendo o grande avanço dessa modalidade, representado pela possibilidade de intercâmbio e cooperação entre os alunos, é possível defender o ajustamento dessa organização que pode, de fato, favorecer o processo de aprendizagem. Porém, é preciso cuidar para que essa não seja uma conformação inflexível, isto é, como um formato a ser mantido ao longo de todo o ano. A revisão de tal postura impõe a necessidade de recuperar a crítica ao reducionismo do critério estabelecido (os níveis de conceitualização da escrita) para a homogeneidade (argumento (a) do item "Homogeneização do grupo").

Além disso, importa lembrar que:

a) Um dos grandes ganhos pedagógicos da concepção interacionista de ensino está na prática de um fazer diferenciado, na divisão de tarefas em uma produção articulada e na consideração das inúmeras possibilidades de realização da tarefa. Em outras palavras, a oportunidade de trabalhar em um pequeno grupo, lidando com a heterogeneidade de seus membros, pode ser uma poderosa alavanca cognitiva para a desestabilização de hipóteses ou de procedimentos arraigados.
b) A parceria de alunos com diferentes níveis de conhecimento, relegada na opção de trabalho com grupos homogêneos, pode ser muito produtiva para todos os integrantes do grupo. Em outras palavras, a ideia de que "só se aprende entre iguais" é bastante discutível.

O TRABALHO EM PEQUENOS GRUPOS HETEROGÊNEOS

Nessa configuração (Figura 6.5), encontrada eventualmente nas duas escolas particulares, o professor propõe tarefas a ser executadas pelos grupos heterogêneos (duplas ou trios), admitindo a cooperação entre alunos e, em maior ou menor grau, a divisão de trabalho. Como uma variação do modelo anterior, é preciso reconhecer o seu mérito pedagógico, neste caso dado pela possibilidade de ampliar interações, mecanismos de desestabilização do outro, trocas de experiências, confrontos de diferentes pontos de vista etc.

Subsidiando a dinâmica em questão, o professor:

FIGURA 6.5

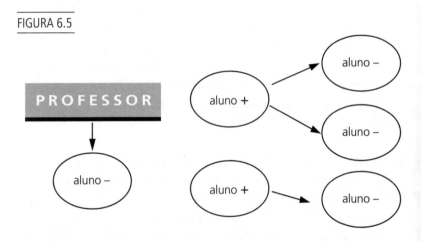

1) Considera as diferenças no processo de aprendizagem e admite a interação entre os alunos em estágios diferenciados como possibilidade favorável ao avanço cognitivo.
2) Lamenta que, na dinâmica de trabalho, sustentada pelas práticas cooperativas em parcerias desiguais, só os alunos "mais fracos" sejam efetivamente beneficiados. Isso porque, ao se concentrar nos desafios cognitivos já assimilados (as dificuldades dos colegas "atrasados" ou as lições fáceis), os alunos "mais avançados" ficariam impedidos de progredir em seus estágios particulares.
3) Teme a falta de paciência ou de preparo dos alunos "mais adiantados" para ensinar os "mais fracos".

4) Ao criar a oportunidade de "alunos ensinando alunos", teme perder o controle do processo de cada uma das crianças, embora reconheça que a descentralização do ensino favoreça também oportunidades de intervenções mais diretas entre ele e um ou mais alunos que necessitem de atenção mais individualizada.
5) Ainda como uma consequência da prática de interação entre alunos, teme que eles aprendam "conceitos ou procedimentos incorretos" porque, afinal, "nenhum colega pode ser considerado referencial seguro do saber".
6) Rejeita a frequência das dinâmicas em pequenos grupos porque elas favorecem o barulho e a agitação, em uma lógica na qual o silêncio e *a quietude são sinônimos de concentração e aprendizagem.*

Na revisão de tal postura, o avanço representado pela descentralização e flexibilização das tarefas e pelo favorecimento dos modos de interação é obscurecido pelos mitos que, sob a forma de rótulos, estão presentes no discurso do professor ("alunos fortes e fracos", "silêncio como requisito da aprendizagem"). Recuperando parte dos argumentos já levantados, é possível defender as seguintes ideias:

a) A heterogeneidade na constituição das parcerias de trabalho pode ser produtiva (desestabilizadora) tanto para os alunos mais avançados quanto para aqueles com conceitualizações mais elementares sobre a escrita.
b) Nos casos de tarefas mais flexíveis e criativas, os critérios de "facilidade" ou "dificuldade" das lições passam a ser relativizados porque cada um produz de acordo com suas possibilidades.
c) Embora a organização prévia e permanente dos grupos de trabalho possa ser produtiva, a variação de parceiros do grupo e a associação deles baseada em diferentes critérios (comportamentais, por amizade ou por afinidade de interesses) podem ter bons resultados também.

d) A costumeira rotulação dos alunos (os "fortes" e os "fracos") é bastante problemática. Em primeiro lugar, porque o próprio diagnóstico pode estar sendo feito com base nos critérios reducionistas de conceitualização da língua escrita. Em segundo, porque, na maior parte das vezes, a rotulação fortalece o estigma e aprofunda o grau do baixo conceito acadêmico. Dessa forma, o diagnóstico, em vez de apoiar a superação da (suposta) defasagem, acaba condicionando o prognóstico do fracasso.
e) O controle que o professor pode ter sobre o ritmo de evolução dos alunos é sempre relativo e depende mais da contínua observação, interação e acompanhamento do que da execução acertada das propostas dirigidas de ensino.
f) Ao contrário da concepção de muitos docentes, os "erros" casualmente aprendidos na relação entre alunos (assimilações feitas com base em dados incorretos, mal-interpretadas ou deformadas) não se fixam, tendo em vista o impacto de outras informações que, pela constante interlocução com os outros e contato com os objetos do mundo, tendem a desestabilizar as concepções malformadas.
g) Longe de fazer a apologia do barulho e da indisciplina, parece mais lógico relacionar a concentração e a aprendizagem aos processos de elaboração mental do que vincular a ocorrência delas ao silêncio. Classes barulhentas podem também existir nos contextos de envolvimento, motivação para a aprendizagem, debate de ideias e efetiva interlocução.

A ASSEMBLEIA

Em raríssimos momentos das escolas estudadas observaram-se dinâmicas típicas de assembleias (Figura 6.6), uma configuração que coloca todos os participantes, incluindo o professor, em condição de igualdade para se manifestar sobre determinado tema ou atividade. A previsão de uma interlocução efetivamente dialógica requer a mediação do professor para garantir o direito e a ordem de manifestação.

FIGURA 6.6

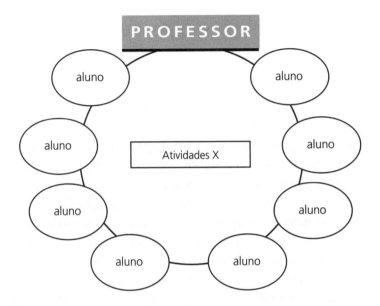

Na ocorrência de atividades sob a forma de assembleias, o professor:

1) Considera a necessidade de dar a palavra a todos os alunos, valorizando a interlocução e a dialogia.
2) Pretende estimular o posicionamento dos alunos e sua possibilidade de participação.
3) Admite a divergência de opiniões e de alternativas para resolução ou elaboração da atividade.
4) Considera a possibilidade de dupla interlocução: com o colega ao lado, uma alternativa mais individualizada e, com o grande grupo, a chance de inserção mais socializada.
5) Lamenta a dificuldade de controle: do nível de ruído, das conversas paralelas, do respeito às regras, da disciplina, do tempo de duração da atividade e do respeito aos colegas. O conjunto dessas dificuldades parece ser o suficiente para desqualificar a assembleia como dinâmica adequada ao ensino, razão pela qual essa configuração

tende a ocorrer mais nas situações relacionadas às decisões coletivas, informes e eventos sociais.

Mesmo admitindo certo grau de dificuldade formal nas dinâmicas em assembleia, a defesa de atividades dessa natureza faz emergir as seguintes considerações:

a) Sobretudo nas atividades configuradas como resolução de problemas, a consideração dos inúmeros pontos de vista pode ser de extrema valia para a construção de uma compreensão profunda sobre um tema ou uma realidade complexa, ou ainda acerca de um tema polêmico. No trabalho específico com a língua escrita, essas possibilidades parecem ser a verdadeira matéria-prima para instaurar a razão para ler e escrever.
b) As assembleias, em casos de escritas coletivas, revisões textuais e práticas de leitura, podem favorecer a descoberta da língua e a reflexão sobre ela, propiciando a construção de procedimentos cognitivos.
c) Independentemente do conteúdo que se quer ensinar, ou da atividade para a qual se quer motivar, a prática de assembleias pode significar um investimento na postura do sujeito ante valores como a democracia, a tolerância e a convivência social.
d) Ainda que se possa admitir a inadequação dessa dinâmica em certos momentos de trabalho, parece certo que a assembleia se configure como dinâmica de especial interesse, tanto na introdução de propostas ou temas de trabalho quanto na finalização das atividades, como alternativas para definir princípios ou planos de trabalho e para compartilhar resultados.

ANÁLISE DOS DADOS: A DINÂMICA DO ENSINO COM BASE NA CONQUISTA DA LÍNGUA ESCRITA

Assim como a heterogeneidade da classe, o domínio da escrita parece ser decisivo na determinação das configurações da dinâmica em sala de aula. No final do segundo semestre letivo da 1.ª série, com a maior parte dos alu-

FIGURA 6.7

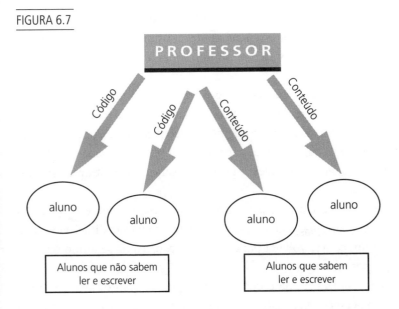

nos já alfabetizados, os professores tendem a considerar cada vez mais o domínio do código como um pré-requisito para a "aprendizagem de conteúdos propriamente ditos". Na perspectiva dos quatro docentes, as crianças que, por algum motivo, não alcançaram a "mínima condição de ler e escrever" passam a representar um "peso para o grupo", e "lidar com o contingente de alunos já defasados" requer a criação de uma nova conformação do trabalho pedagógico: a segregação entre as atividades de ensino da língua e as atividades de aprendizagem de conteúdos predeterminados.

Na sustentação de dinâmicas com tal configuração, as professoras estudadas acreditam que:

1) O aprender a ler precede o ler para aprender, habilidade indispensável na vida escolar.
2) O aprender a escrever precede o escrever para fins escolares (como são os casos das lições e provas).
3) Como pré-requisito para a vida escolar, a alfabetização configura-se como ensinamento básico, inicial e transitório, devendo rapidamente se completar.

4) A escrita, como código, pode ser tratada de modo artificial, tendo em vista o seu valor essencialmente instrumental para a aprendizagem dos conteúdos escolares propriamente ditos.

Na revisão das posturas que segregam a aprendizagem do código e a assimilação de conteúdos específicos, a contribuição do referencial teórico defende a escrita como objeto legítimo de conhecimento, razão pela qual sua aprendizagem merece ser integrada ao contexto dos saberes escolares e sociais. Na defesa dessa ideia, é possível resgatar os seguintes argumentos:

a) Só se aprende a ler e a escrever lendo e escrevendo em situações contextualizadas, isto é, resgatando a língua na sua dimensão viva e comunicativa, voltada para o outro e construída segundo efetivos propósitos sociais.
b) A aprendizagem da escrita é um longo e complexo processo que, pela perspectiva construtiva, exige um tempo individual no processo de assimilação e, pela perspectiva social, nunca se esgota. Nas contínuas e inevitáveis experiências de letramento, sempre é tempo e lugar para aprender a escrever, ajustando as competências linguísticas pessoais às demandas do contexto e práticas sociais de uso.
c) A alfabetização é uma construção cognitiva socialmente legítima porque implica o acesso à cultura letrada. Ela só tem sentido na efetiva dimensão dialógica da língua: o estreito vínculo entre "o que dizer", "por que dizer", "a quem dizer" e "como dizer", razão pela qual não pode ser apartada de conteúdos significativos de trabalho.

CONCLUSÃO

A dinâmica das atividades em sala de aula, tal como é proposta pelo professor alfabetizador, longe de se configurar como um simples "desenho estrutural" da prática de ensino, reflete as concepções docentes acerca da língua escrita e do processo de aprendizagem. Reflete suas certezas, metas e convicções fundamentadas, mas também suas dúvidas, angústias, temores e contradições conceituais ou paradigmáticas.

Discutir as suas razões e justificativas põe em evidência dois desafios inerentes ao caminho que vai dos subsídios teóricos à construção da prática em sala de aula (transposição pedagógica). Em um primeiro momento, importa viabilizar ao professor a efetiva assimilação de teorias capazes de funcionar como referencial de concepções ou diretrizes para o trabalho pedagógico. Em segundo lugar, cumpre estimular um tratamento crítico desse plano de ideias para a concretização de uma proposta didática e metodológica. É de prever que um projeto de formação continuada capaz de enfrentar esse duplo desafio[6] pudesse lançar os professores a uma postura mais investigativa em sala de aula, aproximando teoria e prática de modo efetivo. O esquema a seguir sugere essa relação essencialmente dialética entre compreender, aplicar, problematizar e refletir:

FIGURA 6.8

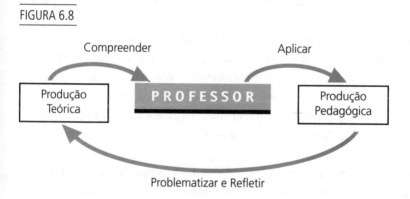

Na análise dos dados encontrados – as dinâmicas propostas, seus referenciais de apoio e implicações pedagógicas – as evidências dão indícios da permeabilidade irregular e ainda instável das contribuições teóricas nas concepções docentes:

a) A prevalência da concepção instrumental da língua escrita (segregação entre aprender e usar a escrita) em práticas alfabetizadoras quase sempre apartadas dos efetivos contextos sociais de uso da língua.

b) A restrição às práticas interativas na escola e ao uso dialógico da escrita.
c) A conceitualização dos níveis de escrita como critério único de medir o desenvolvimento na construção da língua escrita.
d) A divisão radical entre "alunos fortes" e "alunos fracos" com base em critérios reducionistas.

Da mesma forma, pode-se afirmar que a presença na escola de certos mitos e de focos de resistência das práticas tradicionais de ensino sugere a dificuldade da transposição didática e da construção de alternativas pedagógicas. Entre eles, é possível citar:

a) O predomínio da centralização docente.
b) A pouca variabilidade das dinâmicas em sala de aula.
c) A homogeneidade das classes como um padrão desejável para a qualidade do ensino.
d) A aprendizagem da escrita entendida como pré-requisito para a aprendizagem de conteúdos escolares e, portanto, circunscrita a um momento específico e transitório do projeto de ensino.
e) A ideia de que alunos com concepções mais elementares não contribuem para o avanço de outros mais adiantados, configurando-se como um "peso" para toda a sala.

Ao admitir a inexistência de fórmulas preestabelecidas ou de métodos independentes do sujeito aprendiz, impõe-se a necessidade de investir em iniciativas de formação continuada que possam sustentar a construção de uma prática pedagógica atualizada, crítica, coerente e cada vez mais ajustada às demandas dos alunos: o professor como um artífice responsável em sala de aula!

PARTE 3

ANALISANDO... TENDÊNCIAS NA PRODUÇÃO DA ESCRITA

> Talvez intuindo uma nova abertura, quase tão importante quanto aprender a falar, crianças desejam se apossar da leitura e da escrita, caso não se desencantem...
> ZACCUR, 1999, p. 25

> Falar de alfabetização, de leitura e de ensino de língua materna significa, para mim, necessariamente, ter uma perspectiva de luta contra a barbárie.
> KRAMER, 1999, p. 144

7
HISTÓRIAS DO NÃO ESCREVER

A CONFORMAÇÃO DO NÃO ESCREVER NA ESCOLA

Sempre inquietantes e inadmissíveis, os índices nacionais de analfabetismo[1] e de baixo letramento[2] parecem insuficientes para explicar as vicissitudes da não (ou pouca) aprendizagem no âmbito escolar. De fato, a despeito dos esforços pedagógicos e das inúmeras iniciativas em prol da democratização e qualidade do ensino, o acesso desejável ao mundo letrado é ainda um desafio a ser enfrentado no país. Nesse contexto, o "fenômeno" do analfabetismo funcional é em particular intrigante porque nos obriga a admitir a realidade aparentemente contraditória de indivíduos que, mesmo tendo passado pelo processo formal de escolaridade, são incapazes de ler e escrever. Apesar da dificuldade conceitual em definir a funcionalidade da escrita em uma sociedade marcada pela explosão tecnológica e informativa,[3] o descompasso entre as exigências do nosso mundo letrado e a resistência da escola ultrapassada parece indiscutível (Ferreiro, 2001, 2002).

Se a escola, como a principal agência de letramento, não garante a efetiva possibilidade de ler e escrever, importa questionar: quais as dimensões envolvidas na produção da escrita? Como são elas compreendidas e tratadas pelo professor? De que modo o ensino da escrita pode comportar mecanismos do não escrever? Por que as práticas de alfabetização podem trair a formação do sujeito autor?

Sem a pretensão de esgotar o tema, o presente capítulo pretende contribuir para a reflexão sobre a complexidade dos processos de produção textual e o ajustamento do ensino. Parto da hipótese de que, na escrita, a desconsideração das dimensões linguística, cognitiva, pedagógica, sociocultural e afetiva traz o risco de instalar na escola o isolamento, a discriminação, a falta de interlocução e de compreensão com e do aluno. Uma escola que, sob a égide do ensino das letras, cala e inibe os modos de expressão.

CENAS DO NÃO ESCREVER
NO COTIDIANO ESCOLAR: PRIMEIRO ATO[4]

CENA 1
Na aula de informática, em um curso de jovens e adultos, os alunos, sempre entusiasmados com a possibilidade de ter acesso ao computador, são convidados a escrever um e-mail para um parente distante com o objetivo de estabelecer contato e mandar notícias. Superando os limites de uma escrita tipicamente escolar (o domínio do código alfabético e suas regras, a compreensão do texto e os exercícios de gramática, as escritas descontextualizadas e as provas de verificação de conhecimentos) ou de um saber estritamente técnico (o funcionamento do computador e as possibilidades da internet), a professora Marlene visa ampliar as relações entre a escrita e a tecnologia, propondo práticas sociais de uso da língua, no caso promovendo o letramento digital. José, um de seus alunos, visivelmente revoltado com a tarefa, abandona a sala de aula, assumindo a intenção de não mais voltar. Como explicar esse comportamento de recusa à escrita no contexto do indiscutível desejo de manipular o computador?

CENA 2
Kátia, uma garota de 7 anos, aluna de uma escola municipal em São Paulo, mostrou desde os primeiros dias de aula uma notável competência para ler e escrever. Na avaliação diagnóstica realizada pela professora de 2.º ano, a menina não só era capaz de escrever alfabeticamente como também revelou o conhecimento de ortografia e normas gramaticais, investindo inclusive em princípios de organização textual. No entanto, quando solicitada a produzir um texto livre, supostamente a chance de emitir sua palavra,

a menina se limita a escrever uma única frase. Por que Kátia não aproveita melhor a sua competência e o seu conhecimento sobre a língua escrita?

CENA 3
Proveniente de uma pequena cidade no interior de Pernambuco, Kleverson, filho de pais analfabetos, nunca havia cursado escola até chegar a São Paulo. Com 8 anos, cursando o 2.º ano como bolsista de uma escola particular, demonstrou mal conhecer as letras, escrevendo ainda de modo pré-silábico. Por esse motivo, foi colocado em uma classe de crianças não alfabetizadas. Três anos depois, a despeito de seus indiscutíveis progressos, a professora queixa-se do "ritmo excessivamente lento" da aprendizagem do garoto que, agora, escreve silábico-alfabeticamente em produções pouco legíveis, enquanto os seus colegas de turma já fazem "tarefas mais limpas, com letra bonita e textos relativamente bem escritos". Por que Kleverson está demorando tanto a aprender?

CENA 4
Todos os dias, a professora Maria do Carmo propõe aos seus alunos do 4.º ano de uma escola pública no interior de São Paulo 45 minutos de cópia de um texto do livro de Estudos Sociais ou de Ciências em um caderno de caligrafia. Ela acredita que, dessa maneira, estará contribuindo duplamente para o desenvolvimento de seus alunos. Por um lado, é a oportunidade de uma "leitura atenta" do conteúdo previsto, o que deveria favorecer a sua fixação; de outro, é mais uma chance de os alunos se concentrarem em um modelo de "boa escrita" a fim de "fixar as regras ortográficas e ainda treinar a letra bonita". O que deveria ser uma atividade sem dificuldades para alunos já alfabetizados, facilitadora do desenvolvimento da escrita, da concentração e do silêncio em sala de aula (cada aluno cumprindo individualmente a sua tarefa), passou a ser um momento de indisciplina e de baixa produtividade. Como explicar essa discrepância entre os fins pretendidos e os resultados percebidos?

CENA 5
Entusiasmada com o progresso de seus alunos na habilidade de escrever textos, Liliana, professora do 3.º ano de uma escola particular em São Paulo, incentivou as crianças a escrever um diário durante as férias de julho. Como modelo para essa atividade, leu um excerto do diário de bordo de Amir Klink em sua conhecida travessia do oceano Atlântico. Na passagem, o aventureiro depara com uma baleia azul que, em uma noite de luar, fica rodeando o seu pequeno barco, um encontro mágico e verdadeiramente inédito. Embora a leitura do texto tenha causado um considerável impacto sobre as crianças, verificou-se depois que elas não assumiram o desafio proposto pela professora. Seriam as experiências vividas incompatíveis com o desejo de registrá-las?

CENA 6
Na reunião de pais do 4.º ano de uma escola particular em São Paulo, a mãe de Suzana é informada de que a menina, mesmo considerada boa aluna, não vem fazendo as lições de casa. O que parece surpreendente nesse caso é o fato de a mãe ser testemunha da dedicação diária da filha às tarefas escolares. Ora, ante a contradição entre a afirmação da professora e o depoimento da mãe, surge a hipótese de que, se Suzana faz as lições, ela não as entrega. O que motivaria esse comportamento aparentemente tão sem sentido?

CENA 7
A professora do 6.º ano pede aos seus alunos que escrevam um texto informativo sobre "animais". Como o tema é bastante conhecido entre eles, a proposta permite tanto discorrer genericamente sobre os bichos como enfocar determinado animal, desde que traga ao leitor algum tipo de informação objetiva. Considerada uma tarefa bastante fácil pela maioria dos alunos, parece intrigante a hesitação de uma das melhores alunas da classe, Nathalia, que, mesmo disposta a cumprir a tarefa, manifesta uma evidente dificuldade para iniciar o trabalho. Tendo em vista a amplitude da temática e a flexibilidade dos possíveis modos de execução, como se explica o comportamento da menina?

CENA 8

Uma pesquisadora entra em uma sala de 6.º ano de uma escola pública de São Paulo e pede aos alunos que escrevam sobre si: um texto relatando quem são, do que gostam e como se identificam. Embora a tarefa tivesse um caráter voluntário, todos os alunos acolhem a proposta, exceto um. Sentado isolado dos demais colegas, Jorge anuncia educadamente a sua decisão de não fazer o trabalho, permanecendo apático em seu lugar. Por que estaria ele contrariando o que parece ser a lógica de seu grupo-classe? Que razões teria o garoto para se recusar a escrever sobre si?

AS DIMENSÕES DO ESCREVER

Em uma concepção ingênua, que tão frequentemente alimenta as expectativas docentes, a produção escrita de nossos alunos nada mais é que o reflexo do conhecimento sobre o sistema linguístico. Incorporando o princípio positivista do "saber é poder", a redação seria única e exclusivamente um produto – e ao mesmo tempo uma amostra – da assimilação das regras e normas da língua. Nessa perspectiva, parecem plenamente justificados o ensino gramaticalizante e a extrema preocupação dos professores com a ortografia: aquele que "domina o código da escrita sabe escrever" e, portanto, "pode tudo dizer pela via da escrita".

É bem verdade que o grau de conhecimento que o sujeito tem sobre a escrita é a mais evidente de todas as dimensões do escrever. Entretanto, a óbvia constatação de que, "quanto mais se conhece, maiores as chances de produzir um bom texto" mascara especificidades dessa aprendizagem que, à luz dos estudos psicogenéticos (em especial, da publicação de Ferreiro e Teberosky no início dos anos 1980), revolucionaram a pedagogia da alfabetização. Conceber a aquisição da escrita como processo de construção cognitiva, levada a cabo pelo aluno com base em uma ativa e progressiva (re)elaboração conceitual, traz duas implicações imediatas. Em primeiro lugar, cai por terra a separação radical entre aprender a escrever e tornar-se produtor da escrita (o primeiro como pré-requisito do segundo). Desde que sejam respeitadas as possibilidades do aluno em cada estágio da construção cognitiva, toda tentativa de escrever merece ser considerada efetiva produção, dado o seu legítimo potencial evolutivo.

Em segundo lugar, a compreensão da natureza do processo de alfabetização, tradicionalmente tido como domínio técnico e instrumental de um código (a associação de letras e sons), permite configurar a aprendizagem como apropriação da cultura escrita, isto é, a compreensão ampla sobre a língua (modos de apresentação, funções, usos, gêneros, estilos e portadores de texto em situações socialmente contextualizadas) e a possibilidade de se inserir em práticas letradas. Em síntese, na consideração da dimensão cognitiva do escrever (a relação entre conhecer a escrita e redigir um texto com determinado propósito em dado contexto), importa redimensionar a natureza ou amplitude do conhecimento pretendido e as possibilidades da escrita como iniciativas sempre legítimas, tendo em vista o esforço cognitivo de quem tenta compreender o sistema e ajustá-lo aos seus objetivos. Assim, em oposição às tradicionais práticas de alfabetização, a postura construtivista reconfigura o desafio pedagógico no ensino da língua e antecipa seu resultado:

> Há crianças que ingressam na língua escrita por meio da magia (uma magia cognitivamente desafiante) e crianças que entram na língua escrita pelo treino de "habilidades básicas". Em geral, as primeiras se tornam leitoras; as outras têm um destino incerto. (Ferreiro, 2002, p. 27)

Para além da dimensão cognitiva, quais outras dimensões do escrever emergem na produção textual?

Parece razoável admitir a existência de um conjunto de outros elementos que, direta ou indiretamente, incidem na elaboração da escrita, afetando não só o autor como também o produto de seu trabalho. O modo como as pessoas lidam com a escrita, longe de ser fixo e dicotômico (saber ou não redigir), é móvel e evolutivo, modificando-se conforme as experiências vividas (aspectos internos) ou as condições de produção (aspectos externos). Entre os estudiosos da linguagem, há um consenso de que a redação é influenciada pela identidade dos sujeitos envolvidos (emissor e receptor), pela motivação relacionada ao trabalho e sua situação no tempo e espaço. Desse modo, os elementos do contexto na produção da escrita estão profundamente intrincados, emergindo sob formas de representações presentes ou passadas. Extrapolando a dimensão meramente cognitiva, eles se configuram também em dimensões sociocultural, afetiva, pedagógica e linguística.

Enfocar teoricamente essas diferentes dimensões do escrever é explicitar a complexidade da produção textual, possibilitando a compreensão de aspectos nem sempre evidentes no dia a dia em sala de aula, bem como favorecer a revisão das práticas escolares em benefício de um ensino mais ajustado ao aluno.

Quando se estuda uma ampla amostragem de trabalhos escritos por crianças, há uma forte evidência de que o autor transporta para o seu texto elementos de sua realidade, de seu mundo, de seus interesses, fantasias e conhecimentos (Colello, 1997). Trata-se de uma constatação previsível, sobretudo se considerarmos a concepção vygotskyana de aprendizagem, explicada pelo vínculo com o universo sócio-histórico. Não aprendemos (ou escrevemos) em função de um potencial cognitivo neutro, mas com base em situações concretas e significativas, mediadas pela interação com os outros e filtradas segundo um referencial de valoração e desejo, razão pela qual

> [...] as dimensões do afeto e da cognição estariam, desde cedo, íntima e dialeticamente relacionadas. Nessa perspectiva a vida emocional está conectada a outros processos psicológicos e ao desenvolvimento da consciência de um modo geral. Sendo assim, seu papel na configuração da consciência só pode ser examinado por meio da conexão dialética que estabelece com as demais funções e não por suas qualidades intrínsecas. Nessa conexão, o repertório cultural, as inúmeras experiências e interações com outras pessoas representam fatores imprescindíveis para a compreensão dos processos envolvidos. [...] o sujeito postulado pela psico-

logia histórico-cultural é produto do desenvolvimento de processos físicos e mentais, cognitivos e afetivos, internos (constituídos na história do sujeito) e externos (referentes às situações sociais de desenvolvimento em que o sujeito está envolvido). (Kohl e Rego, 2003, p. 19)

Ao lado das dimensões cognitiva, sociocultural e afetiva, implícitas tanto pelo modo como o sujeito usa, produz, interpreta e valoriza a língua escrita como pela forma de se relacionar com ela, a qualidade do escrever e a motivação para se lançar a esse tipo de atividade são também tributárias da "história dessa aprendizagem". As múltiplas possibilidades metodológicas e as diferentes ênfases da prática de ensino, que constituem uma longa trajetória pedagógica, não raro deixam as suas marcas no "sujeito alfabetizado" (Colello, 1997, 2003 e 2004; Góes e Smolka, 1995; Miniac, Cros e Ruiz, 1993). Na prática, a relação entre o que foi aprendido e o desafio de escrever pode transparecer nas atitudes do escritor diante da atividade (modo como reage ante a proposta de trabalho: posturas, perguntas e comentários), ou no produto final, pela sua disposição de se colocar no texto (o aventurar-se, alçando o voo do imaginário para a produção de uma escrita comprometida e transformadora ou sob a forma de textos contidos e insípidos) e pela conformação final do trabalho (letra, organização, capricho, presença e qualidade das ilustrações etc.).

Por fim, a dimensão linguística da produção textual, tão frequentemente reduzida à esfera cognitiva (mais uma vez, a supervalorização do saber escrever), se traduz como dimensão muito mais complexa e ainda insuficientemente compreendida pelos educadores. Ao estudar os textos infantis, muitos pesquisadores têm demonstrado a pluralidade de aspectos envolvidos em uma dinâmica de escrever e reescrever com base em sucessivos conflitos e tomadas de decisão (Teberosky, 1995, Abaurre, Fiad e Mayrink-Sabinson, 2002; Colello, 1997, 2011a; Rocha e Val, 2003; Zaccur, 1999).

Redigir um texto constitui-se em um processo ativo e essencialmente turbulento que só pode ser compreendido no paradoxo da concepção linguística bakhtiniana, isto é, a língua como sistema ao mesmo tempo fechado e aberto: regrado, mas inconcluso; gramatical e lexicalmente sedimentado, mas indeterminado e, por esse motivo, basicamente criativo. De fato, ainda que a língua esteja ancorada em regras e normas fundamentais para a sua existência e imprescindíveis para o seu uso, ela só faz sentido pela possibilidade de tudo dizer na especificidade da interlocução e das condições de produção.

> A linguagem, enquanto atividade, implica que até mesmo as línguas (no sentido sociolinguístico do termo) não estão de antemão prontas, dadas como um sistema de que o sujeito se apropria para usá-las segundo suas necessidades. Sua indeterminação não resulta apenas de sua dependência dos diferentes contextos de produção ou recepção. Enquanto "instrumentos" próprios, construídos neste processo contínuo de interlocução com o outro, carregam consigo as precariedades do singular, do irrepetível, do insolúvel, mostrando sua vocação estrutural para a mudança. (Geraldi, 2003, p. 20)

Como produção linguística criativa e necessariamente única, o desafio de redigir comporta diferentes frentes de trabalho. Teberosky (1995) situa três etapas básicas na composição de um texto: a *inventio*, ou geração de ideias (obviamente procedentes de alguma experiência vivida ou conhecimento conquistado); a *compositio*, operação pela qual as ideias são colocadas em palavras; e, finalmente, a *scriptio*, ou seja, o escrever propriamente dito. Enquanto os dois primeiros dependem das experiências letradas vividas dentro e fora da escola, a *scriptio* está mais relacionada à aprendizagem formal do sistema.

Isso significa que a tarefa de escrever envolve conhecimentos específicos sobre a língua escrita, mas também competências para lidar com a informação ou com a construção articulada de dada temática e, ainda, para expressar as ideias no processo de composição, traduzindo-se para o outro. Pelas diversas vias, o escrever pressupõe (e também estimula) a dinâmica de se apropriar do mundo para torná-lo seu e, assim, constituir-se como autor. Nas palavras de Bakhtin (2003), a dimensão criativa da linguagem parte das "palavras alheias" que, pelo jogo dialógico, transformam-se em "palavras-próprias-alheias" para, finalmente, tornar-se "palavras próprias".

Na mesma linha de preocupação, Geraldi (1993) afirma que a produção do texto requer que se tenha o que dizer, para que dizer, a quem dizer; que se possa assumir a condição de efetivo locutor; e, finalmente, que se tenham estratégias para atender a todos esses requisitos. Em síntese, uma produção escrita que se torna possível pela presença do "sujeito-locutor-autor" no processo necessariamente dialógico de qualquer manifestação linguística.

Enfocando de maneira mais específica a dinâmica da produção, Rojo, amparada em Schneuwly (1988), situa os polos de negociação interna do autor que, longe de se configurar como etapas de trabalho, coexistem em relação articulada, dinâmica e recursiva: a construção de parâmetros interlocutivos (o lugar social de quem escreve, a finalidade da tarefa e as relações entre o autor e o destinatário) que interferem na orientação da linguagem, seja para a gestão textual (planejamento), seja para a conformação mais específica do texto (a referencialização do contexto e a textualização na costura das estruturas de linguagem).

Sob diferentes enfoques, os referidos autores apontam para uma tendência que, sem desmerecer o papel da cognição individual na produção da escrita, valoriza o foco social do escrever. É segundo ele que se estabelecem as possibilidades interlocutivas que dão sentido à escrita; é com base nele que se configuram os significados afetivamente construídos que motivam ou emperram a vontade de dizer, é de acordo com ele que se constrói uma linguagem autônoma, crítica e criativa.

CENAS DO NÃO ESCREVER NO COTIDIANO ESCOLAR: SEGUNDO ATO E BASTIDORES

Diante do referencial teórico, qual é o sentido do estudo de caso? Como alternativa metodológica, a análise da particularidade pode parecer incompleta e reducionista. No entanto, ela se constitui num significativo recurso para tematizar as relações entre a teoria e a prática: a compreensão teórica que faz emergir aspectos não evidentes do dia a dia e o realismo que dá corpo e sentido aos parâmetros teoricamente postulados. No possível encontro entre ambos, evidenciam-se a riqueza sempre provisória do modelo explicativo e a pluralidade do real, pontos de partida ou de chegada desta e de tantas outras investigações voltadas para a reflexão sobre os temas educacionais.

> A diversidade está presente em todas as etapas de nossas vidas e é uma de nossas maiores riquezas. Dispomos de uma ampla variedade de vozes, entonações e matizes que indicam os diferentes componentes dos mesmos acontecimentos. As experiências, por mais simples que pareçam, podem ser interpretadas de muitos pontos de vista. Cada interpretação ilustra um processo subjetivo de assimilação dos fatos, na qual determinadas combinações de elementos pertencentes a domínios distintos aparecem articulados de uma forma singular. Dia a dia, momento a momento, elaboramos a experiência configurando e articulando entre si os nossos atos, desejos, fantasias, sentimentos, pensamentos, valores, crenças etc. Todo comportamento é uma cristalização original, específica de componentes de diferentes dimensões, é justamente a sua composição que proporciona significado ao todo e a cada uma das partes. (Sastre e Moreno, 2003, p. 129-30)

Tomando como referência o quadro (teoricamente delineado) das diferentes dimensões do escrever, é possível conceber as produções textuais concretas de nossos alunos como elaborações complexas de negociação entre tantos elementos envolvidos. É possível também compreender os mecanismos de resistência e os fatores de dificuldade nos casos do não escrever. Longe de apontar para tendências genéricas e relativamente estáveis dos problemas relacionados à escrita, a breve análise que aqui se propõe visa enfocar a natureza singular de cada caso, evidenciando a pluralidade dos modos como as dimensões da escrita se fazem presentes nos contextos internos ou externos daqueles que enfrentam o desafio de escrever.

CENA 1[5]
Exceto o abandono da sala de aula, não se sabe exatamente como a situação foi administrada por José ou pela professora Marlene.

Os bastidores sugeridos pela situação apontam para o seu significado sociocultural e afetivo. Embora o aluno estivesse interessado no computador por reconhecê-lo como um importante elemento do mundo de hoje, reagiu bruscamente ante a contradição de impor tal instrumento como meio de comunicação entre seus parentes. No contexto das práticas sociais do universo cultural de José e de seus familiares, o e-mail é um elemento tão estranho que chega a ser agressivo. Inaceitável não só porque contraria o significado da carta (tão dificilmente produzida ou ansiosamente aguardada, mas, ao mesmo tempo, tão eficiente na manutenção dos vínculos afetivos entre familiares afastados), mas também porque denuncia a marginalidade dos que não têm acesso ao mundo digital.

Em um desfecho imaginário da situação, seria desejável a negociação de sentidos na escola para que o aluno pudesse vislumbrar (sem a conotação discriminatória ou coercitiva de tantas propostas escolares) novas possibilidades de letramento e de inserção social. Nessa perspectiva, é possível chamar a atenção dos educadores para a necessidade de "cuidar" do trânsito entre o "saber desejável" (o que se configura como exigência de nosso mundo), o "saber escolar" e o significado cultural e afetivo desse conhecimento na perspectiva do aprendiz.

CENA 2

Quando solicitada a explicar a aparente contradição entre "saber escrever e pouco escrever", Kátia é muito clara na exposição das marcas pedagógicas que acompanham a conquista desse saber: "Eu sei escrever, mas odeio ter de fazer isso!"

Nos bastidores dessa cena, podemos supor que, para atingir o grau elevado de conhecimento da escrita, a menina tenha sido consideravelmente pressionada pela escola anterior, razão pela qual a aprendizagem está mais associada à obrigação (da tarefa ou da correção da escrita) do que ao desejo de poder expressar a sua palavra. Como efeito pedagógico comprometedor da dimensão afetiva (o gosto pela escrita), ela sabe escrever, mas menospreza a dimensão social da produção, evitando assumir-se como interlocutora que tem algo a dizer ou a quem dizer, o que justifica a sua resistência no enfrentamento da *inventio* e da *compositio*. O caso de Kátia favorece a compreensão de que, tão importante quanto saber escrever, é poder desenvolver um vínculo positivo com a linguagem a ponto de se lançar na possível aventura da escrita.

CENA 3

No final do 5.º ano, Kleverson foi reprovado por "não ter atingido o padrão mínimo de qualidade de escrita". Os pais do garoto acatam o diagnóstico escolar, envergonhando-se da suposta incompetência do filho. O garoto resume toda a sua história de fracasso com o seguinte comentário: "Ler e escrever não é mesmo para mim; não adianta a professora ensinar que eu não vou aprender".

Como um caso aparentemente indiscutível de reprovação, pouco se questionaram, nos bastidores, a singularidade da trajetória de Kleverson e o equívoco pedagógico da escola. Do ponto de vista cognitivo, é incorreto o pressuposto de que, uma vez colocado em uma classe de alunos não alfabetizados, o menino estaria em situação de igualdade com relação às crianças de classe média e alta da escola particular, devendo responder ao processo de alfabetização do mesmo modo que seus colegas. Proveniente de outro contexto sociocultural, ele tinha uma experiência letrada completamente diferente do grupo em questão, seja na qualidade da cultura escrita ("a pouca compreensão"[6] da língua, suas funções, portadores, gêneros e práticas sociais de inserção na comunidade), na valoração do ler e escrever ("a baixa motivação ou necessidade" de aprender), ou, ainda, no ajustamento da dimensão linguística ("a pouca familiaridade com a norma culta" e "a dificuldade" no estabelecimento das relações interlocutivas). Com o passar dos anos, é possível ainda supor que o persistente insucesso nas tarefas de ler e escrever tenha contribuído para uma relação afetivamente negativa de Kleverson com a língua escrita, cada vez mais sustentada pela baixa autoestima acadêmica. É nesse sentido que se pode compreender a reação do menino.

O caso de Kleverson é mais um exemplo (entre tantos outros relatados na literatura) da dificuldade escolar para lidar com a diversidade cultural. Uma escola não inclusiva que, incapaz de encontrar alternativas para atender às especificidades dos alunos ou de promover as oportunidades que o meio lhes negou, rompe com o diálogo e abandona o aluno, culpando-o pelo fracasso.

CENA 4
Na explicitação do que considera "baixa produtividade", a professora Maria do Carmo constata que: 1) a cópia não favoreceu a esperada fixação de conteúdo; 2) a qualidade da cópia é baixa, tendo em vista que os alunos produzem pouco e com mais erros do que normalmente costumam cometer; e 3) os demais textos (em especial, as composições livres) parecem não se beneficiar desse intenso contato com os "modelos do bem escrever" no que diz respeito à(s): coesão textual, coerência, formas de lidar com a temática, estratégias de planejamento e de gerenciamento das composições escritas.

Nos bastidores dessa cena, a contradição entre os objetivos da professora e o baixo desempenho dos alunos pode ser explicada pela ênfase na atividade mecânica que, longe de promover a reflexão crítica dos alunos ou a criatividade na produção textual (sobre o conteúdo estudado, sobre o sistema de escrita e sobre a natureza da linguagem), favorece apenas a reação de rebeldia no grupo, um comportamento que traduz o descomprometimento dos alunos, a falta de vínculo com a tarefa proposta, com a escrita e com o grupo-classe. Enfim, trata-se de um exemplo típico da promoção reducionista do conhecimento, sustentada pela falsa concepção de que o contato com a língua em práticas descontextualizadas e pouco significativas é suficiente para garantir a formação do escritor.

CENA 5
Quando questionados sobre a desmotivação para escrever um diário, as respostas dos alunos da professora Liliana foram bastante significativas: "Ah, eu não sabia o que dizer!", "Não aconteceu nada de tão especial, ainda não encontrei uma baleia no meu caminho", "Eu

ia escrever um diário só para dizer que fiquei brincando o dia todo?", "Eu não preciso escrever um diário para lembrar das férias".

A evidente resistência dos alunos tem origem na sua dificuldade com a dimensão linguística da escrita. Nos bastidores dessa cena, fica evidente a inabilidade para lidar com o que, como, para quem e para que escrever no contexto da proposta formulada. Mais especificamente, a inibição para escrever pode ser explicada tanto pela perspectiva da pouca familiaridade com o "gênero diário" (tomado com base em um referencial único que pouco ilustra sobre a função ou as inúmeras possibilidades desse tipo de escrita) como pela magnitude da temática apresentada pelo modelo de Klink. O que prevaleceu entre os alunos foi a ideia de que, "enquanto eu não tiver algo tão grandioso para contar (como a visita de uma baleia), é melhor ficar calado (ou deixar o papel em branco)".

Como um exemplo privilegiado, o caso se presta à revisão da tradicional ideia de que "saber escrever é poder tudo escrever, independentemente da razão ou do desejo de escrever".

CENA 6
O depoimento de Suzana à sua mãe confirma a hipótese de que a menina não tem dificuldade para lidar com as tarefas escritas propostas na escola; apenas manifesta resistência em entregá-las à professora. Ao relatar episódios de desavença com ela, Suzana pretende desqualificá-la como possível interlocutora da sua produção: "Eu não gosto dela e, por isso, não quero que ela leia as coisas que eu escrevo!"

Os bastidores desse caso indicam que o caráter dialógico do escrever, assumido pela aluna (uma concepção avançada da dimensão linguística, sobretudo quando atribuída até aos trabalhos escolares), e o comprometimento das relações pessoais entre ela e a professora (dimensão afetiva) foram suficientes para comprometer a constituição da relação interlocutiva, contrariando inclusive o princípio mais simples da cultura escolar, que é prestar contas ao docente. O caso sugere o quanto a produção da escrita pode ser afetada em contextos pouco dialógicos, marcados pelas relações autoritárias de pouca escuta e inviabilidade de negociação.

CENA 7
Depois de muito hesitar, Nathalia inicia o seu texto, objetivamente, discorrendo sobre as características das aves. Na metade da escrita, porém assume um tom pessoal e passa a relatar com muita emoção a morte do seu passarinho que ocorrera há pouco tempo. O resultado final é um texto que, apesar da correção ortográfica e gramatical, peca pela oscilação das vozes narrativas, o que "justificou" sua nota baixa.

A compreensão dos bastidores desse caso revela que as temáticas (assim como os tipos de texto e as relações entre interlocutores previstos) podem despertar reações no autor do texto, afetando principalmente os processos de *inventio* e *compositio*. A competência linguística de Nathalia (a possibilidade de bem escrever) não pôde aliviar a carga afetiva relacionada à perda de seu animal de estimação e, consequentemente, a oscilação na orientação da linguagem e na construção do texto. No processo de se apropriar das informações disponíveis sobre aves para expressar objetivamente o seu conhecimento sobre elas, a constituição do sujeito autor foi afetada por um fato mais significativo vivido por Nathalia. No plano escolar, ignorar esse conflito favorece a despersonalização do autor e a perda da sua palavra. Em nome de uma "composição pasteurizada" com base em critérios do bem escrever, rompe-se a dialogia, instituindo-se o descomprometimento do aluno ante a razão ou a vontade de escrever.

CENA 8
Sentando-se na cadeira ao lado de Jorge, a pesquisadora ignora a sua resistência à tarefa e pergunta:

— Por que você senta longe de todos os outros?
— Porque eu sou negro e gordo e a professora falou que eu tenho de ficar aqui para não arrumar confusão. É por isso que eu também não vou fazer o seu trabalho.

— Que pena... eu gostaria de ler o seu em primeiro lugar.
— Por quê? Você pode ler o trabalho dos outros...
— É claro que eu vou ler todos os trabalhos, mas o seu eu leria em primeiro lugar porque você me deixou curiosa. Tenho certeza de que um garoto que se diz negro e gordo teria muito mais a me contar.
— Se você prometer que vai ler o meu primeiro, eu faço bem caprichado.
— Então, já está prometido. Pode começar seu trabalho.

Jorge foi o último a terminar, tal era o seu envolvimento e esmero na execução da tarefa. A qualidade de seu texto surpreendeu até mesmo a professora da classe, já "acostumada" ao constante boicote do menino e à sua "agressividade".

Tal como nas duas cenas anteriores, o foco de resistência está no comprometimento afetivo que impede o garoto de assumir a tarefa. Descartadas as chances de interlocução que dão sentido à escrita, Jorge não vê razão para se empenhar no ativismo das tarefas escolares. A análise mais detalhada dos bastidores desse caso revela efeitos de um contexto conflituoso protagonizados, de um lado, por uma escola incapaz de lidar com os valores ou as práticas que perpassam as relações entre alunos e professores (a "gozação" do gordo, a discriminação do negro) e, de outro, por Jorge, sob a forma de comportamentos constituídos e reforçados pela provocação dos colegas ou pelas atitudes dos professores. A apatia, a violência e o boicote às atividades são, para o aluno, nada mais que mecanismos de defesa e de autopreservação. Nesse ciclo vicioso, prevalece a discriminação em um grau de comprometimento socioafetivo que acaba por inviabilizar a disponibilidade para escrever, prometendo também desdobramentos mais profundos e imprevisíveis nos âmbitos pessoal, escolar e social.

CONSIDERAÇÕES FINAIS

As histórias do não escrever na escola são, na sua aparência, muito semelhantes. Talvez seja por isso que elas vêm sendo tratadas pelos educadores como "fenômenos" explicáveis apenas pela rebeldia ou pela incompetência do aluno. De qualquer forma, é ele (ou a "carência" de seu contexto de vida) que acaba sendo responsabilizado pelo fracasso escolar. Nessa ótica de interpretação, as concepções reducionistas sobre as relações entre conhecimento, linguagem e cultura escrita acabam funcionando como paradigma dicotômico (saber ou não saber), único, inflexível e por si só determinado: "Quem sabe sabe, quem sabe pode e quem sabe faz".

O estudo das diferentes dimensões da escrita (cognitiva, afetiva, sociocultural, pedagógica e linguística) favorece a revisão das tradicionais posturas. A aprendizagem da língua e, em particular, o seu processo de produção passam a ser vistos no rol da complexidade de um sujeito autor que traz consigo os elementos da cultura (saberes, interesses, familiaridade com as práticas sociais letradas, conhecimento das formas de uso da escrita e valoração dessa modalidade de linguagem) e as marcas do processo de aprendizagem, e, ainda, tem de lidar com os apelos da língua, do tema, da constituição das bases interlocutivas e dos critérios para a orientação linguística ou para a gestão composicional em cada situação concreta.

No balanço dos casos analisados, a emergência de uma intrincada rede de fatores em configurações singulares e irrepetíveis desvenda, por diferentes vias, os significados do não escrever. Como uma amostra da realidade, são histórias que evocam os mecanismos de resistência à produção textual gestados e, muitas vezes, também cristalizados na escola. Assim, temos o que aprender com os episódios de José, Kátia, Kleverson, Suzana, Nathalia e Jorge, e também sobre o que refletir com os equívocos pedagógicos aqui representados pelas professoras Maria do Carmo e Liliana. Mas, acima disso, devemos a eles (e a todos a quem eles possam representar) uma resposta ou, pelo menos, uma alternativa que possa contemplar os princípios de inclusão e de democratização do acesso à língua escrita.

Se é na escola que aparecem os primeiros indícios do não escrever, se é lá que muitas dificuldades são geradas, e se é ainda lá que elas crescem e tomam vulto (sob formas de abandono da sala de aula, de mecanismos enraizados de resistência que atentam contra o processo de interlocução ou de estratégias que se conformam com as produções insípidas e pouco criativas), é também lá que se configura o palco de negociação para a reversão do iletrismo no Brasil.

No seu desfecho, o caso de Jorge ilustra muito bem o potencial transformador do diálogo entre o educador e o aluno. Seja no imediatismo de dada circunstância ou seja desenvolvimento do projeto pedagógico responsável, calcado na escuta e no respeito, na sistemática revisão de posturas e na tentativa constante de compreender o aluno, é preciso resgatar a interlocução no âmbito da sala de aula. Investir nesse potencial do ensino (tantas vezes menosprezado!) configura-se talvez como a alternativa capaz de transformar o ensino da escrita em oportunidade para escrever efetivamente, a chance de garantir (ou de devolver) a palavra a todos aqueles que hoje frequentam a escola.

8
REDAÇÃO INFANTIL: DO EGOCENTRISMO AO POSICIONAMENTO CRÍTICO[1]

TEXTOS EXPRESSIVOS E TEXTOS FUNCIONAIS
Como meio de expressão e comunicação, a língua escrita tem tantas possibilidades quantos forem seus autores, suas funções e condições particulares de elaboração. Contudo, em uma gama infinita de variáveis que interferem no processo de produção textual, cumpre apontar duas dimensões relevantes embora não exclusivas: a expressiva e a funcional. Em maior ou menor escala, elas se conjugam na construção do texto, resultando na composição final: "uma proposta de significados" mediadora entre o sujeito (quem escreve), a razão (por que se escreve) e o outro (para quem se escreve).

A dimensão expressiva evidencia-se pelo modo como o autor constrói sua linguagem, criando alternativas sempre pessoais para a manifestação de si. Assim, pelo estabelecimento das relações interlocutivas ou pelo tom da abordagem feita, ele pode, por exemplo, despertar emoções, manifestar sentimentos, propor concepções, defender ideais, estabelecer posturas, marcar limites e impor distâncias. À luz de sentimentos e raciocínios, a expressividade dá maior vazão ao posicionamento pessoal, à subjetividade e à reinterpretação dos fatos, ampliando-lhes seus sentidos ou, até mesmo, atribuindo-lhes novos significados.

A dimensão funcional diz respeito ao objetivo do texto, razão condicionante na produção da escrita e no posicionamento do autor para a apresentação das ideias e significados. Nos textos predominantemente funcionais, o escrever submete os meios expressivos do dizer às necessidades de operar: organizar conhecimentos, arquivar informações, garantir a memória, preservar documentos, construir quadros de referência, listar dados, transmitir mensagens, registrar fenômenos, apresentar relatórios e divulgar notícias, entre outras possibilidades.

O critério fundamental na distinção de textos (mais) expressivos ou (mais) funcionais é o teor de objetividade que se imprime à escrita. Com efeito, quando a ordem é preservar uma informação ou documentar um fato, quaisquer interferências subjetivas atentam contra o próprio objetivo estabelecido, razão pela qual o "eu" do texto tipicamente funcional perde a identidade, em estruturas linguísticas anônimas e indiretas.

O modo como as crianças descobrem esses diferentes usos da escrita, transitam por eles ou deles se apropriam tem sido objeto de controvérsias. Luria (Vigotskii, Luria e Leontiev, 1988) e Vygotski (1988) foram os primeiros a reconhecer, na primeira metade do século XX, que a trajetória da compreensão da escrita e das suas possibilidades inicia-se muito antes da aprendizagem formal. Para eles, a origem da escrita está associada à descoberta do seu valor funcional (como técnica auxiliar da memória). Mas os "signos-estímulos" (traçados e rabiscos indiferenciados colocados em "posições estratégicas" para favorecer a recordação da informação) das primeiras inscrições infantis serão logo substituídos por "signos-símbolos", em um processo de crescente diferenciação (pictográfica e simbólica), movido pela necessidade de representar o conteúdo a ser lembrado. Embora os autores não façam referência à origem da dimensão expressiva na escrita, não seria um exagero supor que, no bojo dessa concepção, ela está implícita nas primeiras representações simbólicas, isto é, vindo a reboque do uso funcional.

Alguns estudos mais recentes, publicados a partir do final do século passado (Abaurre, Fiad e Mayrink-Sabinson, 2002; Ferreiro, 1986a e b, 1992; Ferreiro e Teberosky, 1984; Ferreiro e Palacio, 1987; Rocha e Val, 2003; Teberosky, 1990; 1995; Teberosky e Cardoso, 1990; Tolchinsky-Landsmann, 1995), reconhecem a origem precoce e informal da compreensão da escrita, mas rejeitam o vínculo estritamente instrumental como mola propulsora para a sua aprendizagem. Quando se consideram as relações do sujeito cognitivo com o mundo letrado, isto é, as experiências de leitura e escrita vividas pelas crianças em diferentes tipos de situações, não há como ficar imune à presença da língua escrita como "objeto de conhecimento" ou "espaço de problema". Isso quer dizer que a criança lida com a escrita de maneira global, tendo em vista o modo como esse sistema aparece na sociedade, cumpre suas funções e ganha razão de ser. Assim, antes mesmo de a escrita ser utilizada de maneira funcional, é possível que a criança já tenha construído importantes informações a respeito da natureza e dos usos desse sistema de representação.

Ivanic e Moss (1990) consideram as dimensões funcional e expressiva da língua escrita caminhos privilegiados para que o falante compreenda os usos desse sistema linguístico. Escrever uma carta para um parente distante relatando novidades e sentimentos (escrita tipicamente expressiva) é, de fato, muito diferente de escrever uma lista de compras (escrita tipicamente funcional), e os significados das respectivas atividades não passam despercebidos à compreensão dos indivíduos que, mesmo em idade precoce, participam dessas experiências.

Além do reconhecimento da importância que a variada tipologia textual representa na descoberta da escrita, parece haver também um consenso entre os pesquisadores de que as primeiras experiências relacionadas ao "mundo letrado" são apenas o começo de um processo complexo, o qual, evoluindo por caminhos cognitivos paralelos, prolonga-se para além da compreensão do sistema alfabético e das normas ortográficas e gramaticais, em um permanente processo de amadurecimento da produção linguística e da compreensão metalinguística. É claro que a experiência que a criança possa ter depois da aprendizagem das primeiras letras (dentro e fora da escola) como leitor/escritor de textos variados é o que determinará o ritmo e a qualidade dessa evolução, percebida em diferentes níveis de produção, pelo equilíbrio e adequação da escrita.

Na escola, o texto funcional é, indiscutivelmente, o eixo privilegiado das atividades de ensino, dada a sua possibilidade de trazer informações aos estudantes, isto é, retornar ao que já foi feito, descoberto, comprovado e instituído nas diversas áreas do conhecimento humano. Afinal, é da assimilação de dados objetivos que depende o acesso à "herança" científica, histórica, técnica e cultural das gerações que nos precederam (ou, pelo menos, é assim que o acesso ao conhecimento tem sido tratado pela escola).

Assim sendo, a funcionalidade dos textos tipicamente escolares (recursos pedagógicos como os livros didáticos, trabalhos, pesquisas, questionários, exercícios de fixação, testes e exames) é subsídio indispensável à aprendizagem. Ela favorece o processo de descentração de si, no qual o aluno é convidado a abrir mão de "seu universo" (conhecimentos, informações, hipóteses e concepções) para considerar outros – mais amplos, profundos e ajustados – pontos de vista e, por essa via, voltar a reconstituir-se como pessoa em um novo e enriquecido "universo". Em consequência disso, podem nascer mais e melhores possibilidades de se manifestar (como, por exemplo, em textos expressivos).

É na dinâmica do constante "aprender e (re)constituir-se" que a distinção entre ênfases textuais mais expressivas ou funcionais ganha sentido, configurando-se como "faces de uma mesma moeda" e como um correlato do próprio esforço educativo: além de dominar o sistema que permite o escrever, importa apossar-se da escrita como meio consciente e ativo de inserção social. Em outras palavras, "aprender e constituir-se" também na relação com a língua escrita.

Se o padrão funcional da escrita constitui o modelo preponderante (meio e fim) dos esforços pedagógicos, como ele é assimilado na produção infantil? Como coexiste com outras possibilidades da escrita, da aprendizagem e da constituição do sujeito?

O presente capítulo visa contribuir para o estudo da psicogênese da redação infantil, enfocando especificamente o modo como a criança se coloca nos textos funcionais.[2] Na consideração das variáveis desse processo, parti do pressuposto de que a relação autor-produção escrita é tributária do contexto em particular, do amadurecimento linguístico, temático e pessoal, mas também condicionada por tendências sociais e pedagógicas nem sempre claras, nem sempre suficientemente compreendidas.[3]

Como parte de uma pesquisa mais ampla sobre a escrita infantil (Colello, 1997),[4] minhas considerações têm como base o estudo de 346 redações produzidas em uma escola pública de São Paulo. Para avaliar os estágios de evolução na produção de textos tipicamente funcionais, propus às crianças de 6 a 12 anos (na época, 1.ª a 5.ª séries do ensino fundamental, que hoje correspondem às classes de 2.º ao 6.º anos desse mesmo segmento escolar) duas atividades com objetivos definidos e predeterminados: transmissão e registro reprodutivo de informações. Na primeira, solicitei aos alunos um texto informativo sobre o tema "animais" (deixando a critério deles o recorte da abordagem: enfocar um animal especificamente, considerar uma espécie, ou, ainda, tratar de diversos gêneros, comparando-os e discutindo suas características). Na segunda, pedi que, na medida do possível,[5] anotassem no papel as informações de um texto lido em classe sobre a chegada do primeiro homem à Lua,[6] de modo que pudessem se lembrar, em um momento posterior, do maior número de dados possível.

CONSTITUINDO-SE COMO AUTOR EM TEXTOS FUNCIONAIS

O estudo das redações infantis mostra que, em suas produções, as crianças costumam trazer para o texto dados significativos de suas vivências, sejam elas fantasiosas ou fruto de conhecimentos tecnicamente assimilados nos mais diversos canais de informação ou de interlocução. A variação dessas possibilidades, no entanto, está longe de ser aleatória. Nos textos funcionais, a evolução da escrita depende das possibilidades do autor em ajustar as informações disponíveis ao objetivo do trabalho e, consequentemente, à natureza do gênero em questão (no caso, o texto informativo ou o registro reprodutivo, isto é, a anotação fiel de um texto-fonte lido em classe). Na trajetória de ajustamento, há um verdadeiro movimento dialético no qual a criança, descartando-se de posturas subjetivas (egocêntricas, globais e fantasiosas), distancia-se de seu texto por meio de enfoques objetivos e, finalmente, volta a se incorporar nele de modo crítico e personalizado. Eis como ocorrem essas três fases básicas de evolução do texto funcional informativo:[7]

MODOS DE ABORDAGEM NOS TEXTOS INFORMATIVOS

SÉRIES	SUBJETIVO	OBJETIVO	PERSONALIZADO
1.ª série	34,5%	54%	11,5%
2.ª série	21,5%	39,5%	39,5%
3.ª série	28%	30,5%	41,5%
4.ª série	20,5%	31%	48,5%
5.ª série	14%	23%	63,0%

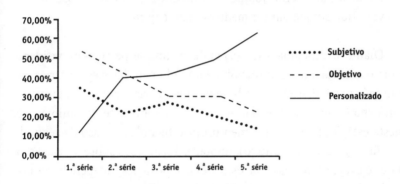

MODOS DE ABORDAGEM NOS TEXTOS INFORMATIVOS

Conforme o estudo realizado, ao longo dos anos de escolaridade, há um progressivo ajustamento ao texto funcional, evidente pelo crescente índice de "textos personalizados" (3.º estágio), na medida em que, passando pelos "textos objetivos" (2.º estágio), decaem as frequências dos "textos subjetivos e egocêntricos" (1.º estágio).

ESCRITA SUBJETIVA
Bettelheim e Zelan (1992) mostraram o quanto a leitura, superando o exercício de mera decodificação, pode ser afetada pelos processos psicológicos e afetivos. Abaurre, Fiad e Mayrink-Sabinson (2002) apresentam indícios precoces da interferência de critérios subjetivos e de posicionamentos valorativos pessoais na construção ou revisão de textos, antes mesmo que eles possam ser escritos convencionalmente pelas

crianças. É nessa mesma linha de interpretação que se pode compreender também a escrita de alunos que, indiferentes aos objetivos do texto, fazem prevalecer seus sentimentos, fantasias e experiências pessoais, desencadeados pelo tema ou pelo contexto da atividade proposta.

Convidado a escrever o texto informativo sobre animais (um texto em princípio objetivo e sem apelo emocional), um garoto da 1.ª série escreveu:[8]

> Eu tenho um cajorro [cachorro] muito Lindo e todo Dia eu soto [solto] o meu cajorro no meu quintam [quintal] porque se anquem tentar etrar [alguém tentar entrar] na minha casa não vai etrar porque vai ter medo do meu cajorro

Diante da dificuldade de suspender estímulos pessoais e considerar objetivamente o tema, o trabalho é tomado pela ótica egocêntrica em um viés particularista, com base no qual a criança aceita a tarefa de "informar" ou "registrar dados". Escrever sobre o tema "animais" é, neste estágio, lembrar do "meu próprio bicho". No caso da segunda tarefa (registro reprodutivo), anotar informações sobre a "viagem à Lua" é evocar fantasias, curiosidades e suposições independentes dos dados do texto de referência. Um exemplo disso é o registro feito por um menino da 1.ª série cujo produto final, sem qualquer paralelo com o texto-fonte lido em classe, apenas evoca os sentimentos pessoais desencadeados pela temática em questão:

> eu qero se astonauta pa voa no seu de fogete [Eu quero ser astronauta para voar no céu de foguete]

Em casos transitórios (da escrita subjetiva para a objetiva), a criança, por compreender perfeitamente a natureza da atividade solicitada, busca um enfoque mais objetivo. Contudo, na expressão do conhecimento, acaba resvalando para a "experiência vivida" como fonte de referência e de informação, como no seguinte exemplo, elaborado por uma menina da 5.ª série:[9]

Bichos

Eu vou falar de passarinho, ele é vegetariano come jiló, alface ou biringela [berinjela] pura. Ele é pequeno ou grande, a unha de um passarinho tem que ser cortada entre dois meses. se o pésinho [pezinho] estiver vermelho tente ver se esta sangrndo [sangrando] tente pegar um pedacinho pequeno e segure-o com a mão que você não escreve e a mão que você escreve vica [fica] fazendo o curativo. se ele não estiver respirando está morto. Eu sei porque o meu passarinho era um canário ele está morto perto do H.U.

ESCRITA OBJETIVA

Os textos objetivos produzidos para fins de informação são a maioria das produções encontradas já na 1.ª série. O índice de 54% comprova o efeito do processo de letramento em crianças ainda bem pequenas: antes mesmo de dominar o sistema de escrita, grande parte delas é capaz de perceber a importância da objetividade em textos com fins informativos. Como exemplo, a escrita a seguir foi feita por uma menina de 1.ª série, não alfabetizada, que assim ditou à professora:

A tartaruga bota ovos de tartaruguinhas. Ela esconde os ovinhos na terra. Ela vive dentro da água e depois quando as tartaruguinhas nascem vão para a água. E alguns pescadores vêm buscá-las e depois dão para lojas para vender. E algumas pessoas compram e colocam dentro de um aquário e elas crescem. Elas comem ração e depois vão reproduzindo mais tartaruguinhas.

Salvo pelo uso de diminutivos (que poderiam denotar enfoques afetivos), a redação foi construída por meio de afirmações declarativas, com ausência de verbos de opinião, de modalidades subjetivas e de referências particulares. O empenho em conseguir um texto objetivo fez que a autora se distanciasse dele, em fórmulas linguísticas impessoais que não deixam pistas sobre a fonte das informações veiculadas nem dos sentimentos envolvidos.[10]

Se nos primeiros anos de escolaridade a objetividade textual é reflexo de um processo de letramento nem sempre consciente ou refletido, a progressão da escolaridade centrada em metodologias e recursos prioritariamente funcionais (transmitir conhecimentos, registrar informações e prestar contas da aprendizagem) não passa despercebida pelas crianças, tornando-se decisiva no processo de crescente objetividade textual. A fixação dos modelos objetivos tão valorizados faz parte de um processo de adaptação e amadurecimento linguísticos e de ajustamento às exigências escolares.

Nos textos informativos, ela transparece sobretudo pela busca de precisão: 1) em fórmulas verbais "pretensamente acadêmicas" ("é provável que...", "supõe-se que o comportamento dos animais...", "os gaviões têm seus ninhos em árvores baixas"); 2) na organização e classificação de dados em categorias científicas ("mamíferos", "herbívoros"); e 3) no uso de terminologia convencional ("reprodução", "micro-organismos", "extinção").

Nos trabalhos de registro reprodutivo de informações, como o "objeto" está representado de modo formal pelo texto-fonte, o desafio que se impõe é o de reproduzi-lo o mais fielmente possível. Nesse caso, o texto objetivo aparece como a reprodução fiel de fragmentos do texto que puderam ser escritos. Caracterizando a intenção de reproduzir objetivamente o texto lido, algumas manifestações são em particular significativas, como a solicitação para que o texto original, em vez de lido, fosse ditado, ou a reivindicação de alguns alunos para que o texto fosse fotocopiado (para ser "copiado" ou "decorado" posteriormente).

No conjunto das produções de registro reprodutivo objetivo, a involuntária presença do autor como agente transformador da informação só é percebida quando o texto é mal ou (re)interpretado. Exemplos típicos foram as tergiversações feitas com base no seguinte extrato do texto original: "Ao pisar na Lua [...] Neil Armstrong disse a célebre frase: 'Este é um pequeno passo para o homem, um gigantesco salto para a humanidade'". Ora, do ponto de vista da criança menos familiarizada com o tema, para quem o astronauta teria dito a frase? Qual o recurso disponível para transmiti-la? Como o texto é "omisso" na explicação desses detalhes, algumas interpretações feitas sugerem hipóteses que, do ponto de vista dos alunos, foram "necessárias" para a "explicitação mais objetiva" do fato:

... na lua tinha comunicação e quando ele pisou na lua falou com o presidente: este é um pequeno passo...
... ele disse para o outro astronauta: este é um pequeno passo...
... ele falou sozinho: este é um pequeno passo... (grifos meus)

As iniciativas pouco conscientes de interferir no texto anunciam o estágio de personalização e posicionamento do autor na composição da escrita.

ESCRITA PERSONALIZADA

O texto funcional dá um salto qualitativo quando o sujeito passa a atrelar à escrita objetiva a possibilidade maior de fazer dela um instrumento de mediação entre o eu e o mundo. Se na "escrita egocêntrica" o sujeito confundia as duas esferas, no estágio mais amadurecido ele torna a escrita um recurso personalizado (mas não subjetivo) das funções psicológicas superiores. Ao distanciar-se da concretude dos "fatos vivenciados", a criança pode encontrar um novo espaço para o eu – mais crítico, abstrato e ordenado – que marca a sua presença, sem necessariamente comprometer a razão e a objetividade do texto. Na maioria dos casos, a escrita personalizada aparece quando o indivíduo aprendeu a colocar a escrita a serviço de si mesmo ou das causas as quais ela se presta. Como forma de abordagem crescente e predominante desde a 3.ª série, a escrita personalizada ultrapassa o limite estrito da funcionalidade para assumir, em definitivo, seu potencial transformador: ela se torna também um meio de interpretar os fatos e recriar a realidade.

Evidentemente, para alcançar essa maturidade textual, é preciso: 1) que o autor compreenda os apelos e as funções do texto; 2) que ele se exercite muito na busca de objetivação ou de alternativas linguísticas para lidar com as ideias (na tarefa de anotar rapidamente o maior número possível de informações do texto, em especial as formas sintéticas, abreviadas, esquematizadas, telegráficas etc.), razões pelas quais a possibilidade de se posicionar na escrita é variável[11] e não necessariamente compatível com os parâmetros instituídos de "boa escrita"; e 3) que ele compreenda o seu posicionamento no texto como uma alternativa capaz de conciliar ambos os aspectos anteriores, isto é, de se colocar no texto com fórmulas específicas para atender às exigências da tarefa.

Algumas pesquisas têm mostrado, sob ângulos convergentes, os fatores interferentes nesse processo. Teberosky (1995), em um estudo realizado com adultos em fase de alfabetização, sugere que o relacionamento do texto com a vida dos autores favorece reações personalizadas e críticas. Edward e Mercer (*apud* Tolchinsky-Landsmann, 1995) Góes e Smolka (1995) e Colello (1997, 2004, 2012a) relacionam as dificuldades de posicionamento do autor à delimitação do universo discursivo por parâmetros estritamente escolares (conforme discutido nos Capítulos 3 a 6). Scribner e Cole (1981) e Miniac, Cros e Ruiz (1993) associam o modo de escrita à história dessa aprendizagem no âmbito da escola. Kleiman (1995) e Matêncio (1994) chamam a atenção para as experiências sociais do indivíduo que, dando sentido à escrita, condicionam a sua produção. Em síntese, parece que o posicionamento crítico na língua escrita depende das oportunidades significativas e da amplitude de experiências com a escrita, em um processo de aprendizagem, experimentação e tentativas de criação que, certamente, ultrapassa as dimensões "pontual e tarefeira" do ensino em muitas escolas.

A esse respeito, importa reafirmar a tese de Tolchinsky-Landsmann (1995) na defesa de que, tão importante quanto conhecer os fatores envolvidos na aprendizagem da escrita é admitir a ocorrência de sua personalização e trabalhar com ela na esfera pedagógica para que, de fato, esse potencial seja conquistado. Usar a escrita de modo mais ou menos objetivo, mais ou menos personalizado e crítico, com maior ou menor presença do autor, não é um bem (ou mal) em si, mas uma opção tão mais desejável quanto mais estiver ajustada aos seus fins e à escolha consciente do sujeito que, ao escrever, torna-se senhor da sua própria produção.

Nas escritas informativa e de registro reprodutivo, a personalização vincula-se ao processo de crescente ajustamento textual, indo ao encontro da consciência das respectivas atividades: suas funções, seus objetivos e destinatários. Como escrever um texto informativo para expor e explicar conhecimentos a terceiros é completamente diferente de fazer anotações para que "eu mesma" possa recuperá-las depois, as tendências evolutivas apontam para o aumento quantitativo de dados e informações (a tendência de escrever mais), sem que isso implique necessariamente diferença qualitativa. No primeiro caso, a escrita projeta-se para formas cada vez mais ampliadas e explícitas do dizer (linguagem social), enquanto no segundo, a ampliação do conteúdo é fortalecida pelos recursos de síntese e de abreviação (mais próximas do discurso interno). Vejamos como isso ocorre nas atividades propostas.

Considerando que o posicionamento crítico na escrita informativa depende de: 1) poder escrever; 2) compreender a natureza da tarefa; 3) conhecer o tema; 4) dispor-se a lidar com as ideias; 5) relacioná-las de modo personalizado e assumir uma posição e 6) compor um texto objetivo, organizado e capaz de conciliar todos os requisitos anteriores; pode-se compreender por que os textos típicos desse estágio concentram-se nos anos mais adiantados da progressão escolar. Entretanto, seria uma ingenuidade supor que a criança recém-alfabetizada é incapaz de produzi-los. Seja pelo tom crítico, seja pela intenção de problematizar o tema tratado e ainda defender a causa dos animais em extinção, o texto a seguir, produzido por um garoto de 7 anos,[12] é um exemplo de escrita personalizada:

> Eu sei que o urso panda se alimenta de brotos de bambu e que existem poucos pandas na terra porque o homem mata tanto eles que os pandas estão quase desaparecendo da fase [face] da terra. Por isso existem homens que contruiram [construíram] a reserva dos pandas para que os pandas fiquem la [lá] e não morram caçados. A China é o pais [país] que mais tem pandas porque la na China existem muitas reservas e onibus [ônibus]. Os onibus não servem para pandas só servem para levar quem quer ver os pandas e os trabalhadores. Mas não estou querendo dizer que não existem caçadores na China. Dum [De um] lado das quatro irmans [quatro irmãs] existem muitos caçadores mais do que aqui no Brasil. São caçadores maus que matam os pandas atoa [à toa] se eles não comem a carne dele e nem fasem [fazem] cabana nem fazem bar-

cos nem canoa nem casaco nem tapete nem cobertor nem foro [forro] nem enfeite nem um só pano nem toalha e nem ganham dinheiro nem se quer [sequer] um real nem dois reais nem quinze centavos nem um centavo.

A análise do texto permite o levantamento de características significativas do posicionamento crítico na redação personalizada:

a) Uma das tendências mais comuns nas tentativas de lidar com as ideias é fazer da escrita informativa um "balanço" do próprio conhecimento ("Eu sei que..."). No conjunto dos textos estudados, encontrei inúmeras variações para esse procedimento: "o que eu não sei", "como eu sei", "com quem ou o que aprendi" e, finalmente, "com base no que sei, como e por que eu elegi essa abordagem".
b) Fazer, da informação básica, motivo para tecer considerações ou sugerir procedimentos a ela relacionados. O que, no caso, aparece como "pandas em extinção" e "criação de reservas para protegê-los" pode assumir múltiplas configurações (como, por exemplo, "animais e conselhos de segurança", "animais e meios de tratá-los", "animais e reações que costumam despertar nas pessoas" etc.).
c) Usar a informação como recurso para a defesa de uma causa, desenvolvimento de uma teoria ou exposição de uma postura, como o "absurdo de se matar pandas à toa".
d) Como consequência dos itens anteriores, ultrapassar a produção meramente descritiva (em casos eventuais, narrativa) e, pela via da análise, incorporar também o gênero dissertativo, possibilidade bastante rara entre os textos estudados: um caso na 1.ª série – o exemplo em questão –; um na 2.ª série; um na 4.ª série e quatro na 5.ª série (Colello, 1997).

No que diz respeito à segunda atividade (registro reprodutivo), a análise do processo de personalização é particularmente interessante porque revela os graus e mecanismos pessoais de apropriação do objeto, no caso, o texto-fonte.

A atividade de reescrita cria um espaço intertextual interessante entre o texto-modelo ou o texto de referência e os textos reescritos, permitindo uma dupla comparação: entre as escritas resultantes e entre cada uma das escritas individuais e o texto-modelo. A metáfora de "apropriação" serve para analisar o que existe em comum entre os textos reescritos, bem como a conservação, perda ou acréscimo de elementos com relação ao texto-modelo. (Teberosky, 1995, p. 17)

Na análise das concordâncias, discrepâncias, omissões e acréscimos com relação ao texto-fonte, três critérios parecem-me relevantes para a conquista do texto personalizado na tarefa de registro reprodutivo. Para melhor situá-los, retomo o sentido da trajetória rumo à personalização: a evidência da evolução de abordagens mais subjetivas e egocêntricas para formas mais críticas de se posicionar no texto.

Em primeiro lugar, há o impacto do texto (do que mais o autor das anotações gostou, o que mais o surpreendeu). Regra geral: quanto menor for a criança, maior é a prioridade para o registro de fatos curiosos e pitorescos: "anotação do que mais me agradou no texto, o que para mim foi significativo" (segunda fase). Entre os mais velhos, prevalece a seleção dos dados considerados mais relevantes no texto original. O viés de subjetividade tende a ser substituído por uma avaliação empreendida pelo autor (e, por isso, personalizada) sobre o que é essencial ao texto ("o que está escrito, o que mais facilmente pode se perder") ou àquele a quem ele se dirige ("para quem está escrito", "o que mais pode interessar"). Assim, por exemplo, enquanto os menores faziam questão de registrar "como se fazia xixi na Lua" e "o cardápio dos astronautas", os outros priorizavam informações sobre "o que os astronautas fizeram na Lua" (experiências e coleta de amostras do solo) ou sobre "os efeitos da menor gravidade".

O segundo critério determinante nas anotações feitas é o conhecimento prévio do tema e das informações especificamente veiculadas pelo texto-fonte. Sem condições de avaliar a razão do registro reprodutivo ou de separar as informações do texto das suas próprias informações, a criança pequena costuma acrescentar dados estranhos ao texto original (primeira fase). Progressivamente, os alunos tendem a reverter os procedimentos de "escrever a mais", valendo-se de seus próprios conhecimentos para reduzir as anotações, simplificá-las ou torná-las mais sintéticas. Em função disso, surge uma nova lógica para o registro: "Aquilo que eu sei não precisa ser anotado (ou anotado em detalhes) porque já faz parte da minha compreensão e memória".

Por último, há o critério da consciência a respeito do seu próprio desempenho, isto é, a possibilidade de conciliar, no registro, completude e síntese, em condições de trabalho adversas pela premência de tempo (anotação simultânea à leitura). Alheias ao desafio que isso representa, as crianças menores têm a pretensão de poder tudo anotar (como em um ditado), o que resulta em produções truncadas, frases soltas e sem sentido, típicas da segunda fase. Posteriormente, no caso dos mais velhos (que, inclusive, são capazes de antecipar dificuldades), começam a surgir diferentes mecanismos que atestam não só um avanço na produção estrutural da escrita (abreviações, símbolos e diagramação do espaço) como também agilidade mental e linguística para lidar com as informações e ideias em benefício do registro sintético e cada vez mais ajustado. Na anotação personalizada, o indivíduo torna-se capaz de estabelecer novas relações e ênfases, sintetizar ideias, incorporar posicionamentos críticos, deduzir dados, simplificar e pressupor novas informações, entre outras possibilidades.

Em síntese, os critérios expostos sugerem que a capacidade potencial para assimilar a essência do texto-fonte pela composição personalizada, sintética e funcional parece depender da possibilidade do autor de se descolar do que é dado de imediato – o texto lido –, captando sua essência, abstraindo seu significado e lidando seletiva e racionalmente com a relação de ideias, sem perder de vista os conhecimentos pessoais e os objetivos da anotação. Nesse caso, o registro reprodutivo passa a representar um processo operatório, capaz de garantir a coerência (conservação das unidades de significado) e a coesão (unidade estrutural que permite articular as ideias), em uma produção escrita que, apesar dos objetivos funcionais, pode ser também criativa. A complexidade dos procedimentos aí implicados explica por que essa é uma conquista tardia, presente em casos excepcionais aos 9 e 10 anos, com frequência baixa na 5.ª série e mediana mesmo entre adultos universitários.[13]

A despeito de tal constatação, importa lembrar que o posicionamento personalizado em textos funcionais informativos e de registro reprodutivo pode até não ser a opção para muitos daqueles que se predispõem a escrever, mas tem de ser uma possibilidade real para os usuários da língua escrita, razão pela qual o desenvolvimento do espírito crítico deve ser um recurso dos meios didáticos e um alvo entre as metas educativas.

A ÊNFASE DOS TEXTOS FUNCIONAIS E OBJETIVOS NO CONTEXTO ESCOLAR

Independentemente dos benefícios que o amadurecimento do texto funcional possa trazer para a vida escolar ou social, é importante verificar o modo como esse alvo é perseguido. Quando o princípio de objetividade institui-se como "o melhor", "o mais desejável" ou, às vezes, "o único possível" pela ausência de outras oportunidades do escrever, corre-se o risco de prejudicar o ajustamento da língua escrita em possibilidades de uso amplas e equilibradas: uma ameaça que parece atingir não só o desenvolvimento do texto expressivo, mas também o texto funcional, conforme o estudo aqui apresentado. O melhor escritor não é aquele que se especializou em escrever trabalhos escolares, mas o que é capaz de discernir, em cada contexto, o gênero e o tom apropriados para a sua produção. O texto que segue é um exemplar interessante na análise dessa problemática. Destinado a um colega da mesma classe, foi escrito por uma menina de 12 anos.

> (12 anos)
>
> *Faça um X:
> Você quer namorar comigo ( ) sim ( ) não
> Você gosta de mim ( ) sim ( ) não
> Se não escreva o nome de quem você gosta só
> pra eu ficar sabendo (juro que não conto pra
> ninguém): _____
> Eu te ♡ D+. I love you. I love you. I love you
> Podemos ficar juntos no recreio? ( ) sim ( ) não
> (sem ninguém perceber é claro). Te espero lá
> na cantina.

No caso, o que fica evidente é o uso de recursos funcionais tipicamente escolares ("assinalar a alternativa correta" e "completar a lacuna") em um contexto essencialmente expressivo (o relacionamento amoroso). Até que ponto essa foi uma opção consciente da autora? Até que ponto essa foi a única possibilidade expressiva disponível?

Além de condicionar formas de uso da língua escrita em um processo de aprendizagem desequilibrado, a ênfase funcional dos textos escolares pode configurar-se como um princípio regulador das produções e, eventualmente, como um mecanismo de repressão de modalidades expressivas. Nesse sentido, o depoimento obtido por Miniac, Cros e Ruiz (1993, p. 125, tradução livre) ilustra o conflito entre "a escrita pessoal" (expressão de si, "o que eu gostaria de escrever") e "a escrita escolar" ("o que eu devo escrever"):

> Eu me censuro. O que faz que a gente se censure? Muitas coisas. Logo de cara, as notas. Porque, na nossa idade, pode parecer bobo mas é preciso ter boas notas. Tenho vontade de escrever o que penso, mas às vezes, para me conformar com as exigências dos professores [...] Não sei como me exprimir [...] então. Não sei como explicar isso. Temos ideias pessoais, gostaríamos de escrevê-las e não podemos porque se trata de uma redação.

Os prejuízos de uma pedagogia da língua materna desequilibrada não incidem, contudo, apenas na emergência e adequação de textos expressivos. Muito pelo contrário, como "faces da mesma moeda", as escritas expressivas e funcionais fazem parte das possibilidades de um mesmo sistema linguístico. Sua aprendizagem representa, portanto, o esforço integrado para conscientização e amadurecimento das formas de se fazer presente no mundo. Com base nisso, poder-se-ia afirmar que a mesma ênfase que dificulta a evolução de textos mais expressivos é igualmente responsável pelo difícil acesso às fórmulas evoluídas do texto funcional (Colello, 2012a).

Os parâmetros funcionais, dentro e fora da escola, cristalizam a tal ponto a fixação do objeto (em fórmulas meramente descritivas) que acabam por limitar o posicionamento crítico e personalizado. De fato, a facilidade com que as crianças apreendem o modelo de objetividade não é seguida, no mesmo ritmo e intensidade, da conquista de formas mais personalizadas e críticas no texto funcional. Por isso, mesmo no caso de crianças da 5.ª série, indivíduos já experientes no uso da língua escrita (domínio do sistema, conhecimento das regras etc.), o posicionamento crítico no texto está reduzido a 63% das produções, um índice ainda muito baixo se considerarmos que: 1) essa possibilidade, por si só, não garante o padrão instituído do "bem escrever"; e 2) dos que atingem a possibilidade de posicionamento crítico, apenas 3% evoluem para os recursos de argumentação em produções dissertativas, conforme os dados da mesma pesquisa (Colello, 1997).

Poder-se-ia argumentar que o posicionamento crítico ante um texto não é o resultado de um processo pedagógico, e sim uma característica da faixa etária, no caso crianças entre 6 e 12 anos de idade, "ainda sem condições de abstrair, de julgar e de se situar". Embora o amadurecimento pessoal seja um dos componentes do ajustamento linguístico, as precoces ocorrências de textos personalizados nas séries iniciais evidenciam um potencial efetivo que, respeitando as características de cada faixa etária, não pode ser subestimado.

Sem fixar conclusões definitivas, a pesquisa aqui apresentada sugere reflexões. O que fica é a impressão de que a escola, muitas vezes, ensina a escrever, mas não promove, na mesma medida, o posicionar-se e o constituir-se. Saber escrever não significa necessariamente ser sujeito da palavra escrita.

Ensinar a língua não inclui obrigatoriamente a apropriação equilibrada desse recurso como alternativa funcional ou expressiva. Pensando no processo de ensino e aprendizagem, talvez seja o momento de reconsiderar a escola também com base nos condicionantes de valores, parâmetros e condutas sociais, nos quais o eu é da mesma forma sufocado pelas contingências diárias: simples, diretas, impessoais, materialistas e, com certeza, bastante objetivas.

9
IMAGINAÇÃO E ESCRITA: O VOO DA FICÇÃO[1]

DESENVOLVIMENTO E IMAGINAÇÃO

Quando o desenvolvimento humano é concebido como um processo que se projeta "do eu para o mundo", a grande tarefa dos educadores é reprimir as tendências individualistas e as pulsões mais primitivas do sujeito, impingindo-lhe padrões de comportamento social e conhecimentos acerca do mundo. Essa postura explica a tradicional oposição entre a imaginação e o conhecimento. Entendida como parte do potencial humano, a imaginação existe como recurso inato, impenetrável, secreto e inquestionável da pessoa que, por esses motivos, precisa necessariamente ser domado. Trata-se de um dom a ser lapidado. A despeito dos proclamados discursos de valorização da criatividade, parece que o desenvolvimento da imaginação deve estar sempre circunscrito aos limites permitidos pelo sistema de produção. O exercício livresco da fantasia está associado às alucinações, aos sonhos, projetos incoerentes e pouco objetivos. Em graus menores, tais pensamentos podem até ser tolerados como o estágio passageiro da infância ou como características de poetas, artistas e filósofos que, talvez por isso, raramente gozam de prestígio e *status* social. Gestada nos valores da sociedade racional e competitiva, a mentalidade popular proclama: "Arte não enche barriga".

Levado às últimas consequências, o potencial sonhador se traduz na marginalidade, alienação e loucura, ou seja, um perigo a ser combatido. Porque a vida em sociedade requer o enquadramento do homem em limites bastante definidos de comportamento e expressão, a imaginação tem sido combatida histórica e pedagogicamente em nossa sociedade. Em detrimento dela, valorizam-se a razão e o conhecimento, atribuindo-lhes o papel de represar os rumos do pensamento, tendo em vista a consolidação do saber prático, tecnicista e objetivamente compartilhado. Esse é, aliás, o "pré-requisito" para a inserção social produtiva, profissionalizada e autônoma.

Como exemplo dessa tendência, vale lembrar a análise de manuais escolares feita por Duborgel (1992), constatando, pela progressão das linguagens utilizadas, dos textos e das ilustrações, a gradativa subordinação do imaginário em benefício do ideal do "adulto positivo", isto é, aquele que se conforma ao sistema e passa a se organizar por critérios mais objetivos, econômicos e ordenados.

A contribuição de Vygotsky para a compreensão do desenvolvimento humano subsidia outra concepção do imaginário, associada aos processos de evolução e conhecimento. Tal como as demais funções superiores tipicamente humanas, a essência imaginativa tem origem nas atividades coletivas, que, progressivamente, são incorporadas pelo sujeito como propriedades internas, isto é, passando de função inter para intrapsíquica. Nessa perspectiva, conhecimento e imaginação fazem parte de um mesmo processo de constituição do eu na relação com o mundo e, em especial, com o contexto sócio-histórico do homem.

Em suas pesquisas, Luria (1990), colaborador de Vygotsky, solicitou aos camponeses de regiões remotas que formulassem três perguntas quaisquer ao experimentador, buscando relacionar "modelos imaginativos" às variáveis das diferenças sociais e escolares. Por mais simples que essa atividade nos pareça, a maioria dos sujeitos analfabetos, que viviam isoladamente em regiões rurais, recusava-se a formular questões, percebendo (também eles!) a interdependência entre ambas as funções – imaginação e conhecimento. A resposta a seguir, formulada por um camponês, é uma evidência dessa percepção:

> Eu não sei como conseguir conhecimento... onde eu encontraria as questões? Para fazer questões você precisa conhecimento. Você pode fazer questões quando tem compreensão, mas minha cabeça está vazia. (p. 184)

Parece-me que essa postura está perfeitamente alinhada com as teses de teóricos que pretendem uma pedagogia do imaginário (Jean, 1991; Duborgel, 1992). Em oposição a Sartre, eles defendem a imaginação como consciência do real. Como eles, acredito na imaginação como uma atividade mental que ultrapassa a mera percepção, sendo capaz de construir – em diferentes níveis de apreensão – representações da realidade, reproduzindo-a ou recriando-a sob nova forma.

Confinada aos limites da memória, a imaginação reprodutiva aparece associada às experiências práticas e aos interesses mais imediatos (Luria, 1990). Em níveis mais avançados de desenvolvimento, a imaginação criativa, associada ao pensamento lógico-verbal, é a função presente nas grandes descobertas e obras da humanidade – revoluções científicas, artísticas, literárias ou tecnológicas. Trata-se da possibilidade de criação entendida como um salto qualitativo que permite ousar, desafiar uma ordem instituída (supostamente inquestionável) e, assim, superar limites. Observe-se, por exemplo, a "hipótese absurda" de injetar vírus em uma pessoa já infectada e condenada à morte. Foi exatamente essa a grande ousadia e o mérito de Louis Pasteur na descoberta da vacina contra a raiva (1822-1895). O princípio da vacinação inventado por esse grande cientista era, até 1885, considerado tão ilógico que, para provar sua hipótese, ele teve de correr o risco de ser julgado um criminoso. A imaginação teve o seu preço no desafio de uma lógica instituída, mas devolveu uma compensação à humanidade nos termos do conhecimento e da reconhecida conquista científica.

No caso da aprendizagem, quando a criança inventa hipóteses para a compreensão da realidade, é a imaginação criadora que promove a superação de concepções mais elementares antes fixadas. A evolução do conhecimento é, assim, um processo vinculado ao poder criativo, cujo resultado põe fim às representações mais primitivas, ao mesmo tempo que abre novas perspectivas para o imaginar. Ao homem não bastam conhecimentos, mas a competência criadora capaz de gerá-los. A imaginação é essa parte mais atrevida da inteligência que se arrisca, formula hipóteses para explicar o desconhecido e se lança em projetos imprevisíveis, desafiando as certezas do presente, os limites da verdade, do "correto" e do instituído.

Nessa perspectiva, como se relacionam imaginação e escrita?

ESCRITA E IMAGINAÇÃO: RELAÇÕES E TENDÊNCIAS EVOLUTIVAS

Uma vez que a imaginação ajuda a vislumbrar o desconhecido no processo de aprendizagem, pode-se dizer que ela é parte integrante da alfabetização, favorecendo o desenvolvimento da conceituação infantil a respeito dos usos e do funcionamento do sistema da língua escrita. Nos sucessivos movimentos de avanço da alfabetização, há no sujeito aprendiz fortes indícios da ousadia criadora que, no esforço para aprender, abre mão das ideias mais elementares para criar novas e mais elaboradas hipóteses, em um progressivo processo de ajustamento, descoberta e recriação linguística.

Por outro lado, essa mesma escrita, aprendida à custa de imaginação e empenho cognitivo, é um meio privilegiado de expressar sonhos, fantasias e representações mentais. Se a leitura possibilita "ver outras coisas" que não letras, linhas e páginas, escrever implica poder "traduzir" aquilo que foi concebido, visualizado ou imaginado pelo autor em propostas concretas de compreensão. Pela enunciação linguística da escrita, o ausente se faz presente, o impossível se reveste de efetivas possibilidades, as distâncias no tempo e no espaço podem ser relativizadas, as ideias tomam corpo, os personagens ganham vida, as situações hipotéticas se assumem em configurações singulares e os conhecimentos são reinterpretados nos mais diversos contextos. Superando a própria natureza frágil, incompleta e temporária do autor, o texto pode até ganhar autonomia e imortalidade. A escrita permite, pois, reproduzir a realidade ou recriá-la em possibilidades imensuráveis de interpretação e entendimento.

O potencial inerente à escrita parece, contudo, estar longe de se configurar como uma promessa para aqueles que supostamente aprendem a ler e a escrever...

Partindo do pressuposto de que a imaginação faz parte do conjunto das funções superiores e, como tal, constitui-se em um elemento vital para o ser, o aprender, o conhecer e o fazer; da concepção de que a escrita, como forma de linguagem, é um meio privilegiado para a expressão da fantasia; e convicta de que escrever pressupõe certa dose de reprodução e recriação da realidade, pergunto: como a imaginação aparece e evolui no âmbito da redação infantil?

Sem a pretensão de esgotar o tema da imaginação no desenvolvimento da escrita, passo a examiná-lo no âmbito da pesquisa de doutorado realizada em classes de 1.ª a 5.ª séries do ensino fundamental de uma escola estadual de São Paulo[2] e dos estudos posteriores com base no mesmo *corpus* de pesquisa, tomando como ponto de partida a produção de um texto cujo principal apelo era o de evocar a imaginação ou a fantasia.[3]

Com base no desenho do "boneco pedagógico", feito em cada uma das referidas classes no quadro-negro com um balão de pensamento, dei aos alunos a seguinte instrução: "Esta pessoa está pensando. Escreva sobre o que ela está pensando, tudo que se passa na cabeça dela".

A imprecisão do desenho e a indeterminação temática, concebidas de modo proposital, levam o sujeito, na maioria dos casos, a falar de si mesmo (suas preocupações, seus interesses e desejos), livre do compromisso com dada realidade, donde o seu apelo à imaginação. Quando a proposta é falar de sonhos, pensamentos e fantasias, não necessariamente "meus", a sensação de liberdade e o apelo à criatividade são assimilados de diferentes maneiras. Para alguns alunos, o fato de poder escrever sobre qualquer tema e de qualquer forma (sem ter de dar conta de um conteúdo específico) era tão instigante que eles logo se lançavam ao trabalho de criar e imaginar. Outros, sentindo-se descompromissados em relação ao desafio da tarefa, faziam algo mais rápido, fácil e imediato. Outros, ainda, lidavam com essa liberdade de modo angustiado, sem saber o que ou como fazer? Nesse caso, foram inúmeras as solicitações, todas elas derivadas de um mesmo foco de tensão: "Eu não sei o que falar. Diga alguma coisa para eu escrever aqui..."

De qualquer modo, a produção do texto tal como foi proposta tem uma dimensão expressiva[4] na qual o sujeito, com maior ou menor competência, é induzido a: 1) considerar a situação hipotética (o personagem e o seu pensamento); 2) eleger um ou vários temas com base na lista de sonhos, fantasias, desejos e lembranças; 3) produzir um texto que, além dos desafios próprios da língua escrita, fosse capaz de conciliar os dois itens anteriores. Apoiada nesses desafios, amplio o questionamento antes formulado: como as produções textuais infantis se configuram segundo uma proposta que apela para a imaginação? Como as crianças lidam com os planos da realidade e do imaginário na composição escrita? Em que medida a natureza da temática evocada favorece o voo da ficção?

A análise das produções realizadas indica três categorias básicas para a configuração da situação hipotética: o interesse imediato, a contextualização e as considerações mais amplas e abstratas, assim distribuídas nas cinco classes estudadas:

CATEGORIAS DE ABORDAGEM NO TEXTO DE IMAGINAÇÃO

	INTERESSE IMEDIATO (%)	CONTEXTUALIZAÇÃO (%)	CONSIDERAÇÕES AMPLAS (%)
1.ª série	96,29	3,70	0
2.ª série	92,85	7,14	0
3.ª série	34,28	65,71	0
4.ª série	33,33	63,73	3,33
5.ª série	22,85	62,85	11,42
Total	46,45	43,22	3,22

CATEGORIAS DE ABORDAGEM NO TEXTO DE IMAGINAÇÃO

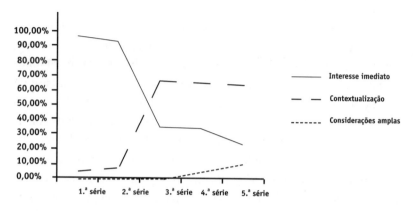

Os dados apontam para o predomínio dos interesses imediatos, um modo de produção que tende a decrescer uma vez que aumentam as iniciativas para criar uma situação contextualizada capaz de suportar a temática aludida. As considerações mais amplas – uma alternativa mais evoluída porque passível de descolar o foco temático da realidade imediata – aparecem timidamente só a partir da 4.ª série. Essa direção do rumo evolutivo é, aliás, compatível com os resultados do referido trabalho de Luria (1990), o qual, guardadas as devidas especificidades da pesquisa, do momento histórico e dos sujeitos estudados,[5] também comprovou a crescente possibilidade do indivíduo de fazer evocações cada vez mais abstratas, conforme o grau de escolaridade e de intercâmbio social.

No entanto, ao contrário do que foi encontrado pelo pesquisador russo, não foram registrados aqui (a despeito das hesitações de alguns alunos que precisaram ser estimulados para produzir seus textos) casos de recusa à produção, considerados por Luria a categoria mais elementar na construção da fantasia e predominantes entre os camponeses analfabetos, moradores de regiões isoladas. Isso sugere que a vivência dos alunos na cidade de São Paulo e muito provavelmente a frequência nas escolas de educação infantil garantiram aos alunos, logo na 1.ª série do ensino fundamental, um referencial básico para se lançar à imaginação, por mais simples que tal produção possa parecer.

De fato, nos textos mais típicos de 1.ª e 2.ª séries, prevaleceram evocações simples, que apenas mencionaram uma ou mais ideias com referências aos interesses imediatos ou aos elementos do próprio contexto dos pequenos autores, sem a preocupação de situar o pensamento do boneco ou de se aprofundar na consideração do tema, como no exemplo:[6]

EXEMPLO 1 (ALUNO DE 7 ANOS DA 1.ª SÉRIE):

bolo de chocolati [chocolate]
coca cola [coca-cola]
sanduixe de pesunto [sanduíche de presunto]

Tendo sido colhido no período que antecedeu o lanche, isto é, em um horário de provável fome, muitos alunos fizeram referências a comidas e bebidas, com certeza seus interesses imediatos. Mesmo configurando-se como uma lista de elementos diretamente ligados com a realidade (alimentos, objetos do cotidiano escolar ou brinquedos), o fato de o aluno aceitar a proposta do texto de imaginação (em vez de rejeitar a tarefa) já o coloca em correspondência com a categoria 2 da pesquisa de Luria: "Formulação de questões práticas sem ajuda de uma situação imaginária".

Predominantes a partir da 4.ª série, os textos de contextualização caracterizam-se pela preocupação dos autores em criar uma situação imaginária para o pensamento do personagem em questão. Uma garota de 10 anos, após ter o cuidado de transformar o "boneco pedagógico" em um desenho detalhado de uma figura feminina com um violão, escreveu como legenda de seu desenho: "Essa é a Sandy", e, a seguir, lançou-se ao texto que, na época, era parte da letra de um dos maiores sucessos da referida cantora:

EXEMPLO 2 (ALUNA DE 10 ANOS DA 4.ª SÉRIE):

Vamo pula, vamo pula, vamo pula [Vamos pular]

Mais elaborada do que o exemplo 1, a escrita em questão, pela informação prestada na legenda ou pela reprodução de parte da letra da música, acabou recriando uma personagem pública e com identidade definida, ainda que o texto tenha sido apenas a reprodução de algo conhecido.

O que há de comum nos textos dessa categoria é a criação de situações práticas apoiadas pela preocupação do(a) autor(a) em situar a escrita no tempo ("quando eu crescer", "no dia das mães"), na situação ("na hora de bater o pênalti", "um sonho") e no espaço ("na escola", "no Playcenter"), ou em definir o personagem ("essa sou eu", "Ronaldinho"), prestando informações ao leitor, ainda que ele não tenha a intenção de se alongar no desenvolvimento do tema, como é o caso do exemplo. A contextualização da situação fictícia representa um salto qualitativo sobre as produções anteriores mais desarticuladas, correspondendo ainda à categoria 2 proposta por Luria, "Formulação de questões práticas", mas agora "com ajuda de uma situação imaginária". Com base nessa preocupação, o aprofundamento da situação fictícia, com maior ou menor competência, passa a ser um diferencial dos textos produzidos, como no exemplo que segue:

EXEMPLO 3 (ALUNO DE 10 ANOS DA 4.ª SÉRIE):

> Um dia sonhei que era um heroi, que eu tinha imaginado, ele era um heroi muito forte, ele soltava laiser pelos olhos, tinha visam [visão] de raio x, voava, sobia [subia] na parede, no teto e tinha várias outras armas.
> Ele um dia foi dar moral [dar um mortal] de uma ponte, em baixo havia água que nunca acabava, era só água, mas lá no fundo havia um tesouro que dentro havia ums [uns] poderes joias, diamantes e cristais e muito ouro. Ele foi lá no fundo pegou e depois quando abriu havia um boneco.

Mais do que a preocupação em contextualizar o texto (um sonho) ou a situação (o herói com certos poderes que se lança na água sem-fim embaixo de uma ponte), o que fica evidente nesse caso é a efetiva disponibilidade do autor em aprofundar a expressão da sua fantasia. Comparando os exemplos 2 e 3, o autor do último texto, a despeito dos problemas de ortografia, de referência e de coesão textual, se dispõe a sair do limite do real, rompendo com a fronteira do possível. Sentindo-se protegido pela situação do sonho (uma esfera onde tudo pode acontecer), ele se liberta dos estreitos limites de reprodução da realidade para se alçar à condição de recriá-la.

O acesso aos diferentes níveis de imaginação oscila no eixo entre a realidade e a ficção. A primeira caracteriza-se pela transposição do real para a produção escrita (como no exemplo 2), embora com diferentes probabilidades de concretização. Nesse caso, os alunos costumam referir-se aos objetos do seu mundo e a temas do seu cotidiano, ainda que, por vezes, revestidos de abordagens fantasiosas (casas gigantescas, amizade com ídolos, carros importados, amores impossíveis etc.). A segunda depende da recriação da realidade pelo rompimento com o possível ou com o jamais visto/feito pelo homem (como no exemplo 3), razão pela qual se explica a tendência qualitativa que, nessa categoria, permite a superação da imaginação "reprodutiva" pela "criativa".

No estudo, a distribuição quantitativa desses dois planos de abordagem revela o predomínio da realidade sobre a ficção, conforme se observa no quadro abaixo:

PLANOS DE ABORDAGEM NO TEXTO DE IMAGINAÇÃO

	REALIDADE (%)	FICÇÃO (%)
1.ª série	100	0
2.ª série	82,14	17,85
3.ª série	97,14	17,85
4.ª série	83,33	16,66
5.ª série	74,28	22,85
Total	87,09	12,25

Em uma perspectiva evolutiva, os dados sugerem que o voo do imaginário não só é restrito como tem uma baixa taxa de crescimento ao longo do ensino fundamental: uma vez que ele se torne possível (por volta da 2.ª série, a tendência de usar a escrita como suporte para a ficção é pequena e ainda tem poucas chances de evoluir.[7] Não seria isso uma consequência do modo como a escrita é trabalhada na escola? Não seria isso uma consequência da desvalorização da ficção pelos educadores?

Finalmente, na última categoria, as crianças foram capazes de se descolar das situações práticas de interesses imediatos ou da contextualização de uma cena (real ou fictícia) para evocar conteúdos mais amplos com base em conhecimentos adquiridos, inquietações pessoais e posicionamentos críticos. O texto a seguir é um exemplo típico dessa categoria:

EXEMPLO 4 (ALUNO DE 12 ANOS DA 5.ª SÉRIE):

> Como o mundo é louco! As pessoas destroem as florestas e matam os animais seu podese [se eu pudesse] eu parava tudo isso fazendo do mundo um lugar melhor par [para] homens e animais

O exemplo mostra que a possibilidade de considerar temas mais amplos e abstratos (uma configuração rara e tardia, que só apareceu na passagem do ensino fundamental I para o II, totalizando 3,22% dos casos estudados) não garante a disponibilidade para fazer do texto um meio para o desenvolvimento mais profundo das ideias. Em outras palavras, mesmo na vigência de "abordagens mais evoluídas", não se pode ter a garantia de "belas produções". Nesse caso, assim como no exemplo 2, o que parece estar em jogo é a postura, lamentavelmente predominante, de ambos os alunos de descomprometimento com a tarefa e, em particular, de baixa motivação ante o desafio de escrever. Se a escrita traz de verdade a chance de se aventurar, de expressar sonhos e fantasias, de criar novos personagens e universos, na prática escolar, os alunos parecem estar condicionados ao mero cumprimento de tarefas que não pode trazer outra sensação senão a dor na mão e o cansaço.

Poderia ser diferente. Por que não?

Respeitando as características das faixas etárias e o grau de conhecimento sobre a língua escrita, casos singulares colocam em evidência um potencial ainda mal aproveitado na escola. O texto que segue, ainda como exemplo da terceira categoria (considerações amplas), é uma amostra de que o poder de abstração das ideias pode ser combinado com a disponibilidade para escrever, recuperando elementos da realidade de modo que a recrie em uma perspectiva crítica:

EXEMPLO 5 (ALUNA DE 11 ANOS DA 4.ª SÉRIE):

Pensamentos
Essa pessoa, sobre a que vou escrever é uma pessoa comum como os milhares, milhões de habitantes do país. Ela acorda cedo mal toma café e sai de casa atrapalhada, colocando sapato, tentando pentear o cabelo, enfim atrasada como todo mundo.
Esse cidadão sempre pensa o que todos pensam. Ele pensa em estrangular o patrão, em um almento [aumento] no salário, férias, um melhor cargo e tudo isso no trabalho.
Em casa ele pensa nas contas, no jogo do Timão, na comida que não fica pronta, na mulher que enche o saco (com o maior respeito) pra assistir a novela e isso em casa.
Ele tamém [também] tem a sua vida social, fica com cílme [ciúme] do terno do sócio, acha ruim um tal de Victor ficar olhando sua mulher e briga com seu melhor amigo.
e com os filhos que dão um trabalho pra pagar a escola, pede uma coisa impossível e vivem brigando. Em sua vida sexual sua mulher está sempre com dor de cabeça.
E por fim mas não tão importante o transito [trânsito] que é uma meleca, só esiste [existe] motorista ruim, farol quebrado e assidente [acidente].
E mesmo assim adora sua vida.

A autora da redação formula seus "pensamentos" com base na descrição da vida de um suposto personagem (aparentemente uma situação imaginária específica), mas a generalidade com que se refere a ele ("uma pessoa comum como milhares, milhões de habitantes do país", "atrasada como todo mundo", "pensa o que todos pensam") sugere que o sentido do texto diz respeito às contradições da própria vida das pessoas. Trata-se, portanto, muito mais de uma crítica social fundamentada em certo conhecimento de causa do que de uma narrativa restrita e circunstanciada, razão pela qual ela corresponde à categoria 3 da pesquisa de Luria: "Formulação de questões de conhecimento".

REPENSANDO A ESCRITA E A IMAGINAÇÃO NA ESCOLA

Aprender a escrever não garante necessariamente a possibilidade de se aventurar na escrita da imaginação. Do ponto de vista qualitativo, a chance de poder se lançar ao texto de expressão dos sonhos e recriação da realidade parece depender tanto da amplitude e abstração da abordagem (o tratamento do conteúdo) quanto da profundidade e do envolvimento com os quais o autor se dispõe a enfrentar o desafio de escrever (o tratamento retórico). Assim, o potencial evolutivo do texto de imaginação parece transitar pelos seguintes eixos:

I. Tratamento do conteúdo:
   a) Configuração temática:
      Interesse imediato
      Contextualização
      Considerações amplas
   b) Plano de abordagem:
      Realidade
      Ficção
II. Tratamento retórico:
   a) Conhecimento sobre a língua escrita
   b) Envolvimento com a língua escrita

A costura possível entre as diferentes variáveis explica a diversidade das produções sempre circunscritas ao infinito potencial da língua, os referenciais da cultura e o efetivo investimento pedagógico. Toda escrita, como sistema de comunicação e representação da realidade, pressupõe um grau considerável de abstração. O vínculo construído entre o texto e o objeto por ele abordado (a retórica e o conteúdo) representa, por certo, o grau de conhecimento linguístico, mas, mais do que isso, traduz uma ótica do autor sobre o mundo:[8] o modo de compreendê-lo e de com ele se relacionar. Por isso, compreender os desafios envolvidos no ensino da escrita me leva a questionar as práticas de ensino e o valor social e pedagogicamente atribuído à imaginação. Ensinar a escrever é, em certa medida, alimentar a possibilidade de interpretar e recriar a realidade. Lamentavelmente,

> Tudo se passa como se a escrita infantil fosse dirigida e polarizada pelo ideal de uma escrita mais referencial, mais transitiva, mais verossímil e mais realista. Da mesma forma, tudo se passa como se a escrita infantil estivesse destinada a limitar ou abandonar a sua relação com os temas do imaginário e as formas de expressão da imaginação. (Duborgel, 1992, p. 121, tradução livre)

Embora a tendência do percurso evolutivo aponte para abordagens cada vez mais amplas e abstratas, a maioria das redações de imaginação estudadas circunscreve-se a dimensões do real e do interesse imediato, não raro marcadas ainda pelo precário envolvimento com a língua. Dos 155 alunos pesquisados, apenas 19 se lançaram aos textos de ficção e cinco chegaram a considerar temas mais amplos. Fechados em si mesmos e com dificuldade para superar a vida cotidiana, os alunos parecem fixar-se sobre as dimensões concretas do que é real, possível, vivido e conhecido. Sim, os alunos pensam e sonham, mas o voo do imaginário é raso, tal é o seu apego à realidade, tal é o seu anseio para se livrar das tarefas escolares. Ao final de cinco anos de vida escolar, a qualidade da produção textual reflete a resistência em considerar a escrita um recurso capaz de dar asas à imaginação.

10
O PAPEL DO DESENHO NA ESCRITA INFANTIL[1]

QUANDO O DESENHO PASSA A SER RELEVANTE NA RELAÇÃO COM A ESCRITA

— Professora, posso desenhar?

Ao pesquisar um grupo de aproximadamente 150 crianças de idade entre 6 e 12 anos da Escola de Aplicação da USP (Colello, 1997),[2] surpreendi-me com tão frequente demanda, aparentemente estranha, ante as solicitações de trabalhos escritos. Foram quatro atividades em cada uma das cinco classes estudadas, de 1.ª a 5.ª série do ensino fundamental. Na primeira, os alunos eram convidados a produzir um texto livre para apresentar a si mesmo, do modo que quisessem ("texto de autocolocação"). Na segunda, foram desafiados a compor um texto para um balão de pensamento associado a um personagem hipotético[3] ("texto de fantasia"). Na terceira, foram estimulados a demonstrar conhecimentos sobre os animais, um tema reconhecidamente de interesse coletivo ("texto informativo"). Finalmente, eles tentaram tomar notas para reproduzir tanto quanto fosse possível as informações de um texto lido em classe,[4] visando à posterior recuperação das ideias ("texto de registro reprodutivo").

Na fase inicial do referido estudo (a coleta do *corpus* de 623 textos), o anseio por desenhar parecia-me um dado puramente acessório, até porque o objetivo era analisar tendências evolutivas na produção dos diferentes textos. Contudo, a constatação de que a metade dos trabalhos produzidos fora acompanhada de desenhos, rabiscos e imagens, cuja frequência e características variavam nas diferentes idades e textos, trouxe novas indagações para o âmbito da investigação.

Por que as crianças insistem em desenhar quando pedimos a elas que escrevam? Que necessidades justificam a associação da imagem à redação? Qual é o papel do desenho na produção textual e como ele evolui ao longo da escolaridade? Que influências internas e externas interferem na conjugação das formas de representação?

Ao descartar ideias superficiais do tipo "As crianças desenham porque gostam", "Os desenhos são apenas recursos estéticos na elaboração de tarefas escritas", ou, ainda, "Uma vez discriminados os sistemas de representação e compreendida a autonomia entre eles, desenho e escrita são recursos completamente independentes para as crianças", foi possível aprofundar a compreensão das relações entre imagens, traçados e escritas que permeiam a produção dos trabalhos infantis.

Assim como os demais capítulos que não pretendem esgotar a compreensão acerca do tema, este visa apenas promover análises exploratórias das tendências evolutivas na relação entre desenho e escrita, feitas com base em três categorias básicas de apresentação: "desenho por si só", "desenho associado à escrita" e "desenhos paralelos".

DESENHO POR SI SÓ

As raras ocorrências do "desenho por si só" são composições figurativas que, de maneira deliberada, contrariam a solicitação do trabalho escrito, em manifestações particularmente intrigantes: se os desenhos constituem possíveis alternativas de registro para o sujeito não alfabetizado, como explicar a ocorrência de produções dessa natureza após o domínio do sistema alfabético? Em que situações crianças capazes de escrever optam pelo desenho como forma exclusiva de representação das ideias?

No conjunto das produções feitas, os 15 trabalhos de "desenho por si só" apareceram somente nos "textos de registro reprodutivo", um indício significativo para explicar suas razões e significados.

Comparada aos textos com maior liberdade para lidar com o tema (como as três outras solicitações), a atividade de registro configura-se como uma proposta fechada de reproduzir a ideia de um texto lido para posterior recordação, uma tarefa limitada pelo tempo de leitura ou pela memória do que foi ouvido em classe. Sua elaboração requer uma competência complexa para lidar com várias habilidades e saberes, tais como: ouvir e compreender o texto, enfrentar o impacto de suas ideias mais ou menos assimiladas (curiosidades, fantasias, dúvidas e interesses pessoais), selecionar ideias relevantes no texto (baseadas em um critério implícito) e registrá-las o mais fiel e rapidamente possível. Sem que as crianças tivessem uma clareza tão objetiva dessas exigências, mas vivenciando-as com variáveis graus de competência, não foi por acaso que a tarefa de registro foi considerada a mais difícil das quatro escritas solicitadas. Assim, parece razoável associar a exclusividade do desenho aos graus de exigência da tarefa. Mas, do ponto de vista da criança, o que representa o recurso de desenhar quando fica difícil escrever?

A clássica hipótese da escola russa propõe que, ao enfrentar maior grau de complexidade na tarefa, a busca de "formas mais simples de notação" significa um retrocesso no estágio evolutivo já conquistado.

Considerado um antecessor da escrita, o desenho é, para Vygotski (1988), um meio notacional que, pela abstração e convencionalidade, dá origem ao registro da própria fala em um longo processo evolutivo. Superada a fase elementar de confusão entre a imagem e o objeto, o desenho torna-se linguagem escrita real com o aparecimento das representações ideográficas. Posteriormente, quando a imagem passa a ser permeada pela fala, o desenho torna-se capaz de abstrair os significados em unidades simbólicas a ela correspondentes, dando origem à representação do som típica de tantos sistemas de escrita.

Ao compreender o desenho como estágio preliminar na conquista da língua escrita, o autor não explica, contudo, o seu desenvolvimento posterior nem o significado de traçados não figurativos igualmente associados à fala, presentes na fase que antecede a alfabetização.

Nos estudos a respeito da pré-história da escrita, Luria (1988) registrou ocorrências em que os traçados gráficos indiferenciados das crianças funcionavam como reflexo da fala, alongando-se com ela ou tentando reproduzir o seu ritmo. Longe de serem entendidas como um princípio evolutivo próprio da escrita, tais manifestações são associadas pelo autor às formas de representação icônicas, isto é, meios de notação dependentes do desenho. Para ele, a gênese da escrita, sob a forma de traçados indiferenciados, evolui necessariamente com o aparecimento da escrita pictográfica, e daí para a escrita simbólica, quando a criança torna-se capaz de grafar marcas arbitrárias ou de fazer desenhos diferentes do que ela quer retratar (mas de algum modo relacionados à ideia) como meio de relembrar posteriormente a informação.

Opondo-se a essa postura, Tolchinsky-Landsmann (1995) e Ferreiro (2001) fazem lembrar que, tanto do ponto de vista histórico como do ontogenético, a diferenciação entre escrita e desenho (no que se refere ao processo, à classificação e ao uso) é bastante precoce. Isso quer dizer que, ao utilizar o desenho como meio de notação, as crianças não estão confundindo as duas formas de registro nem retrocedendo na sucessão de estágios, mas simplesmente aproveitando a diversidade dos recursos formais de representação. Em maior ou menor grau, tais recursos são conhecidos pelas crianças e, de diferentes maneiras, satisfazem as suas exigências de representação.

Em nossa cultura, o indivíduo convive, desde muito cedo, com uma intensa diversificação de meios de registro e com a multifuncionalidade dos recursos gráficos. Muitas vezes, as informações recebidas superam as formas estritamente alfabéticas, e a sua decodificação faz parte de um processo mais amplo de letramento ligado à cultura e às práticas sociais. A compreensão de tantas possibilidades dadas pela relação entre sistemas é, sem dúvida, um aprendizado que se processa pela consideração dos componentes diferenciados e integradores nos diversos propósitos de comunicação. O conhecimento notacional em sua complexidade evolui no contexto dessa diversidade, paralelo à construção de saberes e, muitas vezes, à revelia da escola. Obcecados pela rápida alfabetização e pelo anseio da correção ortográfica e gramatical, muitos educadores operam centrados em uma hierarquia de valores socialmente instituídos, privilegiando a aprendizagem estanque da língua escrita em detrimento do estímulo à riqueza e amplitude das possibilidades de expressão dadas pela conjugação inteligente de recursos e sistemas (incluindo a própria escrita).

No caso específico do desenho, independentemente do valor social (ou escolar) a ele atribuído, há de se defender a legitimidade do uso da imagem (exclusivo ou não) como meio de representação e alternativa no processo evolutivo. Em primeiro lugar, porque, como qualquer outro recurso, o desenho favorece a apreensão da ideia, funcionando como importante mecanismo de ordenação, classificação e memória. Em segundo, porque, como meio possível de comunicação, ele permite a separação entre a mensagem e seu autor, dando ao produto final uma autonomia tão válida quanto qualquer outro sistema comunicativo (embora não necessariamente adequado aos critérios de objetividade, clareza e rapidez comuns em nossa sociedade). Por último, porque, mesmo quando acompanhado pela escrita, o desenho pode ser um mediador entre o eu e o mundo real, capaz de se configurar como um "espaço problema" na relação entre formas e significados, ou na busca de adequação entre meios e fins. Assim como a escrita, o desenho pode ser uma proposta para a negociação de sentidos na relação entre interlocutores.

É assim que, no contexto das práticas sociais e ante múltiplas funções da língua, o indivíduo pode vivenciar a diversidade dos meios notacionais, as diferentes formas de simbolizar a mesma coisa em determinados domínios de referência e de expressão simbólica.

Ao deixar de ser entendido como retrocesso evolutivo, o uso do desenho como alternativa de comunicação ou registro pode se configurar como vivência legítima e enriquecedora na compreensão da complexidade linguística e dos modos de representação, impondo, portanto, uma revisão das práticas de ensino. O mal-estar implícito nas relações entre professores e alunos – aqueles que, "mesmo na produção da escrita, ainda insistem em desenhar!" – abre espaço para práticas pedagógicas menos estreitas, capazes de reconhecer, em cada caso, o potencial dos alunos.

A observação das produções de "desenho por si só" indica que, ao lado de iniciativas apenas inspiradas na temática do texto-fonte (com possíveis qualidades estéticas, expressivas e até artísticas, mas sem valor funcional, já que pouco contribuem para o registro das ideias), muitos desses trabalhos essencialmente icônicos configuram-se efetivamente como "escrita" porque se prestam como recurso de "anotação" do texto-fonte. Esse critério de funcionalidade é o que, segundo Luria (1988, p. 176), distingue desenho de escrita:

> Uma criança pode desenhar bem, mas não se relacionar com seu desenho como um expediente auxiliar. Isto distingue a escrita do desenho e estabelece um limite ao pleno desenvolvimento da capacidade de ler e escrever pictograficamente, no sentido mais estrito da palavra.

Tal distinção reconfigura o *status* das produções em ampla maioria dos casos de "desenho por si só": longe de serem alternativas primárias, pobres do ponto de vista comunicativo ou carentes de abstração, elas são verdadeiros "desenhos do dizer", com diferentes graus de eficiência e de valor comunicativo. Essa variação qualitativa apenas indica a progressão psicogenética na considerável distância entre saber escrever (ou "escrever com imagens") e adequar o uso da escrita aos diversos contextos e tarefas. Eis alguns exemplos:

EXEMPLO 1:

Produzido como "texto de registro reprodutivo" por um menino de 8 anos, da 2.ª série, já alfabetizado.

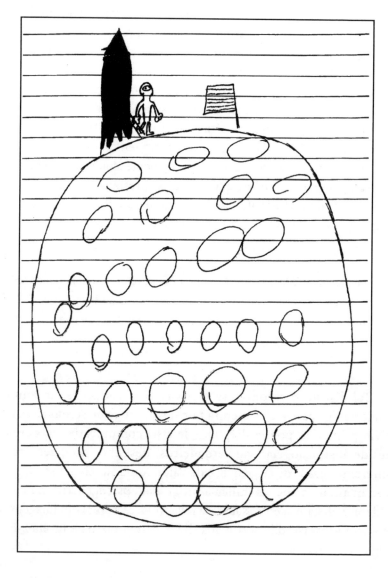

A ESCOLA QUE (NÃO) ENSINA A ESCREVER

EXEMPLO 2:

Produzido como "texto de registro reprodutivo" por uma menina de 8 anos, da 2.ª série, já alfabetizada.

A numeração das imagens foi feita posteriormente, para facilitar a análise.

EXEMPLO 3:

Produzido como "texto de registro produtivo" por uma menina de 7 anos, da 1.ª série, não alfabetizada.

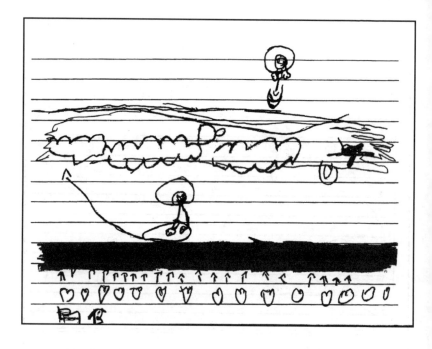

No exemplo 1, o autor usou a habilidade de desenhar como uma estratégia para o registro do texto original, ainda que de modo incompleto. Ao entregar o seu trabalho, fez questão de chamar a atenção para o fato de "seu astronauta estar descendo do foguete com o pé esquerdo", numa dupla referência: à informação veiculada pelo texto original e ao caráter funcional do seu trabalho. De fato, o desenho incorpora elementos do texto-fonte sem se importar com a contradição lógica de o primeiro passo na Lua estar simultaneamente representado com a placa assinada pelos astronautas, já fincada no solo lunar. Isso sugere que a intenção funcional do registro prevaleceu sobre a dimensão expressiva ou artística, configurando a produção como uma escrita pictográfica.

Muito semelhante foi a forma de dizer encontrada pela autora do exemplo 2. Comparada à anterior, a diferença nesse caso é o aumento quantitativo das representações feitas, a sofisticação da qualidade e a sequência de imagens que acompanham o desenrolar do texto-fonte. Os surpreendentes registros de ideias e de fragmentos textuais garantem o valor funcional da escrita pictográfica, isto é, a possibilidade de recuperar grande parte do que foi originalmente lido, com base na seguinte correspondência:

- 1.ª imagem: o primeiro passo na Lua (correspondência representativa da ideia);
- 2.ª imagem: o segundo astronauta a pisar na Lua e, por isso, o desenho de dois pés (correspondência representativa da ideia);
- 3.ª imagem: "Neil Armstrong e Edwin 'Buzz' Aldrin, o segundo a pisar na Lua, fincaram ali uma bandeira metálica dos Estados Unidos" (correspondência textual);
- 4.ª imagem: "Ao descer em solo lunar, Edwin Aldrin sentiu uma enorme vontade de fazer xixi. E fez: dentro do traje..." (correspondência textual);
- 5.ª imagem: "Recolheram [...] amostras de pedras e poeira" (correspondência textual);
- 6.ª imagem: "O alimento era reidratado com pistola de água quente" (correspondência textual);
- 7.ª imagem: "A nave pousou de volta [...] no oceano Pacífico..." (correspondência textual);
- 8.ª imagem: "Neil Armstrong foi entrevistado pela apresentadora brasileira Hebe Camargo" (correspondência textual).

O exemplo 3 é uma controvertida produção que oscila entre a considerável competência de representação linguístico-textual e o cumprimento funcional dos objetivos propostos. A compreensão e a análise dos recursos utilizados pressupõem a explanação oral da autora:

Depois de subir no foguete (representação por imagem), o astronauta foi em cima das nuvens (simbolizado pela seta e riscos) até chegar à Lua (simbolizado pela seta na direção da imagem da Lua). Essas coisas aqui (marcas abaixo do desenho) são as pessoas que ficaram assistindo (simbolizado pelas setas). Elas têm a forma de coração porque, quando o astronauta foi para a Lua, ele deixou aqui as pessoas que ele gostava.

Ainda que se trate de uma representação bastante genérica do texto-fonte (e, portanto, precária na reconstituição objetiva de seus detalhes), o trabalho em questão mostra-se duplamente peculiar quando comparado aos exemplos anteriores. Do ponto de vista textual, seu avanço em uma escala psicogenética de representação da ideia está no fato de apresentar informações feitas de modo interpretativo (a relação de amor e observação entre o astronauta e as pessoas).

Do ponto de vista linguístico, o trabalho integra escritas ideográficas e simbólicas, já que a autora concilia a possibilidade de retratar os objetos pela imagem figurativa (astronauta no foguete) com a utilização de recursos simbólicos de representação (setas e marcas arbitrárias na representação dos espectadores). Curiosamente, o uso de marcas simbólicas como recurso de representação (consideradas pelos psicólogos russos a fase mais evoluída e próxima da descoberta da escrita) foi feito por uma aluna que, em oposição aos demais, não sabia ler nem escrever.

Em síntese, a variação qualitativa no conjunto de "desenho por si só" traduz etapas da evolução psicogenética nas quais a criança vai progressivamente aprendendo a usar o desenho (também) como recurso de linguagem em formas de produção cada vez mais abstratas e eficientes. Embora o uso da imagem como meio de comunicação seja uma prática frequente em nossa sociedade (a ponto de servir como modelo possível em algumas produções infantis), ele não resiste à pressão tipicamente escolar de prioridade da escrita, razão pela qual as crianças tão raramente lançam mão desse recurso. Com o domínio do sistema de escrita, o texto passa a reinar absoluto no universo escolar. Pela ótica do preconceito, o "desenho que fala" não passa de um momento transitório na progressão das aprendizagens previstas, concretizado mais pelas teimosas produções dos alunos do que pela iniciativa pedagógica de estimular o enriquecimento expressivo do repertório infantil.

DESENHO ASSOCIADO À ESCRITA

Se no conjunto "desenho por si só" a imagem cumpre a função de dizer (assumindo o papel da comunicação em substituição à escrita), como se (re)constitui a função da imagem quando a escrita entra em jogo? Como convivem ambos os sistemas de representação na produção do texto infantil?

No "desenho associado à escrita", a imagem cumpre o papel de apoiar o texto, tanto no seu processo de elaboração quanto na composição do produto final, atendendo a diferentes exigências ao longo do processo evolutivo: por um lado, as necessidades (ou alternativas) infantis em seus diversos graus de competência; por outro, traduzindo o inevitável impacto dos valores e práticas vividos dentro e fora da escola.

DESENHO ASSOCIADO AO PROCESSO DE PRODUÇÃO DA ESCRITA

No que diz respeito ao processo de redação, desenhar é, inicialmente, um meio de "despertar" o tema, de lidar com o tempo e os desafios da produção em sucessivas idas e vindas da palavra à imagem. Eis como essa relação é apresentada por Calkins (1989, p. 65-6):

> Chris, de cinco anos de idade, abriu seu livro em uma página em branco e tomou seu lápis. Alegremente perguntei: "O que você vai escrever?" O garoto fitou-me como se estivesse surpreso com a estupidez de minha pergunta. "Como posso saber? Nem comecei ainda!"
>
> Por alguns minutos, Chris olhou ao redor e depois começou a desenhar. Fez a figura standard de uma pessoa; seu pai havia-o ensinado a desenhar pessoas, de modo que ele seguiu as instruções com cuidado. No meio do desenho, Chris anunciou: "Ele vai ser meu irmão. Ele está lutando", e acrescentou um punho gigantesco à pessoa, como que para simbolizar a luta. Depois, desenhou uma

segunda pessoa, novamente com uma mão enorme. "Estamos lutando", acrescentou, e começou a escrever.

Como muitos jovenzinhos, Chris ensaia para a escrita através do desenho. Isso não significa, porém, que seu desenho sirva às propostas que nós, adultos, normalmente conectamos com o ensaio. À medida que desenha, Chris não pesa um tópico contra outro, não antecipa a resposta da audiência à sua estória. Nem mesmo planeja que direção sua escrita tomará. Exatamente como faz quando brinca no pátio da escola, ele não começa com especulações sobre o que fará, mas inicia empilhando um bloco em cima de outro, até que anuncia: "Estou fazendo uma torre"; assim, também, na área da escrita, ele não começa pensando sobre seu produto acabado, mas, sim, desenhando uma pessoa convencional; então, no meio do desenho, anuncia: "Este será meu irmão". O desenho desempenha um importante papel. O ato de desenhar e o próprio desenho proporcionam um conjunto de apoio, dentro do qual a peça de escrita pode ser construída. [...] Quando não tem a memória visual para uma palavra, ele a pronuncia, devagar: "Lu-tan-do". Ele isola um som, /l/, depois pergunta: "Como se escreve /l/?" Se ninguém responde, ele consulta o alfabeto, cogita sobre uma letra e a escreve no papel. Enquanto isso, esquece o que pretendia escrever. Que alívio deve ser, para ele, voltar ao desenho e escurecer o punho de seu irmão! Enquanto cuidadosamente cobre a lápis a mão do lutador, Chris lembra-se do que planejava escrever e, assim, volta à escrita. Realiza este movimento para a frente e para trás, do desenho para a escrita e, depois, novamente para o desenho, entre o alívio e a estabilidade de um meio e o desafio de outro.

Compatível com as práticas de escrita observadas na escola onde foi realizada a pesquisa, o relato expressa a relação entre o desenho e a escrita na fase inicial da alfabetização. A dinâmica recursiva que vai da imagem à redação e vice-versa funciona, alternativamente, para motivar o trabalho, definir os seus rumos e justificar as paradas do processo de escrever. Faz parte da escrita não só como um recurso expressivo, mas também como um meio de executar a tarefa, razão pela qual Calkins, pensando nas implicações didáticas, recomenda aos educadores o trabalho integrado de textos e desenhos.

As observações feitas indicam que, em função do desenho, vários conteúdos foram selecionados, muitas escritas foram consideradas suficientes (ou não), pertinentes ou inadequadas. É depois de desenhar um vampiro, um cachorro ou uma linda menina de vestido comprido que os alunos pensam no que vão escrever. Mas isso não significa que o desenho esteja acabado. A maior parte das crianças entre 6 e 8 anos começa o trabalho por ele, passa depois à escrita e volta, eventualmente, à imagem, sempre que um novo elemento for incorporado. Desenhar é, também, um meio menos angustiante de lidar com as dúvidas ou de esperar até poder ser atendido pela professora.

Nas classes mais avançadas, o recurso do desenho como meio de iniciar e projetar o trabalho tende a diminuir progressivamente, embora não desapareça por completo. A imagem continua associada ao texto, mas o jogo de vaivém entre imagem e palavra diminui durante o processo de elaboração. Aos poucos, o desenho é deslocado para o fim do trabalho, em procedimentos "quase rituais" de finalização do trabalho (vide exemplos 5 e 9).

A partir da 5.ª série, à medida que o sujeito vai conquistando a autonomia de procedimentos, desenho e escrita tendem a se configurar como etapas independentes no processo de produção, até que o desenho, considerado recurso puramente acessório (e, não raro, "infantil"), possa ser definitivamente dispensado do processo.

DESENHO ASSOCIADO À ESCRITA NA COMPOSIÇÃO FINAL DO TRABALHO

Usar o desenho como mecanismo – em maior ou menor escala – integrante do processo de produção da escrita pressupõe, ao mesmo tempo, a previsão do papel da imagem no trabalho que está sendo elaborado. Assim, no que diz respeito ao produto final, é possível discriminar diferentes funções (não necessariamente exclusivas) atribuídas ao desenho que acompanham a escrita: "complementar", "contextualizar" e "ilustrar".

Quando usadas de modo *complementar* ao texto (precisamente em 11% dos trabalhos com desenhos), as imagens, tal como no "desenho por si só", são efetivas portadoras de conteúdo. São casos de crianças (predominantemente nos dois anos iniciais) que atrelam o uso da escrita ao potencial comunicativo da imagem, visando oferecer informações adicionais, ou ainda ampliar a compreensão do que foi redigido. Os exemplos a seguir ilustram tais produções em diferentes graus de competência e de equilíbrio entre os referenciais de representação.

EXEMPLO 4:

Produzido como "texto de registro reprodutivo" por um menino de 7 anos da 2.ª série.

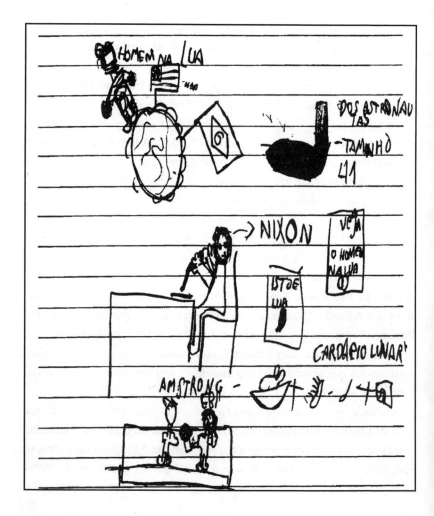

EXEMPLO 5:

Produzido como "texto de fantasia" por um menino de 10 anos da 4.ª série.[5]

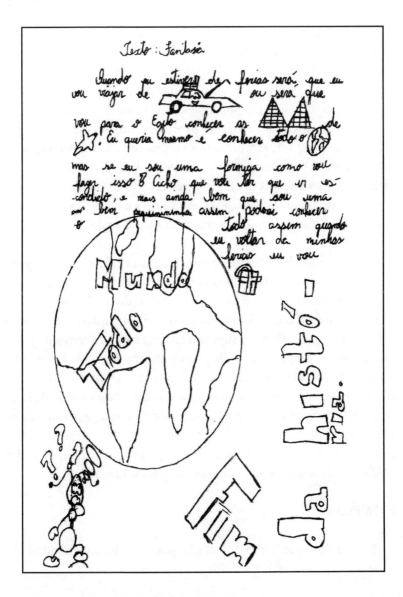

O exemplo 4 é uma interessante combinação das linguagens pictográfica (imagens da cena na Lua, do presidente assinando a placa, da bota e da cena da entrevista), simbólica (capas de revista para dar ideia da divulgação ampla do acontecimento e a composição do cardápio) e escrita ("tamanho 41", "cardápio lunar"), as quais, juntas, conseguem reproduzir inúmeras ideias do texto original. Salvo na explicação a respeito da bota, o texto funciona apenas como uma legenda, sendo suplantado pelas imagens, por si sós explicativas, mas funcionalmente precárias para a reconstrução objetiva do texto.

Substituindo palavras por imagens, o autor do exemplo 5 atribui a essas significados bastante precisos – uma evidência de que o desenho pode ser, também, um recurso de expressão objetiva. Além disso, o trabalho comprova a possibilidade de convivência criativa entre os meios de linguagem em uma composição em que o uso da imagem não é sinônimo de dificuldade, mas de livre expressão. Estaria a escola aberta para esse tipo de "aventura linguística"?

Nos *desenhos de contextualização*, função prioritária das imagens em cerca de 36% dos trabalhos com recursos icônicos, a figura é o meio de situar o personagem ou o contexto de modo que garanta a compreensão do que foi escrito. Não raro, a riqueza da imagem e da simbologia utilizadas supera a compreensão objetiva da palavra, abrindo perspectivas múltiplas de interpretação, às vezes sutis e até contraditórias ao texto. Esse é o caso do exemplo 6, uma cena de casamento em que os noivos, supostamente "no mundo da Lua" (linguagem escrita), sugerem emoções diferentes (em linguagem pictórica, a noiva, ao contrário do rapaz, está visivelmente feliz) porque a personagem está grávida (linguagem pictórica) e o filho é dele (simbologia da seta que aponta para o rapaz):

EXEMPLO 6:

Produzido como "texto de fantasia" por uma aluna de 9 anos da 4.ª série.

Entre os "desenhos associados à escrita", a *ilustração*, com a frequência de 48% (58% se considerarmos as categorias mistas de desenho), é a forma predominante nos trabalhos infantis. Estreitamente vinculada ao texto, a imagem aparece como um meio de visualizar o conteúdo já veiculado, seja pela apresentação de seus elementos básicos (personagens ou elementos pertinentes ao texto), seja pela exemplificação da situação à qual ele aludiu. Ao contrário dos desenhos de *complementação* ou de *contextualização*, as *imagens ilustrativas* pouco interferem no significado da escrita, conforme atestam os seguintes exemplos:

EXEMPLO 7:

Produzido como "texto informativo" por uma aluna de 8 anos da 3.ª série.[6]

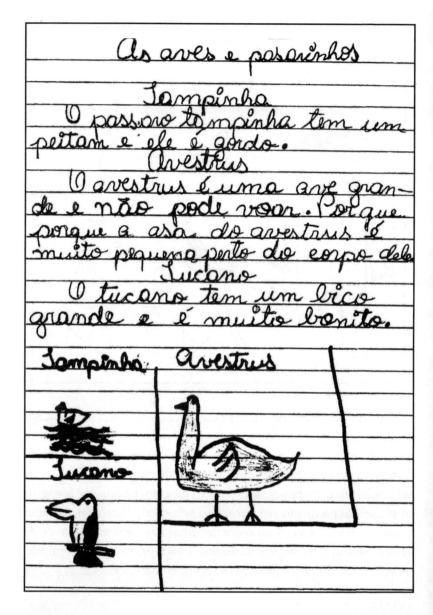

EXEMPLO 8:

Produzido como "texto informativo" por um menino da 5.ª série.[7]

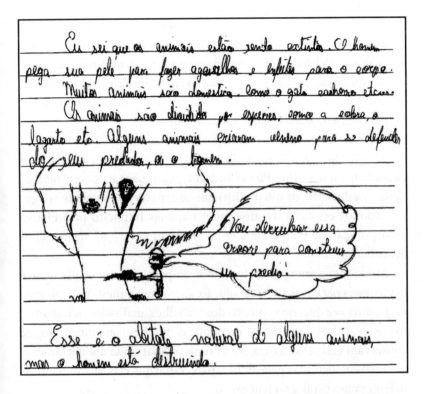

Na comparação entre ambas as "ilustrações", os desenhos estáticos e descontextualizados do exemplo 7 opõem-se à dinamicidade da imagem do exemplo 8, cuja situação recriada aparece como representativa da prática antiecológica que seu autor procura denunciar. O que torna esse confronto particularmente significativo é o modo intrigante como ele aparece no *corpus* da pesquisa, marcado, em todas as atividades e séries, pela prevalência maciça do primeiro sobre o segundo. Na tentativa de explicar por que a maioria dos alunos insiste no desenho fixo, desprovido de movimento e de contextualização, há duas hipóteses.

Para Calkins (1989, p. 67), o desenho estático produzido por crianças é um meio de "congelar" um momento ou objeto, separando-o da dinamicidade do mundo, a fim de poder considerá-lo mais objetivamente e apreendê-lo ao ritmo da escrita.

O mundo envolve um fluxo de ideias e atividades tão rápido, e a escrita é tão lenta, tão limitada, que a seleção torna-se um problema até mesmo para os escritores habilidosos. Como isto deve ser ainda mais verdadeiro para os escritores principiantes! Em seus desenhos, as crianças tomam um pedacinho do mundo e o congelam por um momento; então, com o desenho em sua frente, começam a trabalhar nas palavras que acompanham.

Tais produções são, segundo a autora, típicas de um estágio mais elementar do desenho. Posteriormente, com base na ocorrência de desenhos de perfil, os sujeitos tornam-se capazes de substituir as figuras frontais estáticas de movimento apenas implícito pela efetiva incorporação de vitalidade e relacionamento entre os personagens desenhados.

Ainda que a amostra de trabalhos da pesquisa seja insuficiente e inadequada para avaliar essa evolução, atrevo-me a questionar tais posturas, uma vez que, no conjunto dos trabalhos analisados, são inúmeros os desenhos de perfil ou de crianças maiores (ou ambos) que se conservam estáticos. Assim, mesmo não descartando completamente as variáveis sugeridas pela autora, parece-me que elas são ainda insuficientes para explicar o fenômeno.

A esse respeito, Duborgel (1992, p. 140-1) presta importante contribuição, superando a dimensão endógena dada pelas necessidades do indivíduo. Ao defender a ideia de que o desenvolvimento do desenho reflete a pressão das forças pedagógicas na direção de determinado modelo, o autor explica a produção do desenho estático como o resultado do progressivo abandono de condutas subjetivas e imaginárias em benefício de produções realistas e formas transitivas de expressão, tão presentes nas tradicionais ilustrações escolares.

> O aluno é convidado a fazer desenhos de preferência referenciais, narrando qualquer coisa vivida, o mais denotativamente possível [...]
> Do desenho ilustrativo de um acontecimento, duplicata de uma palavra, de uma coisa ou de uma situação, passa-se a uma série de desenhos organizados em quadrinhos que, por se apresentarem sem texto, são, antes de tudo, "textos

em imagens". As narrativas gráficas lineares constituem as primeiras imitações dos futuros textos a serem lidos e escritos. O espaço do desenho não é um espaço plástico específico chamado a ser experimentado pela criança nessa dimensão; ele não é o lugar nem o material de um voo da imaginação espacial. Ele é colocado de acordo com as coordenadas do espaço da escrita no qual ele faz uma rápida parada e no qual está destinado a se transformar. A experiência da imagem plástica, logo que inaugurada pela criança, tende a se submeter a esse tipo de controle. [Tradução livre]

Para o autor, longe de estar a serviço da fantasia, o desenho é tratado na escola como uma etapa preparatória e auxiliar na conquista de outra linguagem mais valorizada: a escrita. Do modo como costuma ser utilizado, o desenho equivale à palavra e apenas reforça o seu significado em outros canais comunicativos. Tal orientação faz parte de um severo processo de domesticação do imaginário, no qual a imagem só tem razão de ser pela precisão objetiva e racional (desenhos esquemáticos, imagens explicativas ou fotográficas) que suplanta o valor estético e artístico. A dificuldade de separar a evolução do desenho dos efeitos sofridos pela pressão escolar faz crer que o abandono do imaginário é efeito de maturidade psicológica, mascarando, assim, qualquer responsabilidade pedagógica pelo boicote à criatividade. Na prática, a situação da escola é bastante paradoxal pois, ao mesmo tempo que se propõe a desenvolver o potencial humano, ela limita, conduz e baliza o desenvolvimento com base em princípios predeterminados, segundo o modelo de colonização da inteligência e do meio de se expressar.

Tendo em vista que as crianças, ao entrar na escola, desenham de modo bastante próximo ao estereótipo denunciado por Duborgel, considero que a ação pedagógica, por si só, é insuficiente para explicar os rumos da comprovada tendência objetiva, estática e racionalista. Parece bastante aceitável que as ilustrações de livros infantis, as cartilhas e a prioridade atribuída à escrita no âmbito escolar possam, de fato, ter uma influência sobre o modo como o indivíduo compreende o papel da sua ilustração. Mas isso não é tudo. Antes de ser pedagógica, essa é uma pressão social presente desde o período da educação infantil. Assim, contrariando os rumos da arte e as produções dos grandes artistas plásticos contemporâneos, os desenhos infantis parecem ter valor (e, portanto, reforço e direcionamento) social pela verossimilhança com que representam a realidade.

A objetividade é, desde muito cedo, cultivada, e o desenho não poderia ficar alheio a essa tendência. Esse me parece, aliás, o ponto comum entre Calkins e Duborgel: independentemente das razões atribuídas a cada um deles (motivos internos ou externos), a maioria das crianças parece conceber o desenho como um elemento a mais na transparência e no esclarecimento da ideia. O predomínio da imagem objetiva, estática e descomprometida parece endossar a tendência (também apontada nos capítulos anteriores) da escrita descritiva, cujos autores, conformados com a realidade, dificilmente alcançam a ousadia do gênero dissertativo. Ao longo do desenvolvimento, a imagem se consagra – assim como a escrita – mais como meio de dizer do que de transformar.

DESENHOS PARALELOS

Além de aparecer como alternativa que "substitui" ("desenho por si só") ou "apoia" ("desenho associado à escrita") a escrita, o desenho, em alguns casos (mais especificamente, em 3,5%), pode configurar-se de modo independente do texto e da mensagem veiculada. São "desenhos paralelos" com função prioritariamente estética ou estrutural na composição final do trabalho, embora não se possa descartar a sua elaboração como recurso auxiliar no processo de escrever (tal como descrito no item *Desenho associado ao processo de produção da escrita*). Ainda assim, permanecem as perguntas: por que as crianças optam por esse tipo de imagem? O que ela representa no produto final do trabalho ou a que necessidade infantil ela corresponde?

Concentrando em si as funções do "desenho paralelo", mais tipicamente encontradas nas produções textuais do *corpus* estudado, o exemplo a seguir é bastante significativo:

EXEMPLO 9:

Produzido como "texto informativo" por uma aluna da 2.ª série de 8 anos.[8]

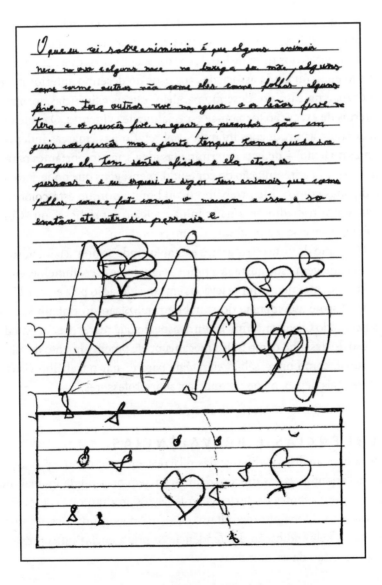

Ao preencher os espaços em branco com cores e corações, a aluna revela três preocupações complementares do ponto de vista estético: enfeitar o trabalho, marcar a sua autoria e, finalmente, instituir na produção um referencial típico de gênero.

Embora os meios de embelezamento, de personalização e de produções tipicamente femininos ou masculinos estejam também diluídos em práticas diferenciadas (aplicação de adesivos, uso de canetas coloridas, variação dos tipos de letras, cor do papel, riscos que emolduram o texto etc.), ou ainda associadas aos usos do desenho anteriormente descrito, é no caso do "desenho paralelo" que as exigências, formas e critérios de execução tornam-se especialmente evidentes. O cauteloso olhar sobre as produções infantis – sobretudo nas "marcas independentes do texto" – detecta determinadas ideias, tão importantes para o autor como a apresentação do conteúdo, mensagens que poderiam ser traduzidas como: "Meu trabalho ficou bonito porque está colorido", "Este é um trabalho de uma menina meiga e caprichosa" ou "Com muita honra, essa é a produção de um corintiano".

Do ponto de vista estrutural, o exemplo ainda se presta para ilustrar como a imagem está ajustada a práticas igualmente costumeiras entre as crianças, mas nem sempre levadas em consideração pela escola. Uma prova disso é a evidência do ritual de finalização do trabalho antes mencionado (a palavra "fim"). Outro aspecto que merece ser apontado é o uso do desenho como típico mecanismo de preenchimento de espaço, isto é, como uma "sábia" estratégia para tornar o trabalho visualmente mais denso, o que costuma agradar professores.[9]

TENDÊNCIAS E PREVALÊNCIAS

Até aqui, a análise qualitativa das relações entre desenho e produção textual apontou várias funções da imagem, em possibilidades mais ou menos dependentes do texto, vinculadas ao produto ou ao processo de escrever. O estudo quantitativo das mesmas produções torna-se relevante pela indicação das tendências e prevalências no contexto e na progressão da escolaridade.

A mais evidente conclusão da análise quantitativa confirma a previsível hipótese de que, em consonância com a prioridade claramente assumida nos projetos pedagógicos, as crianças tendem a desenhar menos e a escrever mais. O desenho que, na 1.ª série, está presente em 84,1% dos trabalhos escritos, cai para 57,4%, 48,9%, 38,6% e 30,3%, respectivamente, nos quatro anos seguintes.

O princípio de desvalorização da imagem justifica também o predomínio do desenho ilustrativo em todas as séries, consagrando-se em 58% das produções com imagens, em formas prioritariamente estáticas, que apenas reforçam a mensagem já veiculada pelo texto. Em outras palavras, em um contexto de supremacia da escrita, o espaço para o desenho como recurso alternativo e legítimo de transmissão da ideia será compreensivelmente menor.

Mesmo na perspectiva decrescente, a produção de desenho não fica imune aos apelos da escrita, razão pela qual sua frequência sofre variação conforme o tipo de texto produzido, revelando, assim, fatores e necessidades infantis motivadores da imagem. Pensando nas necessidades de desenhar, justifica-se o princípio do desenho como alternativa para a dificuldade em escrever. Os altos índices de desenhos nos textos de "registro reprodutivo" e "autocolocação", respectivamente 70% e 100% na 1.ª série, chegam à 5.ª série com as marcas de 6% e 0%.

Se os índices associados aos mais difíceis textos caem vertiginosamente (uma vez que o sujeito domina a escrita e compreende as prioridades da escola), outros fatores associados aos textos "de fantasia" e "de informação" explicam um decréscimo menos acentuado do desenho na progressão escolar.

Respeitando discretamente a tendência de desenhar cada vez menos, a variação do índice de desenhos no "texto de fantasia" foi de 100% na 1.ª série para 74,5% na 5.ª. No cômputo geral, 86% desses trabalhos foram desenhados, uma prevalência que parece acompanhar a motivação da tarefa, dada também pela imagem de um personagem hipotético. Assim sendo, pode-se concluir que a criança tende a desenhar em situações de apelo ao imaginário que se valem da figura como meio desencadeador da escrita. Lamentavelmente, trabalhos dessa natureza não constituem as tarefas mais típicas da escola.

Isso não quer dizer que a criança não desenhe em atividades comumente requisitadas pelas práticas pedagógicas. Os "textos informativos" – o tradicional recurso escolar para demonstrar o saber – foram acompanhados de imagens em 57% dos casos, apresentando pequena variação decrescente ao longo das séries. A produção desses desenhos, contudo, parece obedecer a outra lógica de expressão: próximas dos modelos de ilustração dos livros didáticos, as imagens estão mais a serviço da explicitação objetiva e estática do conteúdo do que propriamente da manifestação de si ou da problematização da ideia.

CONSIDERAÇÕES FINAIS

O estudo exploratório das relações entre o desenho e a escrita permite-me, em primeiro lugar, lamentar a desconsideração de muitos educadores às exigências infantis na produção dos trabalhos acadêmicos e aos valores e significados atribuídos ao desenho pela criança. Alheias aos mecanismos de aprendizagem e de superação das dificuldades pessoais, indiferentes ao aporte social na aprendizagem escolar, desavisadas sobre os conhecimentos e as práticas infantis não prescritas pelo rol de conteúdos a serem dominados e, finalmente, ingênuas na trama de valores pedagógicos e sociais que subsidiam a elaboração do projeto de ensino, as escolas ainda se fecham em propostas de ensino medíocres e reducionistas em oposição ao mundo real e ao universo de possibilidades infantis.

Em segundo lugar, cumpre questionar o rumo das conquistas pedagógicas e das concepções que norteiam o ensino da língua escrita.

No conjunto dos textos, o predomínio de desenhos ilustrativos, objetivos, estáticos e monossêmicos, e a progressiva diminuição das imagens sugerem o efeito de práticas pedagógicas fragmentadas e discriminatórias. Tributário do processo de domesticação do imaginário tão bem descrito por Duborgel (1992) e Jean (1991), o desenho parece justificar-se apenas como etapa preparatória para a escrita, configurando-se na escola mais como meio pueril e transitório do que como recurso legítimo e transformador.

As implicações disso parecem mais profundas ante a pergunta: o que ensinamos quando ensinamos a escrever? Se a escola pudesse se conformar com a aprendizagem do sistema de escrita por si só, isto é, da escrita como recurso autônomo que supostamente atendesse às necessidades de expressão e comunicação, pouco teríamos a lamentar com a perda do desenho. Mas, se o que está em jogo é o ensino da língua escrita como um dos recursos em um universo complexo de comunicação, de cuja possibilidade de manifestação dependem o processo de democratização e a conquista da liberdade de cada um de nós, a desconsideração da imagem (assim como da oralidade, da música, da mímica e expressão corporal em múltiplas formas de manifestação) significa um indiscutível processo de empobrecimento da língua.

Inserir a criança no "universo das linguagens" implica muito mais que ler e escrever de forma correta. Paradoxalmente, e sobretudo quando descolada de um amplo repertório expressivo, também a escrita pode fracassar no que diz respeito ao nosso direito de, como seres humanos, poder representar a ideia e dialogar com o mundo onde vivemos.

11
ESCRITA INFANTIL:
OS MECANISMOS DO NÃO DIZER[1]

Entendida em uma dimensão ampla, a aprendizagem da língua escrita integra muito mais do que a simples compreensão do sistema alfabético ou a assimilação das regras ortográfica sintáticas e gramaticais. Se, do ponto de vista histórico, essa foi a ênfase de um ensino que tão fortemente marcou a cultura escolar, hoje os apelos do mundo letrado clamam pela alfabetização capaz de aprofundar as relações do sujeito com o seu mundo, ampliando os recursos comunicativos e o seu trânsito em diferentes esferas da cultura escrita. É nessa perspectiva que as escolas não podem separar o aprender do fazer uso dessa aprendizagem.

De maneira paradoxal, ao lado da progressiva aprendizagem que permite "dizer mais e melhor pelo uso da escrita", outros mecanismos – emergentes ou transitórios – interferem na possibilidade de expressão das ideias pela via inversa, ou seja, pelo recurso do não dizer. Seja como reflexo de práticas sociais que, em nosso mundo, tanto agridem o sujeito, seja como consequência das metodologias de ensino artificiais e pouco significativas, ou, ainda, em função do frágil vínculo do indivíduo com a escola, e em particular com o escrever, a aprendizagem da língua escrita pode trazer a reboque outros conhecimentos e estratégias, aprendidos à revelia dos esforços e projetos em prol da alfabetização.

O estudo de 659 textos, produzidos por alunos de 1.ª a 5.ª série do ensino fundamental de uma escola estadual de São Paulo (Colello, 1997),[2] permitiu enfocar (entre outros aspectos) dois desses mecanismos importantes da escrita infantil: o "escape" e o "preenchimento de espaço". Ainda que estruturalmente diferentes e atendendo a objetivos ou motivações diversos, ambas as estratégias sugerem que, na composição de textos, as crianças podem lançar mão de recursos contrários ao da comunicação e do dizer pela escrita. O presente capítulo é uma tentativa de apresentar e compreender as ocorrências dessa natureza.

ESCAPES

Quando uma proposta de trabalho escrito é feita a uma criança, ela tem, pelo menos a princípio, a possibilidade de executá-lo ou não. Como no contexto escolar a recusa em aceitar determinada atividade é entendida como uma séria transgressão às normas impostas, com consequências (ou punições) estabelecidas, essa possibilidade potencial fica consideravelmente reduzida. Na prática, as crianças podem até resistir ante um trabalho solicitado, mas, uma vez que recusar a fazer um trabalho não se coloca como uma opção de fato, os alunos descobrem (seja na escola, seja na situação de pesquisa) meios alternativos para a negação das atividades, *formas-de-fazer-o-que-efetivamente-não-é-feito*, ou, em outras palavras, meios de escape. Assim, acatar determinada proposta de trabalho, cumprindo de modo formal o que foi solicitado (como, por exemplo, a escrita de um texto), pode não necessariamente significar "fazer o trabalho".

Como recursos (conscientes ou não, dissimulados ou não) de fugir às solicitações feitas, os escapes serão sempre meios alternativos – eventualmente audaciosos – de "cumprir tarefas", razão pela qual constituem ocorrências bastante raras (3%) entre os textos analisados. A despeito da baixa frequência, o estudo das suas formas de ocorrência é capaz de revelar aspectos significativos da relação entre o texto e os seus produtores. Assim, se por um lado os escapes são compreendidos como alternativas práticas para se desviar de atividades impostas, por outro eles podem ser respostas pessoais aos apelos do próprio texto ou da solicitação feita.

Bettelheim e Zelan (1992) afirmam que todo texto contém mensagens abertas e encobertas. Como a relação do leitor com a escrita não é passiva nem mecânica, ele tende a reagir aos elementos do texto das mais diversas formas. Implícita nessa postura (e sustentando-a fortemente) está a ideia psicanalítica de que os comportamentos, longe de ser aleatórios, têm os seus significados, embora nem sempre explícitos ou conscientes. No caso da leitura, os autores demonstraram, por exemplo, como os erros, os bloqueios e as hesitações das crianças, considerados dificuldades de decodificação, podem ser importantes sinalizadores de processos internos que respondem ao texto lido de modo mais ou menos consciente. Um pequeno leitor, temendo o desfecho talvez trágico da história de um lobo que ameaça devorar porquinhos, pode apresentar hesitações ou troca de palavras durante a leitura. Portanto, é então a leitura envolvente e compreensiva que, de maneira injusta, aparece como problema de aprendizagem.

Seguindo a mesma linha de raciocínio, é possível supor que não há processo de composição da escrita sem um considerável envolvimento formal e temático que justifique opções de abordagens ou – o que por ora mais nos interessa – de escapes. Estes ocorrem em diversas situações. Em primeiro lugar, quando o indivíduo não entende (ou não se permite entender) a solicitação feita, ele pode tentar uma "resposta aproximada", o que resulta muitas vezes em trabalhos estranhos, pouco objetivos e aparentemente "mal enfocados". Assim, o que é considerado um escape do ponto de vista do leitor nada mais é do que uma tentativa de acerto daquele que produziu o texto.

Mesmo que a tarefa seja bem compreendida, o aluno pode, em segundo lugar, perder-se no processo de expressão que, ao longo da escrita, desvia-se da sua trajetória e do seu objetivo original. Em terceiro lugar, pode-se considerar o caso do desconhecimento temático, razão pela qual os alunos tentam disfarçar a sua ignorância em fórmulas vazias, periféricas, desconexas, contraditórias, confusas e mesmo sem sentido.

Mas há, também, o caso daqueles que, mesmo conhecendo muito bem o assunto, recusam-se conscientemente a fazer a tarefa. Nessa quarta possibilidade, o aluno busca uma forma alternativa para "camuflar" ou omitir sentimentos e motivos de ordem pessoal, que ele não se dispõe a mencionar. O mesmo pode ocorrer, em uma quinta possibilidade de escape, tendo como entrave não o tema propriamente dito, mas a natureza da atividade ou da relação do autor com a escrita. Assim, apesar de compreender a tarefa, conhecer a temática envolvida e sentir-se à vontade para se expressar a esse respeito, o aluno pode não concordar com a "situação de trabalho", "não querer dedicar- se a uma atividade considerada irrelevante", ou, ainda, por "não gostar de escrever", buscar uma fórmula mais rápida e mais fácil para o cumprimento da tarefa.

Entre tantas possibilidades e significados, a análise dos escapes (salvo quando o aluno declara objetivamente as suas razões) não pode ser feita senão pela consideração de hipóteses sobre o comportamento e as reações dos pequenos escritores ante as quatro tarefas propostas pela pesquisa. Na primeira, o "texto de autocolocação", os alunos foram convidados a escrever sobre si mesmos com base na seguinte solicitação: "Suponha que exista uma pessoa que não conhece você (nem nunca o viu) e gostaria de saber tudo a seu respeito. Escreva neste papel, contando como você é (aquilo que acredita ser mais importante alguém saber sobre você)". Na segunda tarefa, o "texto de imaginação", pedi a eles que escrevessem os pensamentos de um personagem hipotético que foi desenhado no quadro-negro (ver imagem no Capítulo 9). A terceira proposta foi a escrita de um "texto informativo" sobre o tema "animais". Por fim, a última tarefa, "o texto de registro reprodutivo", foi o desafio de anotar, tanto quanto possível, as informações de um texto lido em classe sobre a primeira viagem do homem à Lua (ver texto no Anexo, no final do livro), com o objetivo de, posteriormente, recuperar as ideias originais.

Parece-me significativo que 13 dos 18 casos de escape registrados no conjunto das produções infantis tenham ocorrido no texto de autocolocação (8,22% do total de produções dessa tarefa). Tudo indica que, seja pela impossibilidade de pensar (ou de pensar objetivamente) a respeito de si mesmo, seja pelo desconforto de ter de se revelar a um desconhecido, a busca de alternativas escapistas constitui um recurso inteligente que responde e resiste à autocolocação.

A predominância de oito casos na 2.ª série parece-me igualmente significativa quando compreendida como uma solução peculiar (e possível) entre dois extremos. Para as crianças menores, falar de si mesmo parece uma tarefa menos constrangedora, não só porque elas se contentam com a apresentação de dados mais amplos e externos, como também porque o seu nível de autocensura parece ser menos rigoroso. No caso das mais velhas, a tensão provocada pela tarefa (advinda tanto da exigência de considerações internas na exposição de si mesmo quanto da necessidade de delinear um perfil diferenciado e específico quase sempre apoiado nos modelos sociais instituídos e no severo senso crítico) é compensada pela resistência coletiva manifesta[3] e pela possibilidade de encontrar recursos mais dissimulados no âmbito da escrita, isto é, que dispensam as opções escapistas.

Em outras palavras, o escape (sobretudo nos textos de autocolocação) parece ser uma solução possível e particularmente conveniente aos alunos de 8 anos tendo em vista os níveis de exigência interna para autoapresentação e as possibilidades da escrita: no conflito entre a necessidade de se autocolocar e a impossibilidade (ou a resistência) de fazê-lo via escrita, uma boa solução (consciente ou inconscientemente estabelecida) pode ser o escape.

Vejamos alguns tipos de ocorrências, tal como elas aparecem nos diferentes textos produzidos (autocolocação, imaginação, informativo e registro reprodutivo). Os mais radicais casos de escape foram observados na tarefa de "registro reprodutivo". Os autores, provavelmente inconformados com o seu desempenho na tentativa de anotar o texto lido em classe (do ponto de vista dos alunos, a mais difícil tarefa), recusaram-se a entregar o trabalho. Nessa situação, esconder o texto pode ser uma alternativa compatível com o grau de insatisfação relacionada à tarefa.

Além deste, outros evidentes casos de escape são aqueles em que o autor, ignorando as bases específicas da solicitação feita, constrói um texto que ressignifica a tarefa. Foi o que aconteceu com um aluno da 2.ª série que, por estar muito preocupado com uma briga em família, usou o texto de autocolocação unicamente para comentar a ocorrência. De modo semelhante, seu colega de sala, ao ser convidado a escrever um texto informativo sobre os animais, fez a seguinte explanação a respeito dos "homens das cavernas", alegando que "os homens são também animais":

Os homens da caverna
Os homens da caverna eram homens meio macaco.
Eles tambem faziam utensilios
de pedra como o Homo Habilis (latim) que quer dizer
"homem hábil", Homo Erectus (latim) "homem ereto".
Ele andava em pe, mas um pouco torto [...]
O homem atual
Nós somos donos do mundo cheios de coisas,: arvores, casas, times
de futebol, estádios palacios, escolas, prédios, e livros etc etc

O exemplo é uma prova de que os escapes não representam necessariamente uma "total recusa ao trabalho". Apesar do desvio temático, o menino acabou construindo um texto informativo que, em comparação à produção de seus colegas, é bastante elaborado. Conforme dito antes, as abordagens escapistas relacionam-se, muitas vezes, com fatores motivacionais, assumidos pelas crianças menores de modo espontâneo. No caso, é provável que o autor estivesse entusiasmado com suas "descobertas" sobre a evolução da humanidade, aproveitando a ocasião para escrever a seu respeito.

Semelhante a essas ocorrências, considero aquelas nas quais, mesmo fazendo alguma referência ao tema solicitado, os autores procuram "ludibriar" o leitor com "saídas curiosas e criativas". No exemplo que segue, vale a pena notar como a argumentação, construída por um aluno de 4.ª série, constitui-se provavelmente como alternativa para a resistência em falar sobre si mesmo no texto de autocolocação:

Para alguem me conhecer, presisa ser inteligente, boa pessoa e bem educada. As pessoas me conhece pela minha altura pela minha idade e pala a minha inteligencia. Porque se eu tivesse pouca altura quinem [que nem] as crianças da 1.ª série, ninguem falaria comigo porque eu seria pequeno, e se eu fosse burro ninguem falaria comigo porque é falando que se conhese [conhece] as pessoas.

Uma forma peculiar de escape são os casos de crianças que, nos textos de autocolocação, dedicam-se apenas a contextualizar uma situação na qual duas pessoas tenham de se conhecer (mas não necessariamente que se apresentar ou falar sobre si mesmas), indicando as atividades ou condições que podem aproximá-las.[4] Eis um exemplo, escrito por um menino de 1.ª série:

Posso conversar falar posso brincar também posso apresentalo [apresentá-lo] a minha mãe ao meu pai. Se ficar muito tempo com ele ou todo dia ele podera ser o meu melhor amigo.

O caso mais frequente de escape registrado lida com formas vazias de conteúdo, como no seguinte exemplo:

Se uma pessoa não me conheçê [conhecer]:
Eu teria que falar o meu nome!
Minha edade [idade]!
A data do dia que eu naci [nasci]!
Meu endereço e telefone!
A escola que eu estudo!
O que eu faso [faço] na minha vida!
E muitas outras coisas para eu esclarecer para a
pessoa que eu [estou] conhecendo.
E tem mais não é só eu que tem que [falar] coisas da minha vida.
Ela tem que dar:
O nome dela (o)!
A idade dela (o)!
A data do dia que ela naceu [nasceu] (o)!
O endereço dela (o)!
O telefome [telefone]!
A escola dela (o)!
O que ela (o) faz na vida!
E muitas outras coisas que ela (o) poderia falar para mim." (assinatura)
Fim

O que torna esse texto interessante é a postura do autor que, mesmo na situação de escape, fica evidente: o conhecimento entre pessoas é pensado de modo bidirecional, com base na troca de informações objetivas (nome, telefone, idade, endereço, escola que frequenta e data de nascimento) e no conhecimento das atividades de cada um. A frase final sugere, contudo, como esses dados podem ser insuficientes para o efetivo conhecimento entre pessoas.

A análise de todos esses casos mostra que, com algumas exceções, os meios de escape podem ser tão ou mais elaborados, tão ou mais inteligentes e criativos do que as produções que apenas cumpriram a tarefa. Isso porque, na sua maioria, eles revelam competências temáticas e linguísticas em um jogo sutil de se manifestar e, ao mesmo tempo, esconder a informação. Sob a atitude teimosa das crianças que resistem às tarefas impostas (e por esse motivo acabam não atingindo o propósito do trabalho), transparece a imagem de um "escritor" que assume e reivindica a autoria da sua produção.

PREENCHIMENTO DE ESPAÇO

Estudos a respeito das redações no vestibular[5] denunciam a falta de qualidade dessas produções, caracterizadas, na maioria, pela justaposição desarticulada de fragmentos verbais, pela ausência de coesão e falta de um discurso pessoal, o qual tende a ser substituído por uma estrutura formal, por vezes sem sentido, repleta de clichês ou de "enxertos pré-fabricados".

Para Lemos (1977, p. 62), o principal fator de inadequação das redações é o modo como os autores lidam com a escrita. Sua hipótese sugere que:

> [...] o candidato ao vestibular enfrentaria a tarefa da elaboração como um conjunto de operações de preenchimento de uma estrutura previamente dada, ou inferida de textos-modelo. Essa estrutura-esquema ou arcabouço – definível como uma articulação de posições vazias – seria preenchida com asserções genéricas ou específicas, construídas a partir das evocações que o título da redação possa sugerir. Isso equivale a dizer que o vestibulando, em geral, operaria sobre

um modelo formal preexistente à sua reflexão sobre o tema. Ou melhor, que a organização sintático-semântica de seu discurso não representaria o produto de sua reflexão sobre o tema, mas ao contrário, de um arcabouço ou esquema, preenchido com fragmentos de reflexão ou evocações desarticuladas.

Definido no nível do período, do parágrafo e do texto, o preenchimento formal gera relações vazias, problemas de argumentação, desvios do tipo *nonsense* ou, simplesmente, "textos inchados" e monótonos. Pécora (1992) enfatiza que a necessidade de "encher o espaço" é motivada pela tentativa de se adequar aos valores linguísticos do interlocutor. É em função da imagem sobre a escrita "correta" ou "culta" que se explica a busca de procedimentos formais para a composição do texto.

Conversando com seus alunos a respeito das "estruturas estranhas" e dos "mecanismos vazios do dizer" nas redações, Britto (1985) recebeu, como justificativa para tais procedimentos, respostas do tipo: "É pra mostrar pro professor que a gente sabe" ou "Sem enfeitar um pouco a redação, ela ficaria apenas com cinco linhas".

Conforme nos faz notar Pécora, ao assimilar esse tipo de imagem "complexa e extensa" da escrita, o sujeito acaba sacrificando o estabelecimento dos elos semânticos, sugerindo que os problemas de escrita estão mais na concepção do que na técnica do escrever. Em consequência disso:

> A questão do aprendizado de usos efetivos, em que os interesses e a pessoalidade do usuário têm um papel a cumprir, é definitivamente deixada de lado por uma atitude que vai se cristalizando durante todo o processo escolar. A sua prática se funda sobre uma falsificação das condições de produção da escrita que a confina a uma lista reduzida de usos permitidos e aconselháveis. Vale dizer, confina-a em uma atividade reprodutiva que obriga o aluno a renunciar ao que ela poderia representar como uma forma especial de ação intersubjetiva. (Pécora, 1992, p. 103-4)

Como resultado dessa tendência, a evolução da escrita configura-se como um processo de autoanulação, que, escamoteando o dizer, acaba por desapropriar a linguagem significativa do próprio sujeito. Dessa forma, a escrita prevalece como uma prática dissociada de autoria e, como tal, compromete a possibilidade de expressão, de organização e transformação das ideias. Comprovando a persistência desse problema há tanto tempo denunciado, dados mais recentes (Castaldo, 2011) evidenciam que os anos de escolaridade básica não necessariamente garantem o ajustamento entre o que e o como dizer pela via da escrita. A constatação de que a voz do sujeito (que supostamente aprendeu a escrever) desaparece em produções comedidas remete à necessidade de repensar o ensino:

> [...] as práticas redacionais e seus conceitos precisam ser revisitados e direcionados ao entendimento dos processos de interlocução e da relação destes com os recursos linguísticos-discursivos disponíveis. É fundamental que a escola compreenda as dinâmicas de construção da expressividade, elimine as tensões do embate entre o saber-dizer e o dever-dizer. (Castaldo, 2011, p. 158)

Na revisão das práticas pedagógicas, minha hipótese é a de que a estratégia de preenchimento, como procedimento básico na composição de textos, inicia-se antes do que se tem considerado. Muito cedo exigências, critérios e expectativas externas ganham o estatuto de um interlocutor artificial que se impõe ao sujeito escritor, gerando formas de expressão nas quais a estrutura vazia e inútil prevalece sobre o significado e a autenticidade do dizer.

Obviamente, a pressão exercida sobre o aluno tem diferentes significados conforme o estágio de aprendizagem. Assim, se para o vestibulando o valor que se impõe é o de escrever com base no que se considera a "norma culta", nos anos iniciais da escolaridade, a expectativa é de que o aluno escreva e, de preferência, bastante. Portanto, o desafio qualitativo do aluno de ensino médio parece ser precedido por expectativas quantitativas de escrita – com significados repressivos ou valorativos – que impulsionam a criança a mostrar (à professora, aos outros ou a si mesma) o quanto ela é capaz de escrever.

Nas observações feitas durante a elaboração dos textos da pesquisa, ficou evidente que escrever muito se constitui, por si só, um valor. Inúmeras crianças só davam o seu trabalho por encerrado após contar quantas linhas haviam preenchido. Algumas, mesmo antes de saber o que escreveriam, decidiam previamente o tamanho do texto a ser elaborado, circunscrevendo o espaço a ele atribuído ou limitando o número de linhas com desenhos e traçados. Um aluno da 2.ª série confessou-me a sua "técnica infalível" para a professora pensar que ele havia feito um "trabalho enorme": escrever com letras grandes. Na classe dos alunos mais novos era frequente a comparação das produções com base no "tamanho do texto", sendo sempre os mais longos motivo de *status* e admiração entre os colegas.

Do ponto de vista da evolução, pode-se afirmar que o preenchimento quantitativo da escrita foi registrado em todas as atividades propostas e nas cinco classes estudadas, predominando nas duas séries iniciais. Duas são as hipóteses para explicar o decréscimo de mecanismos formais quantitativos na construção de trabalhos escritos. Em primeiro lugar, a efetiva possibilidade dos alunos mais velhos de escrever mais ou de mascarar o conteúdo por meio de textos inchados mas vazios. Em segundo, a suposição de que a diversificação de professores[6] (e a consequente diminuição dos laços afetivos entre eles e os alunos) serve como um recurso para atenuar a necessidade de se mostrar ao mestre e de agradá-lo. De fato, a maioria dos alunos da 5.ª série parece aceitar com maior tranquilidade os textos curtos.

Na tentativa de mostrar como os mecanismos de preenchimento de espaço se apresentam em meu *corpus* de pesquisa, selecionei alguns exemplos típicos, que podem ser compreendidos com base em três eixos fundamentais: "preenchimento com escrita", "preenchimento com recursos acessórios" e "preenchimento com recursos paralelos".

PREENCHIMENTO COM ESCRITA

Entre os mecanismos de ocupação de espaço, o preenchimento feito com a escrita é o mais "eficiente" e valorizado entre os alunos porque é ele que, de modo efetivo, configura-se como a possibilidade de escrever muito, embora não necessariamente "dizer muito". Nessa perspectiva, os alunos costumam optar pela repetição de estruturas verbais, como no texto produzido por uma aluna da 1.ª série:

A ESCOLA QUE (NÃO) ENSINA A ESCREVER

[...] Eu tenho uma amiga que se chama Lira outra amiga que se chama Natalia e uma se chama helena e a outra se chama aline e a outra se chama alice e a outra se chama Daniela e a outra se chama Vanessa [...]

Além dessa alternativa, outros recursos de natureza estrutural podem ser utilizados para buscar formas de espaçamento maior entre linhas e parágrafos e, assim, garantir o preenchimento total da folha. As ilustrações a seguir são exemplos expressivos de tais ocorrências:

ILUSTRAÇÃO 1 (1.ª SÉRIE) [7]

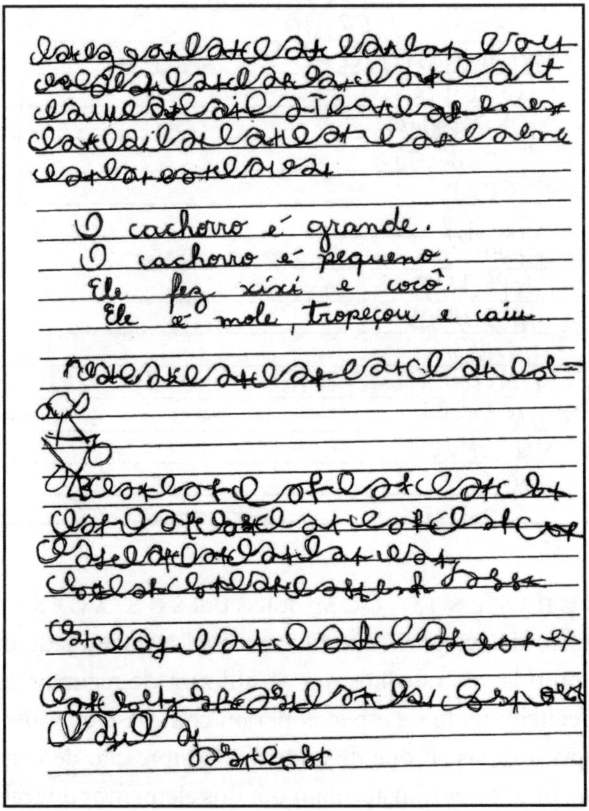

ILUSTRAÇÃO 2 (2.ª SÉRIE) [8]

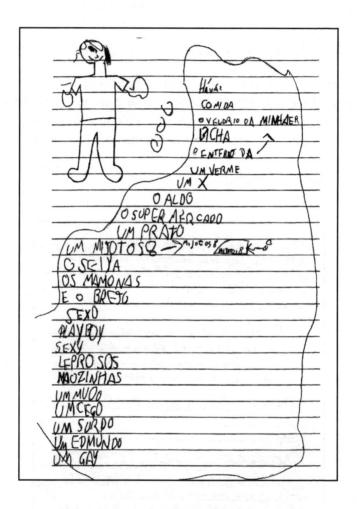

PREENCHIMENTO COM RECURSOS ACESSÓRIOS
Ao contrário da categoria anterior, na qual a quantidade da escrita estava garantida, os trabalhos que se utilizam de recursos acessórios para o preenchimento de espaço operam com base em outro princípio: compor um visual que dê ao leitor a impressão de completude. Para tanto, os autores transformam um dos elementos do trabalho em

meios de ocupação do espaço. Nos exemplos seguintes, os elementos usados foram, respectivamente, o desenho em uma dimensão que vai exatamente da 1.ª à última linha da folha e a finalização (formalizada pela palavra "fim"):

ILUSTRAÇÃO 3 (2.ª SÉRIE)

ILUSTRAÇÃO 4 (2.ª SÉRIE)

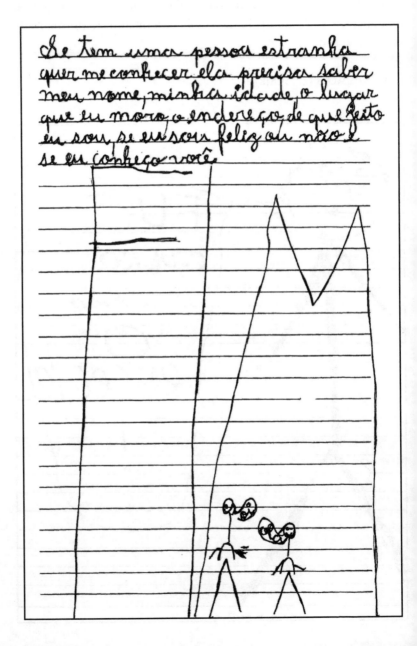

PREENCHIMENTO COM RECURSOS PARALELOS
Tal como nos exemplos anteriores, os alunos dessa categoria pretendem criar um visual formalmente preenchido, mas, ao contrário do que ocorre naqueles, os meios utilizados para isso são independentes do conteúdo ou da estrutura interna do trabalho. Assim, movidos pela suposta intenção de "enfeitar" a folha, as crianças preenchem todo o espaço com molduras, traçados coloridos, rabiscos e pinturas.

CONSIDERAÇÕES FINAIS (NÃO PONTUAIS NEM DEFINITIVAS)

Os mecanismos do não dizer não estão necessariamente na contramão de uma escrita criativa porque podem subsidiar alternativas de expressão pessoal assim como posturas arrojadas e autônomas daquele que escreve. As ocorrências registradas no *corpus* da pesquisa sugerem a ideia de que o não dizer faz parte da possibilidade da expressão e da manifestação de si. Entretanto, tais mecanismos estão longe dos objetivos mais desejáveis de conquista da escrita pelo descompasso evidente entre quantidade e qualidade, entre forma e conteúdo do texto. Quando a escrita está unicamente a serviço dos deveres escolares ("escrita imposta"), os alunos tendem, desde muito cedo, a sacrificar o significado em benefício do simples cumprimento da tarefa, contentando-se com a "aparência" do trabalho supostamente feito e resolvido. Nesse caso, o maior perigo é a cristalização de mecanismos formais que limitam a expressão e a palavra do autor, ameaçando a dimensão libertadora do ato de escrever.

PARTE 4

CONCLUINDO...
A ESCOLA QUE ENSINA A ESCREVER

> A escola é, portanto, uma instituição extremamente poderosa: tanto pode dar à luz o conhecimento e o prazer de aprender como, ao contrário, pode cristalizar a ignorância, obscurecer.
> VAZ E SOLIGO, *Viver Mente & Cérebro*, 2006, p. 76

> [...] há países que têm analfabetos (porque não asseguraram um mínimo de escolaridade básica a todos os seus habitantes) e países que têm iletrados (porque, apesar de terem assegurado esse mínimo de escolaridade básica, não produziram leitores em sentido pleno).
> FERREIRO, 2002, p. 16

Na paradoxal realidade do dia a dia em sala de aula, o esforço pedagógico nem sempre garante aprendizagem àqueles que têm oportunidade de acesso à escola e de permanência nela. Por isso, mais do que nunca vale a pena perguntar: o que ensinamos quando ensinamos a ler e a escrever? Até que ponto, ao ensinar a língua escrita, não estamos limitando as possibilidades de expressão?

Que fique bem clara a diferença qualitativa entre as alternativas para lidar com o analfabetismo no Brasil: ou implementamos técnicas para a rápida aprendizagem de uma escrita mecânica feita pela simples associação de letras e sons, ou assumimos definitivamente o fato de que o processo de alfabetização merece ser incluído em uma política de democratização do saber, favorecendo o desenvolvimento do espírito crítico e a efetiva inserção do sujeito no mundo letrado.

A tradicional opção brasileira pela adoção de métodos imediatistas e supostamente milagrosos, o histórico descaso pela educação, a desvalorização dos professores, as precárias condições de trabalho na escola e em especial a descontinuidade das iniciativas de formação docente explicam em grande parte a condição de baixo letramento do nosso povo, realidade inaceitável!

Entre o potencial linguístico da escrita (entendido na dimensão consciente e libertadora da construção comunicativa, tão fortemente constitutiva do sujeito e do seu espaço no mundo letrado) e a configuração do escrever como produto da aprendizagem conquistada, não há como ignorar o papel da escola e a qualidade do ensino.

Tributária de uma cultura tecnicista e da sociedade de consumo, a escola acaba por "propagar" uma escrita que não garante necessariamente o direito à palavra, o poder de reflexão e a participação social. A mesma escola que supostamente ensina a ler e a escrever contribui para o esfacelamento do potencial criativo, para a restrição ou o esvaziamento das manifestações expressivas e para o atentado ao direito do dizer e transformar.

Aprendemos a escrever em um processo de autoria cada vez mais confinado. Aprendemos a redigir em uma trajetória condicionada e condicionante de expressão. Aprendemos a ler em um percurso restrito dos modos de interpretação. Aprendemos e carregamos conosco as marcas dessa experiência pedagógica quase sempre incapaz de estabelecer vínculos significativos com o sujeito aprendiz ou de despertar o gosto pelo conhecimento. Aprendemos, mas não escapamos das armadilhas manipuladoras da linguagem, do jogo nada inocente das palavras que tão facilmente massificam e contaminam posturas e desejos. Aprendemos e, ao longo dessa trajetória, vamo-nos acostumando com as possibilidades sempre reduzidas do sujeito ou com as amarras que circunscrevem o âmbito da alienação.

No fracasso do ensino, gestado pela própria escola, somos traídos pelo reducionismo conceitual dos educadores sobre a natureza da linguagem, pela confusão teórica acerca dos processos de aprendizagem ou dos fatores que nela interferem, pela artificialidade das práticas pedagógicas, pela oposição entre ensino e interlocução e, finalmente, pela distância que se estabelece todos os dias entre professores e alunos, cultura e aprendizagem, escrita e práticas sociais de comunicação.

A despeito das mazelas políticas, da dificuldade de apropriação das contribuições teóricas pelos educadores e da inadequação da transposição pedagógica, a escola que ensina a escrever não é, contudo, uma fantasia dos que ousam sonhar com uma escola de qualidade. Ela será uma possibilidade de fato quando os professores se dispuserem a rever suas práticas de intervenção, dialogando com o aluno e assumindo no ensino da escrita a dialogia própria da língua. Ela será uma realidade quando o ensino puder se aproximar do contexto do mundo infantil para garantir o significado do que é aprendido e o progressivo desejo de saber. Ela será uma realidade quando os professores puderem trocar os mecanismos de resistência pela possibilidade de serem também aprendizes.

No conjunto desse trabalho, considerando a ampla concepção sobre a língua escrita e suas implicações para a alfabetização, problematizando os princípios e práticas escolares e analisando os efeitos do desajustamento pedagógico na produção da escrita infantil, é possível concluir vislumbrando alternativas para os caminhos sempre inacabados do aprender: a educação progressivamente ajustada ao aluno e aos apelos da sociedade letrada. Nessa perspectiva, a escola que ensina a escrever merece ser defendida com base na postura educativa compromissada com os desafios do alfabetizar e com a convicção de que nossos alunos podem, de fato, se constituir em leitores e escritores.

NOTAS

CAPÍTULO 1

1. O presente capítulo foi originalmente redigido como síntese de um ciclo de palestras do Programa de Formação dos Professores de Educação Infantil do Município de São Paulo, promovido pelo Ministério de Educação, pela Secretaria Municipal de Educação de São Paulo (SMESP) e pela Fundação de Apoio à Faculdade de Educação da Universidade de São Paulo (Fafe), 1998. Com pequenas alterações, foi publicado pela primeira vez, em espanhol, na revista *Videtur Letras*, n. 4, uma parceria da Faculdade de Educação da USP com o Instituto de Filosofia de Cuba (La Habana/São Paulo, Mandruvá, 2001). Disponível em: www.hottopos.com. Acesso em: dez. 2006. Foi publicado, pela segunda vez, em português, na revista Identidades e Saberes – Novas Perspectivas em Educação (revista trimestral da Secretaria Municipal de Educação de João Monlevade, ano I, n. 2, João Monlevade/MG, abr./jun. 2003).
2. A respeito das relações entre escrita e desenho, veja o Capítulo 10.

CAPÍTULO 2

1. Com pequenas alterações, este capítulo foi originalmente publicado na revista *Collatio*, v. 1, n. 2, Madri: Mandruvá, jul./dez. 1998, p. 99-114. Disponível em: <www.hottopos.com>. Acesso em: dez. 2006.
2. Para o escopo deste capítulo, refiro-me ao Oriente em geral sem discernir matizes. Em todo caso, as duas instâncias concretas com que estou lidando procedem do Extremo e do Próximo Oriente.
3. Restrição linguística não no sentido de "empobrecimento da linguagem" (concepção insustentável do ponto de vista da Sociolinguística), mas no que diz respeito à possibilidade de inter-

câmbios entre os diferentes grupos, isto é, a "efetiva intercomunicação".
4. Algumas dimensões dessa problemática serão apresentadas e discutidas na Parte 3 desta obra.
5. A esse respeito, ver particularmente o Capítulo 11.
6. A esse respeito, ver particularmente o Capítulo 4.
7. Vale lembrar que esse mesmo princípio da luta ou das artes marciais a serviço da formação interna do sujeito está presente também no folclore e na literatura de povos orientais, como é o caso da saga de Musashi, clássico da literatura japonesa.
8. A esse respeito, ver Lauand (1997) e Hanania e Lauand (1993).
9. No sentido que lhe atribui Lauand (1997).
10. No sentido técnico que lhe atribui Lauand (1997).

CAPÍTULO 3

1. Disponível em: <http://rizomas.net/politicas-publicas-de-educacao/364--plano-nacional-de-educacao-2011-2020-texto-completo-com--indice-de-metas.html>. Acesso em: maio 2012.
2. Pesquisa nacional por amostra de domicílios (PNAD), 2009, divulgada pelo IBGE em 2010. Disponível em: <www.ibge.gov.br>. Acesso em: maio 2012.
3. Disponível em: <www.artigonal.com/educacao-artigos/retrato-do--analfabetismo-no-brasil-4618882.html>. Acesso em: maio 2012.
4. Disponível em: <www.ibope.com.br/ipm/relatorios/relatorio_inaf_2009.pdf>. Acesso em: maio 2012.
5. Pesquisa realizada pelo Instituto Pró-Livro/ Ibope Inteligência pela amostra de 5.012 entrevistas realizadas em 315 municípios de todos os estados brasileiros e do Distrito Federal. Disponível em: <www.prolivro.org.br/ipl/publier4.0/dados/anexos/2834_10.pdf>. Acesso em: maio de 2012.
6. Sistema de avaliação de rendimento escolar do estado de São Paulo (Saresp): <http://saresp.fde.sp.gov.br/2011/>; Prova Brasil: <http://provabrasil.inep.gov.br/>, Provinha Brasil <http://provinhabrasil.inep.gov.

br/>, Exame nacional do ensino médio (Enem): <www.enem.inep.gov. br/> e Programme for International Student Assessment (Pisa) < www. pisa.oecd.org/pages/0,2987,en_32252351_32235731_1_1_1_1_1,00. html>. Acesso em: maio de 2012.

7. Sobre o termo "letramento" e o embate conceitual que se instaurou no campo teórico, remeto o leitor interessado às obras originais dos autores que lideraram as pesquisas sobre esse tema (Kleiman, 1995; Tfouni, 1995; Soares, 1995, 1998) e também à leitura daqueles que se posicionaram ou que se dispuseram a analisar as diferentes concepções (Ferreiro, 2001, 2003; Leite, 2001; Colello, 2004a e b, 2010; Silva e Colello, 2003; Britto, 2003).
8. Lembre-se das fórmulas clássicas das cartilhas: "O dedo é de Didi", "A babá lava o bebê", "O boi bebe e baba", "Vovô viu a uva", "A foca toma coca" ou "A foca tá no toco".
9. Ver no Capítulo 5 uma análise mais específica sobre as práticas pedagógicas no processo de alfabetização.
10. A linguagem kinéstica constitui-se de movimentos corporais e gestuais, entendidos como manifestações também comunicativas.
11. A respeito dos diferentes modelos de ensino, remeto o leitor interessado à leitura de Matuí (1996) e Macedo (2002).
12. Como Ferreiro e Teberosky (1986), Soares (1991), Gnerre (1991), Possenti (1984), Cagliari (1989), Cagliari e Cagliari (1999), Lemle (1990) e Dias (2011).
13. Por "demais dialetos", estou considerando qualquer variação do código linguístico que se oponha à "norma padrão", seja ela de ordem linguística ou uma variação social.
14. Mas, necessariamente, banindo os exercícios de puro treino mecânico (ou as "armadilhas pedagógicas") que sub ou superestimam o aluno.
15. Calkins (1989), Teberosky (1990), Teberosky e Cardoso (1990), Franchi (1988, 1990), Jolibert (1994a e b), Kaufman e Rodriguez (1995), Ferreiro (1990), Zaccur (1999), Abaurre, Fiad e Mairink-Sabinson (2002), Luize (2007).
16. Entendo por notação o traçado voluntário e consciente feito por alguém com o objetivo explícito de deixar uma marca expressiva

ou comunicativa. O termo "registro" é usado, no contexto do presente trabalho, com o mesmo significado.
17. Depois das pesquisas feitas por Luria em 1931/1932 (1990), é preciso considerar o trabalho desenvolvido por Scribner e Cole (1981), bem como as análises feitas por Tolchinsky-Landsmann (1995), Kleiman (1995), Oliveira (1995c), Ratto (1995) e Soares, Britto, Kleiman e Oliveira (2003).

CAPÍTULO 4

1. Com pequenas alterações, este capítulo foi originalmente publicado com o título "A pedagogia da exclusão no ensino da língua escrita" na revista *Videtur*, n. 23, Porto: Mandruvá, 2003, p. 27-34. Disponível em: <www.hottopos.com/videtur23/silvia.htm>. Acesso em: maio 2012.
2. Disponível em: <www.google.com.br/search?q=quino+mafalda&hl=pt--BR&prmd=imvnsb&tbm=isch&tbo=u&source=univ&sa=X&ei=IS S6T8OKCYfk9ASU3KnZCg&sqi=2&ved=0CGgQsAQ&biw=1280& bih=892>. Acesso em: maio 2012.
3. Refiro-me a uma compreensão antropológica, filosófica e ética do ser humano: um ser cuja natureza específica explica o seu potencial e lhe confere direitos na convivência em sociedade.
4. Reprodutivistas é o nome atribuído a uma geração de autores que criticavam a escola pelo modo como ela reproduzia no seu funcionamento interno os mesmos mecanismos de seleção e segregação social. Entre tantos, vale a pena mencionar Bourdieu, Passeron, Establet e Althousser.
5. Frei Beto (1992) define a "fome de pão" como a busca humana para garantir a sua sobrevivência e "fome de beleza" como o conjunto de necessidades que, para além da luta pela vida, realiza o homem pela possibilidade de desenvolver e expressar o seu pleno potencial (manifestações artísticas, linguísticas, literárias, musicais, científicas etc.). Como aspectos essenciais e complementares à edificação do ser humano, ambas as expressões explicam as conquistas e conflitos em nossa história, situando, por isso, as metas da educação.

6. Longe da vertente simplista que apenas culpa os professores pelos mecanismos de resistência à transformação da escola, convido o leitor a considerar a realidade mais complexa do quadro educacional brasileiro: as políticas públicas de educação, a valorização do ensino, os cursos de formação docente, os programas de capacitação em serviço, a estrutura da escola e as condições de trabalho do educador.
7. Uma lógica do adulto alfabetizado que não necessariamente contempla o sujeito aprendiz.
8. A esse respeito, remeto o leitor à análise dos casos brevemente discutidos no Capítulo 7.

CAPÍTULO 5

1. Este capítulo é uma parte adaptada do que foi originalmente publicado com o título "Letramento: do processo de exclusão social aos vícios da prática pedagógica", em coautoria com Nilce da Silva, na revista *Videtur*, n. 21, Porto: Mandruvá, 2003, p. 21-34. Disponível em: < www.hottopos.com/videtur21/nilce.htm>. Acesso em: maio 2012. Publicado como capítulo da obra *Caminhos para a construção da prática docente* (Silva e Lopes-Rossi, 2003, p. 65-92).
2. Com um caráter eminentemente exploratório, a pesquisa foi realizada de fevereiro a junho de 2003, em quatro classes de 1.º ano (uma de cada escola), tendo como objetivo apenas analisar a natureza das atividades propostas como lição de casa na área específica de ensino de Língua Portuguesa/alfabetização, um conjunto de 203 tarefas, uma média de 50 tarefas por escola.
3. Para melhor compreensão dos vícios das tarefas escolares, a análise de cada uma das sete tendências encontradas aparece precedida da reprodução fiel de um exemplo típico, apresentando a proposta da professora e a execução de um aluno.
4. O termo "série" diz respeito ao ensino fundamental que precedeu a implementação do ensino fundamental em 9 anos. Este livro se

baseia em pesquisas realizadas naquele período, portanto, usaremos o termo "série" na maioria dos casos. Lembramos contudo que, na atual configuração, 1.ª, 2.ª e 3.ª séries correspondem respectivamente aos 2.º, 3.º e 4.º ano

5. Tendo em vista a restrita coleta de material de análise (o conjunto de lições de casa, na área de Língua Portuguesa e alfabetização durante um semestre letivo) e o pequeno número de escolas estudadas, as conclusões aqui apresentadas apenas sugerem dada configuração, válida nos estritos limites da sondagem realizada.

CAPÍTULO 6

1. Trabalho originalmente intitulado "Repensando as dinâmicas pedagógicas nas classes de alfabetização", apresentado no 15.º Congresso de Leitura de Brasil (Cole), Campinas, jul. 2005, como parte da comunicação integrada de trabalhos coordenados pelo Grupo de Estudos e Pesquisas sobre Alfabetização e Letramento (Geal) sob o título "Do silêncio na sala de aula às práticas dialógicas no processo de alfabetização". Artigo também publicado com o título "Repensando as dinâmicas pedagógicas nas classes de alfabetização" na revista *Videtur*, n. 30, São Paulo: Mandruvá, 2005, p. 5-20. Disponível em: < www.hottopos.com/videtur30/silvia.pdf>. Acesso em: maio 2012.
2. A esse respeito, remeto o leitor às leituras de Cagliari (1989), Soares (1991) e Gnerre (1991), Bagno (2003), Faraco (2004), Dias (2011).
3. Entre tantos, vale a pena situar a obra de Emilia Ferreiro e Ana Teberosky (1986), que representou o marco decisivo para os estudos psicogenéticos sobre a alfabetização.
4. Ribeiro, 2003, Inaf, "Balanço 5 anos" e Inaf, "Leitura , escrita e matemática". 2009. Disponível em: <www.ipm.org.br/ipmb_pagina.php?mpg=4.02.00.00.00&ver=por>. Acesso em: maio 2012.
5. Além das hipóteses sobre as variações quantitativas e qualitativas da escrita (que explicam os níveis de conceitualização pré-silábico, silábico, silábico-alfabético e alfabético), há ainda uma série de cons-

truções a ser elaboradas, como, por exemplo, a compreensão dos usos da escrita, o conhecimento dos gêneros textuais e dos aspectos convencionais da escrita, o estabelecimento das relações entre a escrita e os outros sistemas de representação, a escrita e o uso de imagens, a escrita e a leitura, os fonemas e os grafemas (Colello, 1990, 2003, 2004, 2012c).
6. Refiro-me aqui especificamente aos desafios científico e pedagógico da formação docente, lembrando que eles, por si só, não esgotam a complexidade dos fatores envolvidos nesse processo. Para além deles, não se pode desconsiderar também os desafios humanos, relativos à constituição da identidade pessoal e profissional na relação como o grupo e ambiente de trabalho (Silva e Colello, 2012).

CAPÍTULO 7

1. Há 14,1 milhões de analfabetos, segundo o Censo Demográfico do IBGE/2010. Disponível em: <www.ibge.gov.br>. Acesso em: maio 2012.
2. Segundo o Inaf (Instituto Paulo Montenegro/Ibope, 2009), apenas 25% da população brasileira consegue ler, compreender e interpretar criticamente usando a língua escrita.
3. Como parte do quadro típico no qual as pessoas supostamente alfabetizadas perdem a possibilidade de ler e escrever, podemos, segundo Ferreiro (2001), situar também o analfabetismo funcional em função da tecnologia, como é o caso do analfabetismo digital, ou da temática, como nas situações em que a leitura e a escrita tornam-se impossíveis pela pouca familiaridade com um assunto específico. Daí a dificuldade terminológica para conceituar o analfabetismo funcional, já que essa condição pode compreender casos essencialmente diferentes entre si.
4. As cenas relatadas neste capítulo são reais. Optei apenas pelo uso fictício dos nomes das pessoas envolvidas. A narração mais detalhada dos acontecimentos e a caracterização mais rica dos persona-

gens foram descartadas em função do necessário recorte da abordagem e da análise.
5. A numeração das cenas aqui apresentadas corresponde respectivamente aos casos descritos no item Cenas do não escrever no cotidiano escolar: primeiro ato e pretende dar continuidade à exposição, primeiro pela narração dos fatos, depois pela breve análise da situação.
6. As aspas aqui e nos parênteses que seguem pretendem reproduzir a avaliação inferior do garoto segundo os inflexíveis critérios, tipicamente escolares, que focam o produto e não o processo, o "o que" e não "o porquê".

CAPÍTULO 8

1. Com pequenas modificações, este capítulo foi originalmente apresentado na 22.ª Reunião da Anped, 1999.
2. A posição do sujeito-autor nos textos mais tipicamente expressivos será objeto de análise no próximo capítulo.
3. A respeito da complexidade dessas variáveis e da sua inter-relação, ver o Capítulo 7.
4. A tese de doutorado intitulada "Redação infantil: tendências e possibilidades" teve como objetivo estudar a trajetória da construção do texto em diferentes modalidades (texto de autocolocação, texto de imaginação, texto de informação e texto de registro reprodutivo), tomando como base a análise de 659 redações produzidas por crianças de 1.ª a 5.ª séries do ensino fundamental de uma escola estadual de São Paulo. Remeto o leitor interessado em conhecer maiores detalhes da pesquisa (condições de produção, metodologia de análise e fundamentação teórica) ao trabalho original indicado nas *Referências bibliográficas*. Para fins do presente capítulo, considerarei apenas parte desse *corpus* de pesquisa.
5. Anotar "na medida do possível" considerando: 1) a própria natureza da tarefa, difícil mesmo para escritores experientes, e 2) as pos-

sibilidades de escrever em diferentes estágios no desenvolvimento da escrita, inclusive o de crianças não alfabetizadas.
6. Texto adaptado do original "O homem na Lua" (Duarte, 1995), no *Anexo*.
7. Na pesquisa realizada, priorizou-se a análise qualitativa das produções. Como recurso complementar, a distribuição quantitativa ora apresentada tem validade estritamente para o estudo de caso na escola onde se fez a coleta das produções. A despeito de seus limites, ela se presta, no entanto, a uma sondagem interessante sobre as tendências da evolução da escrita informativa funcional no âmbito escolar (primeira tarefa). A natureza da tarefa de registro reprodutivo (segunda tarefa) impediu o estudo quantitativo dos tipos de abordagem, razão pela qual apresento a distribuição quantitativa apenas da primeira tarefa.
8. Neste e nos próximos exemplos, apresento a transcrição original dos textos. Nos casos em que a leitura possa ser prejudicada, optei por colocar a escrita convencional entre colchetes.
9. A análise desse caso pode ser encontrada no Capítulo 7 (Cena 7 dos itens "Cenas do não escrever no cotidiano escolar: primeiro ato" e "Cenas do não escrever no cotidiano escolar: segundo ato e bastidores").
10. Vale a pena registrar que o movimento psicogenético descrito (da subjetivação à objetividade) depende da relação do autor com a sua produção, configurando-se não só na escrita como também na produção do desenho que acompanha o texto. A esse respeito, remeto o leitor ao Capítulo 10.
11. Suscetível a variações conforme os autores, os textos, os temas e os contextos. Assim, nem sempre um mesmo autor consegue posicionar-se em diferentes tipos de escrita, sobre quaisquer assuntos ou em situações diversificadas. A personalização do texto em uma perspectiva crítica não é um dado em si, mas uma alternativa mais ou menos viável em cada produção.
12. Conforme já foi dito, cabe aqui relembrar que a possibilidade de posicionamento crítico não garante, por si só, a qualidade do texto. É justamente por conciliar qualidade e espírito crítico (dentro dos

parâmetros da faixa etária) que o exemplo em questão pode ser visto como uma produção atípica admirável.
13. Com o objetivo de conhecer as formas mais maduras de registro reprodutivo (que funcionassem como parâmetro para as possibilidades infantis), realizei também uma pesquisa exploratória com 36 adultos na Universidade de São Paulo (Colello, 1997).

CAPÍTULO 9

1. Este capítulo foi publicado em inglês com o título "Imagination in children's writing: how high can fietion fly?" na revista *Nodandum14*. São Paulo/Porto: Mandruvá, 2007. Disponível em: <www.hottopos.com/notand14/silvia.pdf>. Acesso em: maio de 2012.
2. Conforme já explicado no capítulo anterior, a tese de doutorado intitulada "Redação infantil: tendências e possibilidades" teve como objetivo estudar a psicogênese da construção do texto em diferentes modalidades (texto de autocolocação, texto de imaginação, texto de informação e texto de registro reprodutivo), tomando como base a análise de 659 redações produzidas por alunos de 1.ª a 5.ª séries do ensino fundamental de uma escola estadual de São Paulo. Remeto o leitor interessado em conhecer maiores detalhes da pesquisa (justificativa, condições de produção, metodologia de análise e fundamentação teórica) ao trabalho original indicado nas *Referências bibliográficas* (Colello, 1997). Para fins do presente capítulo, considerarei apenas parte desse *corpus* de pesquisa, a saber, os 155 textos de imaginação produzidos por crianças entre 6 e 12 anos.
3. A situação do texto de fantasia foi reproduzida e adaptada da pesquisa original realizada por Duborgel (1992). No contexto do presente trabalho, uso indiscriminadamente os termos "imaginação", "sonho" e "fantasia", referindo-me aos conceitos, às lembranças, aos relatos e às descrições que compreendem as alusões feitas em pensamento livre nas produções resultantes da solicitação apresentada.
4. Ver no Capítulo 8 a caracterização dos textos expressivos e funcionais.

5. A pesquisa de Luria foi realizada entre 1931 e 1932 no Uzbequistão e Quirguistão com camponeses e só foi publicada na União Soviética em 1974, chegando ao Brasil na década de 1990.
6. Este e os demais exemplos que seguem foram transcritos fielmente dos textos originais.
7. Da 1.ª a 5.ª séries do estudo em questão, a tendência levemente ascendente dos textos fictícios só foi quebrada pela 3.ª série, uma classe considerada particularmente imatura pelos professores.
8. Uma ótica por vezes tributária dos referenciais predominantes da cultura, por vezes contrária a ela, traduzindo modos singulares de se apropriar do mundo com base na trajetória única e pessoal de cada pessoa.

CAPÍTULO 10

1. Trabalho originalmente apresentado no 13.º Congresso de Leitura do Brasil (Cole), Campinas, 2001, com o título "Escrever e desenhar ou desenhar para escrever?" Foi também publicado no site www.educacaoonline.pro.br e, em inglês, com o título "The role of drawing in children's writing na *Revista Internacional d'Humanitats* (Barcelona: Mandruvá, n. 6, ano VI, 2003, p. 55-70). Disponível em: <www.hottopos.com/rih6/silvia.htm>. Acesso em: maio 2012.
2. Conforme já explicado nos dois capítulos anteriores, a tese de doutorado intitulada "Redação infantil: tendências e possibilidades" (Colello, 1997) teve como objetivo estudar a psicogênese da construção do texto em diferentes modalidades (texto de autocolocação, texto de imaginação, texto de informação e texto de registro reprodutivo), tomando como base a análise de 659 produzidas por alunos de ensino fundamental I. Remeto o leitor interessado em conhecer maiores detalhes da pesquisa (justificativa, condições de produção, metodologia de análise e fundamentação teórica) ao trabalho original. Outras análises parciais desse mesmo *corpus* podem ser encontradas nos Capítulos 8, 9 e 11 desta obra.

3. Ver no capítulo anterior a imagem do "boneco pedagógico" que estimulou essa produção.
4. O texto (vide o *Anexo*), lido duas vezes em classe, foi adaptado do original *O homem na Lua* (Duarte, 1995) e conta a história dos primeiros astronautas americanos que pisaram no solo lunar.
5. Reprodução do texto: *Texto: Fantasia / Quando eu estiver de férias será que eu vou viajar de* (desenho de um automóvel) *ou será que vou para o Egito conhecer as* (desenho de duas pirâmides) *de* (desenho de um avião). *Eu queria mesmo é conhecer todo o* (desenho do mundo) *mas se eu sou uma formiga como vou fazer isso? Acho que vou ter que ir escondido, e mas ainda bem que sou uma* (desenho de uma formiga) *bem pequenininha assim poderei conhecer o* (desenho com inscrição mundo todo) *todo assim quando eu voltar da minhas férias eu vou* (desenho de uma lápide com uma cruz). *Fim da história.*
6. Reprodução do texto: *As aves e passarinhos / Tampinha / O pássaro tampinha tem um peitam* [peitão] *e ele é gordo. / Avestrus* [avestruz] */ O avestrus é uma ave grande e não pode voar. Por que* [?] *porque a asa do avestrus é muito pequena perto do corpo dele / Tucano / O tucano tem um bico grande e é muito bonito.*
7. Reprodução do texto: *Eu sei que os animais estão sendo extintos. O homem pega sua pele para fazer agasalhos e enfeites para o corpo. / Muitos animais são domésticos. Como o gato cachorro etc.... . / Os animais são divididos por espécies, como a cobra, o lagarto etc. Alguns animais criaram veneno para se defender do seu predador, ou o homem. / Vou derrubar essa árvore para construir um prédio!* {Texto dentro do balão do personagem desenhado.} */ Esse é o abitate* [hábitat] *natural de alguns animais, mas o homem está destruindo.*
8. Reprodução do texto: *O que eu cei* [sei] *sobre animimais* [animais] *é que alguns animais nace* [nascem] *no ovo e alguns nace na barriga da mãe, alguns come carne outros não come eles come folhas, alguns five na tera* [vivem na terra] *outros vive na aguas e o leãos five na tera e os peixês five na aguas, as piranhas cão em guais* [são iguais]

os peixes mas a gente tenque tomar quidado [cuidado] *porque ela tem dentes afiados e ela ataca as* pessoas a e eu esquesi de dizer tem animais que come folhas, come o fruto como a mosca e isso e so [só] então ate outro dia pessoais e FIM
9. Esses temas serão retomados no próximo capítulo.

CAPÍTULO 11

1. Com pequenas alterações, este capítulo foi originalmente apresentado à 21.ª Anped, São Paulo, 1998.
2. Conforme já explicado nos capítulos anteriores, a tese de doutorado intitulada "Redação infantil: tendências e possibilidades" (Colello, 1997) teve como objetivo estudar a psicogênese da construção do texto em diferentes modalidades (texto de autocolocação, texto de imaginação, texto de informação e texto de registro reprodutivo), tomando como base a análise de 659 redações produzidas por alunos de Ensino Fundamental I de uma escola estadual de São Paulo. Remeto o leitor interessado em conhecer maiores detalhes da pesquisa (justificativa, condições de produção, metodologia de análise e fundamentação teórica) ao trabalho original. Outras análises parciais desse mesmo *corpus* podem ser encontradas nos Capítulos 8, 9 e 10 deste trabalho.
3. Considero que, a partir da 3.ª série, as resistências manifestas em classe (reclamações, perguntas e buscas coletivas de ideias ou formas mais descomprometidas de se autoapresentar) funcionaram como um apoio ao grupo, aliviando a tensão da elaboração deste trabalho.
4. A ideia de descrever atividades que possam aproximar as pessoas é compatível com a concepção de amizade mais elementar descrita no trabalho original (Colello, 1997), que enfatiza o "fazer junto" (especialmente o brincar junto) como critério essencial para o conhecimento e relação entre as pessoas.
5. Entre tantos, gostaria de mencionar particularmente: Britto (1984), Lemos (1977), Ozakabe (1977), Pécora (1992), Rocco (1981) e Castaldo (2011).

6. Na escola estudada, a partir da 3.ª série, os alunos têm dois professores de classe: um para Língua Portuguesa e Estudos Sociais e outro para Matemática e Ciências. Na 5.ª série, essa diversificação aumenta, como praticamente em todas as escolas, com um professor por disciplina.
7. Traçados realizados pela aluna não alfabetizada e texto escrito pela pesquisadora que foi a escriba. Observe-se que a aluna fez questão de fazer os traçados para preencher a folha.
8. "Seya" é o nome de um personagem de desenho animado e "mitojos 8" é, de acordo com as palavras do aluno, "uma privada movida a xixi que eu inventei". Observe-se que a lista feita vai até a última linha.

REFERÊNCIAS BIBLIOGRÁFICAS

ABAURRE, M. B. M.; FIAD, R. S.; MAYRINK-SABINSON, M. L. T. "A grande revolução silenciosa". In: *Veja*, n. 28, abril 1996, 10/7/1996, p. 48-53.

_____. *Cenas de aquisição da escrita*. Campinas: Mercado das Letras, 2002.

AJURIAGUERRA, J. *Escrita infantil – Evolução e dificuldades*. Porto Alegre: Artes Médicas, 1988.

AQUINO, J. G. (Org.). *Erro e fracasso na escola*. São Paulo: Summus, 1997.

ARANTES, V. A. (Org.). *Alfabetização e letramento: pontos e contrapontos*. São Paulo: Summus, 2011

BACHELARD, G. *Le droit de rever*. Paris: ESF, 1970.

BAGNO, M. *Preconceito lingüístico: o que é, como se faz*. São Paulo: Loyola, 2003

BAKHTIN, M. *Marxismo e filosofia da linguagem*. São Paulo: Hucitec, 1986. [1. ed. 1929]

_____. *Estética da criação verbal*. São Paulo: Martins Fontes, 2003. [1. ed. 1976]

BARROS, R. S. "As duas culturas: variações sobre o tema". In: *Cadernos de História & Filosofia da Educação*, v. 1, n. 1, São Paulo, FEUSP, 1993.

BETTELHEIM, B.; ZELAN, K. *Psicanálise da alfabetização*. Porto Alegre: Artes Médicas, 1992.

BRITTO, L. P. L. "Em terra de surdos mudos". IN: GERALDI, J. W. (Org). *O texto na sala de aula*. Cascavel: Assoeste/Unicamp, 1984.

_____. "Sociedade de cultura escrita, alfabetismo e participação." In: RIBEIRO, V. M. (Org.). *Letramento no Brasil: reflexões a partir do Inaf 2001*. São Paulo: Global, 2003a.

_____. *Contra o consenso: cultura escrita, educação, participação*. Campinas: Mercado das Letras, 2003b.

CAGLIARI, L. C. *Alfabetização e linguística*. São Paulo: Scipione, 1989.

CAGLIARI, L. C.; CAGLIARI, G. M. *Diante das letras – A escrita na alfabetização*. Campinas: Mercado das Letras, 1999.
CALKINS, L. M. *A arte de ensinar a escrever – O desenvolvimento do discurso escrito*. Porto Alegre: Artes Médicas, 1989.
CAPOVILLA, A. G. S.; CAPOVILLA, F. *Alfabetização: método fônico*. São Paulo: Memnon, 2002.
CARVALHO, A. C. *Desenvolvimento da competência genérica na prática de leitura de crianças não alfabetizadas como parte do processo de letramento*. 2003. Dissertação (Mestrado em Linguística Aplicada) – Universidade de Taubaté, São Paulo. 2003.
CASTALDO, M. M. *Redação no vestibular: a língua cindida*. 2009. Tese (Doutorado) – Faculdade de Educação da Universidade de São Paulo, São Paulo. 2009.
_____. "Redação de vestibular: o 'eu' proscrito, comedido ou transfigurado?" In: COLELLO, S. M. G. (Org.). *Textos em contextos*. São Paulo: Summus, 2011.
CHARLOT, B. "A liberação da escola – Deve-se suprimir a escola?" In: BRANDÃO, Z. (Org.). *Democratização do ensino: meta ou mito?* Rio de Janeiro: Francisco Alves, 1985.
COLELLO, S. M. G. *Linguagem escrita e escrita da linguagem*. 1990. Dissertação (Mestrado) – Faculdade de Educação da Universidade de São Paulo, São Paulo. 1990.
_____. *Redação infantil: tendências e possibilidades*. 1997. Tese (Doutorado) – Faculdade de Educação da Universidade de São Paulo, São Paulo. 1997.
_____. "Escrita infantil: os mecanismos do não dizer". In: 21.ª Reunião Anual – Anped. São Paulo,1998.
_____. "Escrever e desenhar ou desenhar para escrever?" In: Anais do 13.º Cole – Congresso de Leitura, Campinas, jul. 2001.
_____. "Alfabetização: do conceito à prática pedagógica". In: *Identidades e saberes – Novas perspectivas em educação*. João Monlevade, MG: Secretaria Municipal de Educação, ano I, n. 2, abr./jun. 2003.
_____. *Alfabetização em questão*. São Paulo: Paz e Terra, 2004.

_____. "Alfabetização e letramento: o que será que será?" In: ARANTES, V. A. (Org.) *Alfabetização e letramento*. São Paulo: Summus, 2010.

_____. (Org.) *Textos em contextos – Reflexões sobre o ensino da língua escrita*. São Paulo: Summus, 2011.

_____. "A pedagogia da exclusão no ensino da língua escrita". In: *Videtur*, n. 23. Porto: Mandruvá, 2003a. Disponível em: http://www.hottopos.com/videtur23/silvia.htm>. Acesso em: junho 2012a.

_____. "Alfabetização e letramento: repensando o ensino da língua escrita". In: *Videtur*, n. 29. Porto: Mandruvá, 2004a. Disponível em: http://www.hottopos.com/videtur29/silvia.htm. Acesso em: junho 2012b.

_____. "Alfabetización: del concepto a la práctica pedagógica". In: *Videtur Letras*, n. 4. São Paulo/La Habana/Cuba: Mandruvá, 2001a. Disponível em: <http://www.hottopos.com/vdletras4/silvia.htm> Acesso em: junho 2012c.

_____. "Educação e intervenção escolar". In: *Revista Internacional d'Humanitats*, n. 4 Barcelona/São Paulo: Mandruvá, 2001b. Disponível em: <http://www.hottopos.com/rih4/silvia.htm>. Acesso em: junho 2012d.

_____. "Concepções de leitura e implicações pedagógicas". In: *International Studies on Law and Education*, n. 5. São Paulo: 2010b, p. 47-52. Disponível em: <http://www.hottopos.com/isle5/8silviag>. Acesso em: junho 2012e.

_____. "Dimensões do ler e escrever" In: *Notandum*, n. 23. São Paulo/Porto: 2010 c , p. 63-4. Disponível em: <http://www.hottopos.com/notand23/P63a64.pdf>. Acesso em: junho 2012f.

COLELLO, S. M. G.; LUIZE, A. "Aventura linguística". In: FERREIRO, E. "A construção do conhecimento". *Revista Viver Mente & Cérebro*. São Paulo: Segmento Duetto, 2005.

COLOMER, T. *Andar entre livros – A leitura literária na escola*. São Paulo: Global, 2007.

CUBERES, M. T. (Org.). *Educação infantil e séries iniciais*. Porto Alegre: Artes Médicas, 1997.

DIAS, G. H. M. "Preconceito linguístico e ensino da língua portuguesa: o papel da mídia e as implicações para o livro didático". In: Colello, S. M. G. *Textos em contextos*. São Paulo: Summus, 2011.

DUARTE, M. *O guia dos curiosos*. São Paulo: Companhia das Letras, 1995.

DUBORGEL, B. *Imaginaire et pedagogie*. Toulouse: Privat, 1992.

FARACO, C. A. (Org.). *Estrangeirismos: guerras em torno da língua*. Porto Alegre: Artes Médicas, 2004.

FERREIRO, E. *Alfabetização em processo*. São Paulo: Cortez, 1986a.

_____. *Reflexões sobre alfabetização*. São Paulo: Cortez, 1986b.

_____. (Org.). *Os filhos do analfabetismo – Propostas para a alfabetização escolar na América Latina*. Porto Alegre: Artes Médicas, 1990.

_____. *Com todas as letras*. São Paulo: Cortez, 1992

_____. *Cultura escrita e educação*. Porto Alegre: Artes Médicas, 2001.

_____. *Passado e presente dos verbos ler e escrever*. São Paulo: Cortez, 2002.

_____. "Alfabetização e cultura escrita". Entrevista concedida à Denise Pellegrini. In: *Nova escola*. São Paulo, abr./maio 2003, p. 27-30.

FERREIRO, E.; PALACIO, M. *Os processos de leitura e escrita*. Porto Alegre: Artes Médicas, 1987.

FERREIRO, E.; TEBEROSKY, A. *Los sistemas de escritura en el desarrollo del niño*. México: Siglo Veintiuno, 1984.

_____. *Psicogênese da língua escrita*. Porto Alegre: Artes Médicas, 1986.

FRANCHI, E. E. *Pedagogia da alfabetização*. São Paulo: Cortez, 1988.

_____. *As crianças eram difíceis... A redação na escola*. São Paulo: Martins Fontes, 1990.

FREI BETO. "Fome de pão e fome de beleza: base da pedagogia". In: GROSSI, E. P.; BORDIN, J. (Orgs.). *A paixão de aprender*. São Paulo: Vozes, 1992.

FREIRE, P. In: ZACCUR, E. *A magia da linguagem*. Rio de Janeiro: DP&A/Sepe, 1999.

GERALDI, J. W. (Org.). *O texto na sala de aula – Leitura e produção*. Cascavel: Assoeste, 1984.

_____. "Da sala de aula à construção externa da aula". In: ZACCUR, E. *A magia da linguagem*. Rio de Janeiro: DP&A, 1999.

_____. *Portos de passagem*. São Paulo: Martins Fontes, 1993.

_____. *Linguagem e ensino – exercícios de militância e divulgação*. Campinas: Mercado das Letras/ALB, 1998.

_____. "A linguagem nos processos sociais de constituição da subjetividade" In: ROCHA, G.; VAL, M. G. *Reflexões sobre práticas escolares de produção de textos*. Belo Horizonte: Autêntica, 2003.

_____. "Labuta de fala, labuta de leitura, labuta de escrita". In: COELHO, L. M. (Org.). *Língua escrita nas séries iniciais do ensino fundamental – De concepções e de suas práticas*. Petrópolis: Vozes, 2009. p. 213-28.

GERALDI, J. W.; CITELLI, B. (Orgs.). *Aprender e ensinar com textos*. São Paulo: Cortez, 1998.

GNERRE, M. *Linguagem, escrita e poder*. São Paulo: Martins Fontes, 1991.

GÓES, M. C. R.; SMOLKA, A. L. B. "A criança e a linguagem escrita: considerações sobre a produção de textos". In: ALENCAR, E. S. (Org.). *Novas contribuições aos processos de ensino e aprendizagem*. São Paulo: Cortez, 1995.

GOODMAN, Y. (Org.). *Como as crianças constroem a leitura e a escrita*. Porto Alegre: Artes Médicas, 1995.

GROSSI, E. P.; BORDIN, J. (Orgs.). *A paixão de conhecer o mundo*. São Paulo: Vozes, 1992.

GUSDORF, G. *Professores para quê?* Lisboa: Moraes, 1970.

GUTIERREZ, F. *Linguagem total – Uma pedagogia dos meios de comunicação*. São Paulo: Summus, 1978.

HANANIA, A. *Oriente e ocidente: sentenças de sabedoria dos antigos*. São Paulo: DLO-FFLCHUSP/EDIX, 1994.

HANANIA, A.; LAUAND, J. *Oriente e ocidente: língua e mentalidade*. São Paulo: Centro de Estudos Árabes - FFLCH-USP/Apel, 1993.

HOZ, V. G. *Pedagogia visível educação invisível*. São Paulo: Nerman, 1988.

IVANIC, R.; MOSS, W. *Bringing community practices into education*. Londres: Mimeo, 1990.
JEAN, G. *Pour une pédagogie de l'imaginaire*. Paris: Casterman, 1991.
JOLIBERT, J. *Formando crianças leitoras*. Porto Alegre: Artes Médicas, 1994a.
_____. *Formando crianças produtoras de textos*. Porto Alegre: Artes Médicas, 1994b.
KAUFMAN, A. M.; RODRIGUEZ, M. E. *Escola, leitura e produção de textos*. Porto Alegre: Artes Médicas, 1995.
KOHL, M.; REGO, T. C. "Vygotsky e as complexas relações entre cognição e afeto". In: ARANTES, V. A. (Org.). *Afetividade na escola – Alternativas teóricas e práticas*. São Paulo: Summus, 2003.
KLEIMAN, A. B. (Org.). *Os significados do letramento*. Campinas: Mercado das Letras, 1995.
_____. "Programas de educação de jovens e adultos e pesquisa acadêmica". In: *Educação e Pesquisa*. São Paulo: FEUSP, v. 27, n. 2, jul./dez., 2001, p. 267-81.
_____. "Avaliando a compreensão: letramento e discursividade nos testes de leitura". In: RIBEIRO, V.M.Letramento no Brasil: *reflexões a partir do INAF 2001*. São Paulo: Global, 2003
KRAMER, E. "Leitura e escrita como experiência – Notas sobre seu papel na formação" In: ZACCUR, E. *A magia da linguagem*. Rio de Janeiro: DP&A, 1999.
LAUAND, J. *Provérbios e educação moral – A filosofia de Tomás de Aquino e a pedagogia árabe do mathal*. São Paulo: Mandruvá, 1997.
LEITE, S. A. (Org.). *Alfabetização e letramento – Contribuições para as práticas pedagógicas*. Campinas: Komedi/Arte Escrita, 2001.
LEITE, S. A. S.; Coelho S. M. G. *Alfabetização e letramento*. São Paulo, Summus, 2010.
LEMLE, M. *Guia teórico do alfabetizador*. São Paulo: Ática, 1990.
LEMOS, C. "Algumas estratégias". In: *Cadernos de Pesquisa*, n. 23. São Paulo: Fundação Carlos Chagas, dez. 1977.
LUIZE, A. "A apropriação da escrita em situações de interação: análise de processos de produção textual". 2007. Dissertação (Mestrado) –

Faculdade de Educação da Universidade de São Paulo, São Paulo. 2007.

LURIA, A. R. *Desenvolvimento cognitivo.* São Paulo: Ícone, 1990.

_____."O desenvolvimento da escrita na criança". In: VIGOTSKII, L. S.; LURIA, A. R.; LEONTIEV, A. N. *Linguagem, desenvolvimento e aprendizagem.* São Paulo: Ícone/Edusp, 1988.

LURIA, A. R.; YUDOVICH, F. I. *Linguagem e desenvolvimento intelectual na criança.* Porto Alegre: Artes Médicas, 1987.

MACEDO, L. "A questão da inteligência: todos podem aprender?" In: OLIVEIRA, M. K., SOUZA, D. T. R., REGO, T. C. (Orgs.). *Psicologia, educação e as temáticas da vida contemporânea.* São Paulo: Moderna, 2002.

MATÊNCIO, M. L. M. *Leitura, produção de textos e a escola.* Campinas: Autores Associados/Mercado das Letras, 1994.

MATUÍ, J. *Construtivismo – Teoria construtivista sócio-histórica aplicada ao ensino.* São Paulo: Moderna, 1996.

MINIAC, C. B.; CROS, F.; RUIZ, J. *Les collégiens et l'écriture.* Paris: ESF/INRP, 1993.

MOYSÉS, M. A. A.; COLLARES, C. A. L. *A história não contada dos distúrbios de aprendizagem.* São Paulo: Cortez/Cedes, 1992.

MORTATTI, M. R. *Educação e letramento.* São Paulo: Unesp, 2004.

OLIVEIRA, M. K. In: CASTORINA, J. A.; FERREIRO, E.; LERNER, D.; OLIVEIRA, M. *Piaget-Vygotsky – Novas contribuições para o debate.* São Paulo: Ática, 1995a.

_____. "Letramento, cultura e modalidades de pensamento". In: KLEIMAN, A. B. (Org.). *Os significados do letramento.* Campinas: Mercado das Letras, 1995b.

OLIVEIRA, M. K.; SOUZA, D. T. R.; REGO, T. C. (Orgs.). *Psicologia, educação e as temáticas da vida contemporânea.* São Paulo: Moderna, 2002.

OLIVEIRA, M. K.; VOVIO, C. L. "Homogeneidade e heterogeneidade nas configurações". In: RIBEIRO, V. M. (Org.). *Letramento no Brasil: reflexões a partir do INAF 2001.* São Paulo: Global, 2003.

OLSON, D. R. *O mundo no papel.* São Paulo: Ática, 1997.

OZAKABE, H. "Provas de argumentação". In: *Cadernos de Pesquisa,* n. 23, São Paulo, Fundação Carlos Chagas, dez. 1977.

_____. "Considerações em torno do acesso ao mundo da escrita". In: ZILBERMAN (Org.). *A leitura em crise na escola*. Porto Alegre: Mercado Aberto, 1982.

PATTO, M. H. *A produção do fracasso escolar*. São Paulo: Queiroz, 1990.

PCN – Parâmetros Curriculares Nacionais: Introdução. Rio de Janeiro: Secretaria de Educação Fundamental/DP& A, 2000.

PÉCORA, A. *Problemas de redação*. São Paulo: Martins Fontes, 1992.

PORTO, M. R. *Complexidade social e cultura escolar*. São Paulo: Mimeo, 1996.

_____. "Escola e sociedade: papel da instituição escolar na educação dos grupos sociais". In: SILVA, J. (Org.). *Educação comunitária: estudos e propostas*. São Paulo: Senac, 1996.

PORTO, M. R.; TEIXEIRA, M. C. "Perspectivas paradigmáticas em educação". In: *Revista da Faculdade de Educação*, v. 21, n. 1. São Paulo: FEUSP, jan./jun. 1995.

POSSENTI, S. "Sobre o ensino de português na escola". In: GERALDI, J. W. (Org.). *O texto na sala de aula – leitura e produção*. Cascavel: Assoeste, 1984. P. 32-8.

QUINTÁS, A. L. "A manipulação do homem através da linguagem". In: *Videtur-Letras* 2 Murcia/São Paulo: Mandruvá, 2001. Disponível em: <http://www.hottopos.com/vdletras2/alfonso.htm>. Acesso em: junho 2012.

RANGEL, V. "Contra o deserto de leitores". In: *Jornal do Brasil*, 17 out. 2005.

REGO, L. B. "Descobrindo a língua escrita antes de aprender a ler". In: *Revista Brasileira de Estudos Pedagógicos*, n. 66, v. 152, p. 5-27. Brasília, jan./abr., 1985.

RIBEIRO, V. M. (org.). *Letramento no Brasil*. São Paulo: Global, 2003.

RATTO, I. "Ação política: fator de constituição do letramento do analfabeto adulto" In: KLEIMAN, A. B. (Org.). *Os significados do letramento*. Campinas: Mercado das Letras, 1995.

ROCCO, M. T. "Acesso ao mundo da escrita: Os caminhos paralelos de Luria e Ferreira". *Cadernos de Pesquisa*, São Paulo, Fundação Carlos Chagas, n. 75, nov. 1990, p. 25-33.

_____. *Crise na linguagem – A redação no vestibular*. São Paulo: Mestre Jou, 1981.

ROCHA, G.; VAL, M. G. *Reflexões sobre práticas escolares de produção de texto – O sujeito-autor*. Belo Horizonte: Autêntica, 2003.

ROJO, R. "Revisitando a produção de textos na escola". In: ROCHA, G.; VAL, M. G. *Reflexões sobre práticas escolares de produção de textos. O sujeito-autor*. Belo Horizonte: Autêntica, 2003.

SALOMON, M. "Pesquisa exibe quadro 'desastroso'". In: *Folha de S.Paulo*, 5 maio 1996.

SARESP – Sistema de Avaliação do Rendimento Escolar do Estado de São Paulo, 2005. Disponível em: <http://saresp.fde.sp.gov.br/2005/index.htm>. Acesso em: junho 2012.

SARRAF, M. A. *O professor por ele mesmo: retratos da constituição docente*. 2003. Dissertação (Mestrado) – Faculdade de Educação da USP, São Paulo. 2003.

SARRAF, M. A. "A aprendizagem e a língua escrita na perspectiva do professor alfabetizador". In: COLELLO, S. M. G. (Org.). *Textos em contextos – Reflexões sobre o ensino da língua escrita*. São Paulo: Summus, 2011.

SASTRE, G.; MORENO, M. "O significado afetivo e cognitivo das ações". In: ARANTES, V. A. (org.). *Afetividade na escola – alternativas teóricas e práticas*. São Paulo: Summus, 2003.

SCHNEUWLY, B. *Le langage ecrit chez l'enfant: La production des textes informatifs et argumentatifs*. Paris: Delachaux & Niestlé, 1988.

SCRIBNER, S.; COLE, M. *The psycology of literacy*. Cambridge: Mass, Harvard University Press, 1981.

SILVA, N.; COLELLO, S. "Letramento: do processo de exclusão social aos vícios da prática pedagógica". In: *Videtur*, n. 21. Porto: Mandruvá, 2003, n. 21, p. 21-34. Disponível em: <http://www.hottopos.com/videtur21/nilce.htm>. Acesso em: junho 2012.

SILVA, E.; LOPES-ROSSI, M. A. (Orgs.). *Caminhos para a construção da prática docente*. Taubaté: Cabral, 2003.

SMOLKA, A. L.; GÓES, M. C. (Org.). *A linguagem e o outro no espaço escolar – Vygotsky e a construção do conhecimento*. Campinas: Papirus, 1995.

SOARES, M. B. *Linguagem e escola*. São Paulo: Ática, 1991.

_____. "Língua escrita, sociedade e cultura: relações, dimensões e perspectivas". In: *Revista Brasileira de Educação*, n. 0, 1995, p. 5-16.

_____. *Letramento: um tema em três gêneros*. Belo Horizonte: Autêntica, 1998.

_____. *Alfabetização e letramento*. São Paulo: Contexto, 2003.

_____. "Letramento e escolarização". In: RIBEIRO, V. M. (Org.). *Letramento no Brasil: reflexões a partir do INAF 2001*. São Paulo: Global, 2003.

STREET, B. V. *Literacy in theory and practice*. Cambridge: Cambridge University Press, 1984.

TEBEROSKY, A. *Psicopedagogia da linguagem escrita*. São Paulo: Unicamp/Trajetória Cultural, 1990.

_____. *Aprendendo a escrever – Perspectivas psicológicas e implicações educacionais*. São Paulo: Ática, 1995.

TEBEROSKY, A.; CARDOSO, B. (Orgs.). *Reflexões sobre o ensino da leitura e da escrita*. São Paulo: Unicamp/Trajetória Cultural, 1990.

TEBEROSKY, A.; TOLCHINSKY-LANDSMANN, L. (Orgs.). *Além da alfabetização – A aprendizagem fonológica, ortográfica, textual e matemática*. São Paulo: Ática, 1996.

TFOUNI, L. V. *Letramento e alfabetização*. São Paulo: Cortez, 1995.

TOLCHINSKY-LANDSMANN, L. *Aprendizagem da linguagem escrita – Processos evolutivos e implicações didáticas*. São Paulo: Ática, 1995.

TOURNIER, M. *Vendredi ou les limbes du pacifique*. Paris: Gallimard, 1972.

VAZ, D.; SOLIGO, R. "O desafio da prática pedagógica". In: Ferreiro, E. *Revista Viver Mente & Cérebro* – Coleção Memória da Pedagogia, n. 5. São Paulo: Segmento Duetto, 2005, p. 76-9.

VIGOTSKII, L. S.; LURIA, A. R.; LEONTIEV, A. N. *Linguagem, desenvolvimento e aprendizagem*. São Paulo: Ícone/Edusp, 1988.

VYGOTSKI, L. S. *A formação social da mente*. São Paulo: Martins Fontes, 1988.

VYGOTSKY, L. S. *Pensamento e linguagem*. São Paulo: Martins Fontes, 1987.

WEISZ, T. *O diálogo entre o ensino e a aprendizagem*. São Paulo: Ática, 2002.

ZACCUR, E. (Org.). *A magia da linguagem*. Rio de Janeiro: DP&A/Sepe, 1999.

ZILBERMAN, R. (Org.). *Leitura em crise na escola: as alternativas do professor.* Porto Alegre: Mercado Aberto, 1984.

ZILBERMAN, R.; RÖSING T. M. K. *Escola e leitura – velha crise, novas alternativas.* São Paulo: Global, 2009.

ANEXO

Texto lido em sala de aula na situação da pesquisa relatada nos Capítulos 8, 9, 10 e 11 como base para escrita do "registro reprodutivo".

O HOMEM NA LUA

O primeiro passo na Lua foi dado com um pé tamanho 41. Esse era o número da bota azul do astronauta Neil Armstrong, então com 38 anos, o primeiro homem a descer em solo lunar, no dia 20 de julho de 1969, às 23h56min31 (hora de Brasília). O passo foi dado com o pé esquerdo.

Ao pisar na Lua, com o coração batendo 156 vezes por minuto, Neil Armstrong disse a célebre frase: "Este é um pequeno passo para o homem, um gigantesco salto para a humanidade". Calcula-se que 1,2 bilhão de pessoas acompanharam esse momento pela TV no mundo inteiro.

Neil Armstrong e Ewin "Buzz" Aldrin, o segundo astronauta a pisar na Lua, fincaram ali uma bandeira metálica dos Estados Unidos e colocaram uma placa junto à perna do módulo lunar, assinada pelos astronautas e pelo presidente norte-americano Richard Nixon: "Aqui os homens do planeta Terra puseram pela primeira vez os pés na Lua. Julho de 1969 d.C. Viemos em paz em nome de toda a humanidade".

Ao descer em solo lunar, Edwin Aldrin sentiu uma enorme vontade de fazer xixi. E fez: dentro do traje, reforçado com 21 camadas de tecido, havia uma bolsa para coleta do líquido.

Durante as duas horas e dez minutos que permaneceram no mar da Tranquilidade, a planície escolhida para a alunissagem, os dois astronautas instalaram um sismógrafo, um refletor de raios laser, uma antena de comunicação, um painel aluminizado (para estudo da radiação solar) e uma câmara de TV. Recolheram 27 quilos de amostras de pedra e poeira.

Na Terra, a mochila e o traje espacial dos astronautas pesavam 86 quilos. Mas, na Lua, o peso era de 14 quilos. Explica-se: na Lua, por causa da força da gravidade, tudo é seis vezes mais leve do que na Terra. Como a Lua é menor que a Terra, sua força de gravidade também é menor. Logo, os corpos são atraídos com menos força para a superfície lunar.

A Apolo XI deixou o centro espacial Kennedy, em Cabo Ca-naveral, no dia 16 de julho, às 9h32.

Nada menos que 850 jornalistas de 55 países registraram o acontecimento. O cardápio a bordo da Apolo XI foi salada de frango e molho doce de maçã, mais coquetel de camarão. O alimento era reidratado com uma pistola de água quente. A nave pousou de volta pouco antes do amanhecer do dia 24 de julho – oito dias, três horas e dezoito minutos depois de lançada — no oceano Pacífico, perto do Havaí.

Em 1970, Neil Armstrong foi entrevistado pela apresentadora brasileira Hebe Camargo, que lhe fez – bem no seu estilo despachado – a seguinte pergunta: "Tem luar na Lua?" Uma gracinha, não?

Cinco outras missões tripuladas à Lua foram realizadas com sucesso pelos americanos. Depois dos pioneiros, outros dez homens pisaram no solo poeirento da Lua.

(Texto adaptado do original "O homem na Lua", Duarte, 1995, p. 23-5.)

www.gruposummus.com.br

IMPRESSO NA
sumago gráfica editorial ltda
rua itauna, 789 vila maria
02111-031 são paulo sp
tel e fax 11 **2955 5636**
sumago@sumago.com.br